谦德国学文库

全—本—全—注—全—译

列子

〔战国〕列子 著

中华文化讲堂 注译

傅志咏 周艳玲 修订

团结出版社

图书在版编目（CIP）数据

列子 / 中华文化讲堂注译.

－－北京：团结出版社,2017.2

（谦德国学文库）

ISBN 978-7-5126-4947-7

Ⅰ.①列… Ⅱ.①中… Ⅲ.①道家②《列子》—注释③《列子》—译文 Ⅳ.①B223.2

中国版本图书馆CIP数据核字(2017)第027727号

出版：团结出版社

（北京市东城区东皇城根南街84号　邮编：100006）

电话：(010) 65228880　　65244790　（传真）

网址：www.tjpress.com

Email：65244790@163.com

经销：全国新华书店

印刷：北京天宇万达印刷有限公司

开本：148×210　1/32

印张：8.875

字数：230千字

版次：2017年7月　第1版

印次：2022年3月　第3次印刷

书号：978-7-5126-4947-7

定价：35.00元

《谦德国学文库》出版说明

　　人类进入二十一世纪以来，经济与科技超速发展，人们在体验经济繁荣和科技成果的同时，欲望的膨胀和内心的焦虑也日益放大。如何在物质繁荣的时代，让我们获得内心的满足和安详，从经典中获取智慧和慰藉，或许是我们不二的选择。

　　之所以要读经典，根本在于，我们应当更好地认识我们自己从何而来，去往何处。一个人如此，一个民族亦如此。一个爱读经典的人，其内心世界必定是丰富深邃的。而一个被经典浸润的民族，必定是一个思想丰赡、文化深厚的民族。因为，文化是民族之灵魂，一个民族如果不能认识其民族发展的精神源泉，必定就会失去其未来的生机。而一个民族的精神源泉，就保藏在经典之中。

　　今日，我们提倡复兴中华优秀传统文化，当自提倡重读经典始。然而，读经典之目的，绝不仅在徒增知识而已，应是古人所说的"变化气质"，进一步，是要引领我们进德修业。《易》曰："君子以多识前言往行，以蓄其德。"实乃读经典之要旨所在。

基于此理念，我们决定出版此套《谦德国学文库》，"谦德"，即本《周易》谦卦之精神。正如谦卦初六爻所言："谦谦君子，用涉大川"，我们期冀以谦虚恭敬之心，用今注今译的方式，让古圣先贤的教诲能够普及到每一个人。引导有心的读者，透过扫除古老经典的文字障碍，从而进入经典的智慧之海。

作为一套普及型的国学丛书，我们选择经典，不仅广泛选录以儒家文化为主的经、史、子、集，也将视野开拓到释、道的各种经典。一些大家所熟知的经典，基本全部收录。同时，有一些不太为人熟知，但有当代价值的经典，我们也选择性收录。整个丛书几乎囊括中国历史上哲学、史学、文学、宗教、科学、艺术等各领域的基本经典。

在注译工作方面，版本上我们主要以主流学界公认的权威版本为底本，在此基础上参考古今学者的研究成果，使整套丛书的注译既能博采众长而又独具一格。今文白话不求字字对应，只在保证文意准确的基础上进行了梳理，使译文更加通俗晓畅，更能贴合现代读者的阅读习惯。

古籍的注译，固然是现代读者进入经典的一条方便门径，然而这也仅仅是阅读经典的一个开端。要真正领悟经典的微言大义，我们提倡最好还是研读原本，因为再完美的白话语译，也不可能完全表达出文言经典的原有内涵，而这也正是中国经典的古典魅力所在吧。我们所做的工作，不过是打开阅读经典的一扇门而已。期望藉由此门，让更多读者能够领略经典的风采，走上领悟古人思想之路。进而在生活中体证，方能直趋圣贤之境，真得圣贤典籍之大用。

经典，是一代代的古圣先贤留给我们的恩泽与财富，是前辈先人的智慧精华。今日我们在享用这一份财富与恩泽时，更应对古人心存无尽的崇敬与感恩。我们虽恭敬从事，求备求全，然因学养所限、才力不及，舛误难免，恳请先贤原谅，读者海涵。期望这一套国学经典文库，能够为更多人打开博大精深之中华文化的大门。同时也期望得到各界人士的襄助和博雅君子的指正，让我们的工作能够做得更好！

团结出版社

2017年1月

前　言

　　列子，姓列，名御寇，古籍中也有写作圉寇、圄寇或子列子，周朝郑国人。作为道家的代表人物，列子终生致力于道德学问的研究与创作，对后世思想有极大的影响。

　　列子确有其人，《吕氏春秋》中提到"子列子贵虚"，《战国策》中讲"治列子圉寇之言"。庄子在《逍遥游》中更是讲到"夫列子御风而行，泠然善也，旬有五日而后反"。班固在《汉书·艺文志》中则载有"列子八篇"。这些史籍中的记载，皆证明列子是真实存在的。

　　根据《庄子》的记载，列子曾经问道于关尹，关尹与老子同时或者稍微晚一些时间。而根据《史记》记载，老子"与孔子同时"，孔子活动的时间是春秋末期，还差3年便进入战国时期。所以如此推测，列子的生活时期，应该是春秋末到战国初期。

　　先秦道家由老子创始，由列子发展，到庄子则为大成。列子主张循名责实，无为而治。对于他的学说，刘向认为："其学本于黄帝老子，号曰道家。道家者，秉要执本，清虚无为，及其治身接物，务崇不竞,合于六经。"《吕氏春秋·不二》说:"子列子贵虚。"《战国策·韩策》中则讲:"史疾为使楚,楚王问曰:'客何与所循?'曰:'治列子圉寇之言。'曰:'何贵?'曰:'贵正。'"

"贵虚"中的"虚",就是"虚己以保真"的意思,贵虚的目的就是驱除内心的杂念,忘怀而静守本心,以保存人的清静自然的本性。而"贵正"中的"正",就是自然的规律法则。列子追求自然和一齐,自认"虚者无贵"。

列子的这些思想,在《列子》一书中有非常明确的体现。先秦就曾经有人研习过《列子》,经过秦祸之后,到西汉晚期刘向对其进行整理编纂,将仅存八篇整理成书,并取名为《列子书录》,出书时间为汉成帝永始三年(前14年)八月壬寅,这便是最早对《列子》一书的记载。西晋时期,永嘉之乱导致《列子》出现残损,后来经由东晋张湛进行搜罗整理加以补全,这才形成由《天瑞》《黄帝》《周穆王》《仲尼》《汤问》《力命》《杨朱》《说符》这八篇而共成的《列子》一书,其余篇章均已失传。

现今所传《列子》一书,历来争议颇多。唐代天宝元年(742年),《列子》与《老子》《庄子》《文子》等四部道家著作并列为经典。但不久之后,柳宗元、高似孙便相继认为《列子》是伪书,高似孙在《子略》中说:"岂御寇者,其亦所谓鸿蒙、列缺者欤?"因此列子被归为不曾存在的人。不存在的人的一部著作,自然是一部由伪作者所著的书,但其作者又因种种证据不足而不可考,而改为系出于魏晋人之手。

但就如前所说，列子是真实存在的人，所以将《列子》定为伪书这个结论又受到了学者的质疑，并提出了不伪的观点。今岑仲勉、李养正等人提出了有力反驳意见，扭转了《列子》"伪书说"的观点。《列子》就如同《论语》《庄子》一样，也是后世记载列子身后事的一部著作。《四库全书总目提要》中有一句公允的评价："此书皆称'子列子'，则决为传其学者所追记，非御寇自著。其杂记列子后事，正如《庄子》记庄子死，《管子》称吴王、西施，商子称秦孝公，不足为怪。"所以，《列子》反映了列子的思想体系，这是没有错误的。

尽管《列子》并非列子所撰，但却仍有较高的学术价值，其哲学思想是老子哲学思想的继承与发展。《列子》在老子哲学的基础上，吸收了各家的观点，综合形成了自己的宇宙观，坚持"道"是万物的始祖。其最早提出了宇宙生成和发展的阶段论，其中的"天体运动说""地动说""宇宙无限说"等学说，都远远早于西方的同类学说。其中很多见解在《列子》之前很少看到，这可以说是对老子哲学思想的一个发展。《列子》学说的建立，善于吸收思想养料，对各种思想进行综合融化，逐渐构建起属于自己的思想构架。同时，其从天道到人事、从宇宙观到社会观，展开其思想内容，成为整个玄学的有机组成部分。

《列子》有独特的社会人生观，其政治观遵循的是老子"无为而无不为"的哲学观点。为了达到大治，其又确定了以君王、圣贤为核心，由他们施以"无为而无不为"的措施来实行治国与治民。而在人生观方面，《列子》又采取了放达肆情的态度，嘲弄与否定礼义名教。不过，《列子》中的《杨朱》篇，却在学术界引起了很大非议。有人认为其宣扬纵欲与享乐，腐蚀人们的心灵，是一剂毒药。

而实际上，《杨朱》篇有其独特的人生观与理论体系。其宣扬的享乐主义，是任其自然的，这便具有了积极的意义。其态度核心则是"为我"，这是让人们重视自身，维护个人利益，尊重独立人格，并保护心灵的健康，坚持纯洁而坚定的人生态度。而且《杨朱》篇宣扬的享乐纵欲是在"全性保真"的前提下进行的，是要做到"治内"，做到"不违自然之所好"。另外，《杨朱》篇也并没有主张纵欲无度，其明确提出"无厌之性，阴阳之蠹也"，所以并没有达到荒淫无耻的程度。

除了较高的学术价值，《列子》的写作风格也令人称道，全书载入了上百篇哲理散文、寓言故事、神话故事、历史故事，基本上都是以寓言的形式来表达精微的哲理。其中有诸多脍炙人口的寓言故事，都有较高的艺术水准。不论是《愚公移山》《杞人忧天》的高创造性，还是《黄帝梦游华胥国》的浪漫精神，或者是《逢氏之子病迷》《华子病忘》这样的强烈现实主义精神，众多具有艺术特色的寓言故事，丰富了我国的文学宝库，这些内容在散文史上也有着重要价值与地位。

《列子》一书，对商末周初与春秋战国社会文化生活的各个方面进行了深刻描画，将当时的哲学、神话、音乐、军事、文化以及世态人情、风俗习气展现在世人面前，其较高的语言表现力，尤为人所称道。刘勰在《文心雕龙》中讲，"列御寇之书，气伟而采奇"。柳宗元在《辨列子》中也指出，"其文辞类《庄子》，而尤质厚，少伪作，好文者可废耶"，足见其独特的艺术魅力。

今本《列子》最早的注本是东晋张湛的《列子注》，唐代卢重玄《列子注》、宋代林希逸《列子口义》也都颇有独到见解。今人注本中，杨伯峻的《列子集释》汇集了张湛、卢重玄、陈景元等人的注解及释文，有精当的校勘、准确的训释、详尽的资料，堪称目前最好的校勘本种集释本。本次注释，吸收借鉴了古人与今人的研究成果。

因关于《列子》的专著极少，且关于本书的真伪、思想等问题，分歧较大，所以本书只作简要表达，并不作专门的考证与辩论。识浅智薄，不妥之处，敬请指正。

目 录

天 瑞

【题解】瑞之本意,为凭证用的信物。天瑞,意谓自然之信。天地自然,阴阳变化、四时循环,无不与道之规律相合。本篇从列子将离开郑国与学生的对话开篇,其后讲述列子对自然本原、自然形成、人之生死、天地大德等问题的一一阐述。

在向学生讲解时,列子道出万物为自然产生变化的道理,指出不生不化者,无始无终、无穷无尽,便是道,世界的产生与变化也正因此。于万物来讲,在自然法则之下,皆生于道,死而复归于道,皆不可超越其本位,这亦是无为的道的作用。于人来讲,生也有四化——婴孩、少壮、老耄、死亡,而其德行也随之"四化",直至终了复归于自然本原。

孔子见荣启期、林类拾遗穗、子贡倦于学,这三则内容都是在讲述"道"的运动终始相继,使人以平常之心看待快乐、生死,直至终年。杞人忧天、为盗之道这两则寓言,则是引人遵循自然规律,尤其是后一则,更体现利用自然的进步思想。列子提倡"虚者无贵",也提出道不可为人所占,人亦依靠其来生存繁衍,便讲出了天地大德。

　　《天瑞》是《列子》全书的纲领，其人生观由自然观而建立发展，指出人应乐天知命、笃守虚静，随着客观规律以尽天年，如此人生才能"处常得终"。

　　子列子居于郑圃①，四十年人无识者。国君卿大夫眎之②，犹众庶也。

　　国不足③，将嫁于卫④。弟子曰："先生往无反期⑤，弟子敢有所谒⑥，先生将何以教？先生不闻壶丘子林之言乎⑦？"

　　【注释】①子列子：列子的弟子对列子的尊称。前一个"子"，是古代弟子对老师的尊称，表敬重，后一个"子"代表有德之人。郑圃：郑国的圃田，亦称"圃泽"，古泽薮名，今河南省中牟县西南。②眎〔shì〕：古"视"字，看。③不足：饥荒之年。④嫁：往，赴。卫：卫国，周朝分封的诸侯国。⑤反：同"返"，返回。⑥敢：谦词，自言冒昧。谒〔yè〕：拜见，请教。⑦壶丘子林：复姓壶丘，名林，春秋时郑国人，列子的老师，一说壶丘子林为虚构人物。

　　【译文】列子住在郑国的圃田，但是四十年来，都没有得到他人的赏识。郑国的国君、卿、大夫对待他的态度就和对待其他普通百姓一样。

　　郑国遭遇了饥荒之年，列子便打算去卫国。他的弟子便说："先生您这一去，不知道什么时候才能回来，学生冒昧地向您请教，先生以后将用什么来教导我们呢？您难道不听壶丘子林的言论了吗？"

子列子笑曰："壶子何言哉? 虽然, 夫子尝语伯昏瞀人^①, 吾侧闻之, 试以告女^②。其言曰: 有生不生^③, 有化不化^④。不生者能生生^⑤, 不化者能化化^⑥。生者不能不生, 化者不能不化, 故常生常化。常生常化者, 无时不生, 无时不化。阴阳尔^⑦, 四时尔, 不生者疑独^⑧, 不化者往复。往复, 其际不可终; 疑独, 其道不可穷。"

【注释】①伯昏瞀〔mào〕人: 即伯昏无人, 伯昏, 复姓; 瞀人, 愚人。列子的朋友, 壶丘子林的同学。②女〔rǔ〕: 通"汝", 你。③生: 有形体的具体事物。不生: 派生他物而自身不被他物所生, 指世界本原, 即是道。④化: 有存亡变化的事物。不化: 使得他物发生变化而自身不为他物所化, 亦指世界的本原。⑤生生: 第一个"生"为动词, 产生; 第二个"生"为名词, 指被产生的事物。⑥化化: 词意结构同"生生", 即使事物发生变化。⑦阴阳: 中国古代哲学的一对范畴。即由物质本原运动产生阴阳二气, 阴阳二气合二为一诞生万事万物。尔: 指示代词, 如此。⑧疑独: 疑, 停止、不变, 一说"不敢决言以明深妙者也"(卢重玄说)。独, 神无方比, 故称独也。即固定不变而独立永存。

【译文】列子笑着说道:"壶丘先生哪里说过什么呢? 即便是这样, 但先生曾经对伯昏瞀人说过一番话, 我在一旁听到了, 现在就尝试着对你们说一说。他说: 有被他物所生的, 有不被他物所生的; 有被他物所化的, 有不被他物所化的; 不被他物所生的, 能产生出万物, 不被他物所化的, 能使万物变化。被生的不得不产生, 被化的不得不变化, 所以万物总是在被产生, 也经常在发生变化。那经常产生、经常变化的, 无时无刻不在产生, 无时无刻不在变化。阴阳二气是这样，一年四季也是这样。那不被他物所生的，即为固定不变而独立永存的世界本原；那不被化育的，便是循环往复轮回始终的运动。循环往复的，其边界没有终点；独立永存的，其道理无穷无尽。"

"《黄帝书》曰①：'谷神不死②，是谓玄牝③。玄牝之门④，是谓天地之根⑤。绵绵若存，用之不勤⑥。'故生物者不生，化物者不化。自生自化，自形自色，自智自力，自消自息。谓之生化、形色、智力、消息者⑦，非也。"

【注释】①《黄帝书》：战国时期阐发老子学说的道家著作，为道家黄老学派典籍的总称。按《汉书·艺文志》有《黄帝书》四篇，《黄帝君臣》一篇，《黄帝铭》六篇，与道经类似。老子之学本源于黄帝，故称"黄老"。黄老学派是道家黄帝之言与老子学说的合称。②谷神：谷，山谷一样空虚。神，神秘莫测。即空虚无形而变幻莫测的"道"。③玄牝〔pìn〕：玄，幽远深妙。牝，雌性的鸟兽。即宇宙产生万物的"道"。④门：宇宙产生万物的门户。⑤根：根本，本原。⑥勤：尽，停息。⑦生化、形色、智力、消息：这八字均为动词。消：衰亡消灭。息：生长。

【译文】"《黄帝书》中说：'空虚永恒存在，神妙作用不会消逝，这就是玄牝。玄牝的门户，就是天地万物产生的根源。它连绵不断，若有似无，可以发挥作用，而又永不停息。'所以那产生万物的，自身不会被其他事物产生；化育万物的，自身不会为其他事物控制所变化。万物是自然而然产生的，也自然而然发生变化；自然出现形态，自然产生种类；自然发挥智慧，自然运用能力；自然消亡衰灭，自然发生成长。但若说它是刻意地产生变化，刻意地表现形态颜色，刻意地运用智慧力量，刻意地消亡生长，那就错啦！"

子列子曰："昔者圣人因阴阳以统天地①。夫有形者生于无形，则天地安从生？故曰：有太易②，有太初③，有太始④，有太素⑤。太易者，未见气也；太初者，气之始也；太始者，形之始也；太素者，质之始也。气形质具而未相离，故曰浑沦⑥。浑沦者，言万物相浑沦而未相离也。视之不见，听之不闻，循之不得⑦，故曰易也。"

【注释】①圣人：才德全尽谓之圣人，指知行完备、至善之人，具有极高道德与智能的人，为有限世界中的无限存在。②太易：太，极致。易，不断变化而无穷滞。广大无垠的原始虚空，即宇宙的本原，无限虚无的宇宙状态，此时尚未形成元气。③太初：初，原始，开始。天地形成之前，元气开始萌发的阶段。④太始：元气已经形成，并具有一定形态的阶段，是开天辟地前的原始宇宙状态。⑤太素：元气既有形态又有固定性质，即形成天地的素质。⑥浑沦：又作"浑沌""囫囵""太极""无极"，即天地开辟前浑然一体的状态，宇宙形成前的迷蒙状态。⑦循：通"揗〔xún〕"，抚摩。

【译文】列子说："以前圣人凭借阴阳二气来解释天地万物的诞生与变化。有形之物在无形中诞生，那么天地是从哪里诞生的呢？所以说：有太易，有太初，有太始，有太素。太易的阶段，还不见气从浑沌状态中分离出来，元气尚未形成；太初的阶段，元气开始萌发；太始的阶段，元气已经形成，并具有了一定的形态；太素的阶段，元气不仅有了具体的形态，也已经出现了固定的性质。此时，元气、形态、性质虽都已经具备，但还没有互相分离，所以这个状态又被称为是浑沦。浑沦的意思，就是表明万物浑然一体，不可剖析、不能分离。看它看不见，听它听不到，摸它摸不着，所以叫做易。"

"易无形埒①，易变而为一，一变而为七，七变而为九②。九变者③，究也④；乃复变而为一。一者，形变之始也。清轻者上为天，浊重者下为地，冲和气者为人⑤；故天地含精⑥，万物化生。"

【注释】①埒〔liè〕：界域，界限。②"易变"三句：就是"易"形成天地的数变过程。一，指天地开辟前元气形变的开始。"一"变为"七、九"和"八、六"，分别代表少阳、老阳、少阴、老阴，以此构成阴阳两仪，由此而形成天地。七、九全为阳数。③九变：古人认为"九变"是数变之极，表示阴阳变化的最大限度，已包括了天下一切变化。④究：穷尽，终极。⑤冲：通"中"，意为中和之气。⑥精：阴阳精气。

【译文】"易没有形态也没有界限，经过变化后变为'一'，'一'分为七，其中的少阳'七'经过变化成为老阳'九'。'九'就是变化的终极，经过变化又重新归为'一'。一是一切元气形变的开始。在这样的变化中，清灵轻巧的上升变为天，浑浊厚重的下沉变为地，阴阳两气在彼此中和融汇中产生了人；所以天地之间蕴含着阴阳精气，由此万事万物才得以化育生长。"

子列子曰："天地无全功，圣人无全能，万物无全用。故天职生覆①，地职形载②，圣职教化③，物职所宜。然则天有所短，地有所长，圣有所否④，物有所通⑤。何则？生覆者不能形载，形载者不能教化，教化者不能违所宜，宜定者不出所位。故天地之道，非阴则阳；圣人之教，非仁则义；万物之宜，非柔则刚；此皆随所宜而不能出所位者也。"

【注释】①生覆：覆，庇护。覆育生命。②形载：承载万物。③教化：政教风化。④否〔pǐ〕：本为《周易·否卦》中的"否"，指"天地不交而万物不通"，引申为阻塞、闭塞、困滞。⑤通：通顺。

【译文】列子说："天地没有完备的功效，圣人没有完备的能力，万物没有完备的用途。所以天的使命就是覆育众生，地的职责就是承载万物，圣人的责任便是施行教化，各种事物都因各自的性质而有适宜的职能。但是天也有短处，地也有长处，圣人也有困滞不通的时候，万物也有通达的时候。这是为什么呢？因为覆育生命的天不能承载万物，承载万物的地又不能教化众生，施行教化的圣人又不能违逆事物的性质，而事物本身的性质一旦确定也就不能超出本位。所以，天地自然的规律，不是阴气就是阳气；圣人的教化，不是仁爱就是正义；万物的性质，不是柔弱就是刚强；这些都遵照各自固有的性质，而不超越各自应处的地位。"

"故有生者，有生生者；有形者，有形形者；有声者，有声声者；有色者，有色色者；有味者，有味味者①。生之所生者死矣，而生生者未尝终；形之所形者实矣，而形形者未尝有；声之所声者闻矣，而声声者未尝发；色之所色者彰矣，而色色者未尝显；味之所味者尝矣，而味味者未尝呈；皆无为之职也②。能阴能阳，能柔能刚，能短能长，能员能方③，能生能死，能暑能凉，能浮能沉，能宫能商④，能出能没，能玄能黄⑤，能甘能苦，能膻能香⑥。无知也，无能也，而无不知也，而无不能也。"

【注释】 ①生生者，形形者，声声者，色色者，味味者：这五者，第一个生、形、声、色、味都作动词用，有"产生"的意思，第二个字用作名词。这五者指的都是不具有任何一种具体性质的质的规则，但同时又具有所有事物的质的规则的世界物质本原。②无为：道家的哲学思想，即顺应自然变化的客观规律，使事物能保持其天然本性而不人为做作。③员：通"圆"，圆形。④宫、商：古代音乐术语，宫、商、角、徵、羽是五声音阶，宫、商为第一和第二音阶。⑤玄：带赤的黑色。⑥膻〔shān〕：通"膻"，泛指臊气。

【译文】 "所以有生命，就有产生生命的本原；有形状，就有产生形状的本原；有声音，就有产生声音的本原；有颜色，就有产生颜色的本原；有滋味，就有产生滋味的本原。生命所产生的事物消亡了，但产生这事物的本原却没有终结；物体所呈现的形状是实在可见的，但产生形状的本原却没有形状；声音所造成的声响可以被听见，但产生这声音的本原却未曾发声；色彩所表现出来的颜色显著明了，但产生颜色的本原却并没有显示；滋味所带来的味道被品尝了，可散发这味道的本原却并没有呈现出来。这些都是无为之道所发挥的作用。它能够表现出阴的性质，也可以表现出阳的性质，能够柔软也能刚强，可以短也可以长，可以圆也可以方，能生也能死，能热也能凉，能上浮也能下沉，能发出宫调也能发出商调，能出现也能隐没，能显现黑色也能显现黄色，可以甘甜还可以苦涩，能够臊臭也能芳香。它毫无感知，也没有能力，但却又无所不知，无所不能。"

　　子列子适卫①，食于道，从者见百岁髑髅②，攓蓬而指③，顾谓弟子百丰曰④："唯予与彼知而未尝生未尝死也。此过养乎⑤? 此过欢乎? 种有几⑥: 若蛙为鹑⑦，得水为㡭⑧，得水土之际，则为蛙蠙之衣⑨。"

【注释】①适：往，到……去。②从者：随行的人，一说"从"应为"徒"，"徒"通"途"，该句或为"食于道徒，见百岁髑髅"，司马彪："徒，道旁也，一本或做从。""者"字为后人所加。百岁：极言年代久远。髑髅〔dú lóu〕：死人的头骨。③攓〔qiān〕：拔。蓬：蓬草。④百丰：列子弟子，尝从列子游，事迹未详。其后代子孙以百为姓，称百氏，又作伯氏。⑤过："果"的假借字，果真。养：通"恙"，即"恙恙"，忧愁的样子。⑥种：种类。几：细微、隐微的变化。一说通"机"，机遇、机会（《列子全译》）。一说为多少。⑦蛙：青蛙。鹑：鹌鹑。⑧㡭〔jì〕："继"的古字，即续断，二年生或多年生草本。一说"蕢"即为泽泻，多年沼生草本植物，可入药。一说俗称节节草（《列子全译》）。⑨蛙蠙〔pín〕之衣：俗称虾蟆衣，水生苔藓类植物。

【译文】列子到卫国去，在道旁吃饭的时候，有跟随的学生看到一个已经有上百年的死人头骨。列子拔开蓬草，用手指着这个头骨，回头对学生百丰说："只有我和他知道人是不曾有生也不曾有死的道理。死亡果真会让人感到悲伤吗? 活着果真能令人感到欢喜吗? 世上的物种变化极其微妙：正如青蛙变成鹌鹑，有了水的滋润就会长成泽泻，而得到了水土的滋养，就会长出青苔。"

"生于陵屯^①，则为陵舄^②。陵舄得郁栖^③，则为乌足^④。乌足之根为蛴螬^⑤，其叶为胡蝶。蝴蝶胥也化而为虫^⑥，生灶下，其状若脱^⑦，其名曰鸲掇^⑧。"

【注释】①陵屯：高旱之地。②陵舄〔xì〕：草名，即车前草。一说为泽泻的另一个品种。③郁栖：郁，腐臭。栖，表示所在之地。指粪壤，就是肥土。④乌足：草名。⑤蛴螬〔qí cáo〕：金龟子的幼虫，体白色，常弯成马蹄形，以植物的根、茎为食。⑥胥〔xū〕：须臾，顷刻。一说为全，都。张湛："胥，皆也，言物皆化也。"⑦脱〔tuì〕：通"蜕"，刚蜕化了的皮壳样的东西。⑧鸲掇〔qú duō〕：昆虫名。

【译文】"生长在高旱之地，就会长成车前草。有了肥沃的粪土滋养，车前草又会长成乌足草。乌足草的根部变化为金龟子的幼虫，叶子则变化为蝴蝶。蝴蝶很快又变化成虫，这种虫在灶下生长，形状就好像是刚蜕化了的皮壳一样，名字叫鸲掇。"

"鸲掇千日化而为鸟，其名曰乾馀骨^①。乾馀骨之沫为斯弥^②，斯弥为食醯颐辂^③，食醯颐辂生乎食醯黄軦^④，食醯黄軦生乎九猷^⑤，九猷生乎瞀芮^⑥，瞀芮生乎腐蠸^⑦。羊肝化为地皋^⑧，马血之为转邻也^⑨，人血之为野火也。"

【注释】①乾馀〔yú〕骨：鸟名。②沫：口中的黏液。张湛："沫犹精华生起。"斯弥：虫名。③醯〔xī〕：醋。颐辂〔lù〕：虫名。④黄軦〔kuàng〕：虫名。⑤九猷〔yóu〕：李云："九，当作'久'。久，老也。"猷，虫名。⑥瞀芮〔mào ruì〕：虫名，蚊类，形似蝇而小，吸人畜血液。⑦腐蠸〔quán〕：瓜中黄甲虫。腐，谓其成长与腐瓜之中。⑧地皋〔gāo〕：皋，通"膏"。草名，即"茜草"，其根可作绛红色染料，也称为"地血"，古人认为这是动物的膏血所化，故名。⑨为转邻：胡怀深《列子张湛注补正》："'转'字疑在'为'字上。'转为邻'与上位'化为地皋'对文。"邻：通"磷"，磷火。

【译文】"经过一千天，鹞掇变化成名为乾馀骨的鸟。乾馀骨口中的黏液又变化为斯弥虫，斯弥虫又变化为吃醋的颐辂虫，吃醋的颐辂虫从吃醋的黄軦虫中生出，吃醋的黄軦 虫又从九猷中生出，而九猷则从成群乱飞的蚊蚋中生出，蚊蚋又由腐瓜中的黄甲虫生出。羊的肝脏变为红色的茜草，马的血液化为磷火，人的血液则变成野地里的鬼火。"

"鹞之为鹯①，鹯之为布谷，布谷久复为鹞也。燕之为蛤也②，田鼠之为鹑也，朽瓜之为鱼也，老韭之为苋也③，老羭之为猨也④，鱼卵之为虫。亶爰之兽自孕而生曰类⑤。河泽之鸟视而生曰鶂⑥。纯雌其名大腰⑦，纯雄其名稚蜂⑧。"

【注释】①鹯〔zhān〕：猛禽，又名"晨风"。似鹞鹰，青黄色，食鸠、鸽、燕、雀。②蛤〔gé〕：蛤蜊。③苋〔xiàn〕:苋菜。一说"苋"为"莞"，俗称"席子草"，可用来编制草席。④羭〔yú〕：黑色的母羊。猨〔yuán〕：同"猿"。⑤亶爰〔chán yuán〕：传说中的山名。《山海经》卷一南山经中提到的一座山。自孕：指雌雄同体，可以自行怀孕。类：古代传说中的兽名，似狸。⑥鹢〔yì〕：一种水鸟，古人认为其雌雄相互对视，就能受孕。⑦腰〔yāo〕：指龟鳖之类。⑧稚蜂：小蜂。

【译文】"鹞鹰变为晨风鸟，晨风鸟又化为布谷鸟，很久之后布谷鸟再重新变回为鹞鹰。燕子变成蛤蜊，田鼠变为鹌鹑，腐烂的瓜变成了鱼，老韭菜则变为了苋菜，老母羊变为猿猴，鱼卵变成了虫子。亶爰山上的野兽可以自行怀孕，河边名为鹢的水鸟相互对视就能生卵孵化。纯雌性的龟鳖种群名叫大腰，纯雄性的蜂类种群则名为稚蜂。"

"思士不妻而感①，思女不夫而孕。后稷生乎巨迹②，伊尹生乎空桑③。厥昭生乎湿④，醯鸡生乎酒⑤。羊奚比乎不筍⑥，久竹生青宁⑦，青宁生程⑧，程生马，马生人，人久入于机⑨。万物皆出于机，皆入于机。"

【注释】①思士：思恋异性的男子。感：感应。②后稷生乎巨迹：后稷，周朝的祖先，善于耕种，曾在尧舜时代做过农官，教民耕种。《史记·周本纪》："姜原出野，见巨人迹心忻然说，欲践之，践之而身动如孕者。居期而生子。"相传有邰氏之女姜原踩到了巨人的足迹，怀孕生下了一个孩子，这个孩子就是后稷。③伊尹生乎空桑：伊尹，名伊，尹是官名，夏末商初贤相。相传伊尹的母亲生他之前梦到有神人说："石臼内如果出了水就要向东走，千万别回头。"第二天，她果然看见石臼出了水，就赶紧通知四邻向东跑去。但是跑的过程中她还是回头看了一眼，发现村落已经变成一片汪洋。她因为违背了神人的告诫，身体变成了一棵中空的桑树。后来有莘氏的女子采桑时，发现这棵中空桑树中有一个婴儿，这便是伊尹。④厥昭：蜻蛉虫。湿：潮湿的地方。⑤醯〔xī〕鸡：蠛蠓，一种小飞虫，古人误以为是酒醋上的白霉变成的。⑥羊奚：一草。比：结合。不笋：很久都不生新笋的老竹。⑦久竹：老竹子。青宁：一种虫子。⑧程：豹。《尸子》云："程，中国谓之豹，越人谓之貘。"⑨久：应为"又"之误。机：通"几"，细微。一说为大道。

【译文】"思念异性的男子，还没有娶妻便能有所感应；思念婚嫁的女子，没有嫁人也可以自行怀孕。后稷的母亲踩踏了巨人的足迹生下了后稷，伊尹则因为母亲梦里遇到了神仙而在空桑中出生。蜻蛉虫诞生在潮湿的地方，蠛蠓则从酒醋中生出。羊奚草与很久不生新笋的老竹子相结合，老竹子生出了青宁虫，青宁虫又生出了豹子，豹子生出马，马又生出人，人老了之后，又回归于自然。世间万物都从大道中生出，最终又都将返回于大道。"

《黄帝书》曰："形动不生形而生影，声动不生声而生响①，无动不生无而生有。"形，必终者也；天地终乎？与我偕终②。终进乎③？不知也。道终乎本无始，进乎本不久④。有生则复于不生，有形则复于无形。不生者⑤，非本不生者也；无形者⑥，非本无形者也。生者，理之必终者也⑦。终者不得不终，亦如生者之不得不生。而欲恒其生，画其终⑧，惑于数也⑨。

【注释】①响：回声。②偕：一同。张湛："会归于终，理固无差也。"③进：通"尽"，穷尽。④久：应为"有"，是"又"字的形误，古时多以"又"借代"有"。⑤不生者：先有生命而后又死亡的事物。⑥无形者：先有形体而后又无形的事物。⑦理：自然的法则。⑧画：截止，制止。⑨数：客观的必然性，定数。

【译文】《黄帝书》中说："形体运动不产生形体,但却能产生影子,声音运动不产生声音,却产生了回响,虚无运动不产生虚无,但却产生了实际存在的事物。"有形之物必定是会终结的,天与地也会终结吗?与我一样也要终结。这种终结有没有穷尽的时候呢?不知道。道在本来就没有开始的时候终结,在本来就没有形态的地方穷尽。一切有生命的生物最终都将回到没有生命的那个状态,一切有形体的事物最终都将回到没有形体的状态。那些先有生命而后又死亡的事物,并非从来都没有过生命;那些先有形体而后又归于无形的事物,也并不是从来都没有过形体。按照自然的法则,有生命的事物必定是要终结的。要终结的事物不得不终结,正如所存在的事物不得不存在一样。想要让生命成为永恒,妄图阻止终结,这就是不懂自然规律。

精神者,天之分^①;骨骸者,地之分。属天清而散,属地浊而聚。精神离形,各归其真^②,故谓之鬼。鬼,归也,归其真宅^③。黄帝曰:"精神入其门^④,骨骸反其根^⑤,我尚何存?"

【注释】①分:此"分"作"久",实为"有",属有。②真:本原。③真宅:人死后的真正归宿。张湛:"真宅,太虚之域。"④门:天门,道家谓众妙之门。⑤根:地根。这里指物质的本原。

【译文】精神,是为天所有的;骨骸,是为地所有的。属于天的,清明空灵而四散飘逸;属于地的,浑浊沉重而凝结聚合。精神离开形体,便会各自返回到它们的本原,所以称之为'鬼'。鬼,就是归的意思,就是要回归到元气之本这个真正的归宿。黄帝说:"精神归入众妙之门,骨骸返归物质本原,作为精神和身体的本体,我还有什么可留存呢?"

人自生至终,大化有四:婴孩也,少壮也,老耄也①,死亡也。其在婴孩,气专志一②,和之至也③;物不伤焉,德莫加焉④。其在少壮,则血气飘溢,欲虑充起;物所攻焉⑤,德故衰焉。其在老耄,则欲虑柔焉;体将休焉,物莫先焉;虽未及婴孩之全,方于少壮⑥,间矣⑦。其在死亡也,则之于息焉,反其极矣⑧。

【注释】①耄〔mào〕:年老,古以八十岁、九十岁的年龄为"耄"。②气:指人的精神状态。志:心意所向。③和:淳厚。④德:具体事物从"道"中所得到的性质,是"道"的特征和体现。⑤攻:侵蚀、扰乱。⑥方:比。⑦间〔jiàn〕:通"闲",安静、闲静。一说,意为"隔"。⑧极:尽头,指"道"之所在,也就是自然的本原。

【译文】从出生到死亡,人有四个大的变化阶段:婴孩,少壮,年老,死亡。当处在婴孩阶段时,人精神专注,意志专一,此时元气最为淳厚和谐;外物不能伤害他,德行也达到了至高点。在少壮阶段,人的血气开始漂溢而出,体内也充满了各种欲望与思虑;外物带来了更多的侵扰,德行便也因此而有所衰退。到了老年阶段,人的欲望与思虑不再那么强硬;身体也即将开始修养、休憩,外物也不再成为人率先考虑争夺的内容;虽然此时无法达到婴孩那般完备的身心完善程度, 但与少壮时相比, 也能称得上是安稳闲静了。到了死亡阶段, 人也就完全安息了, 重新回归到了自然的本原。

孔子游于太山①, 见荣启期行乎郕之野②, 鹿裘带索③, 鼓琴而歌。

孔子问曰: "先生所以乐, 何也?"

对曰: "吾乐甚多: 天生万物, 唯人为贵; 而吾得为人, 是一乐也。男女之别, 男尊女卑, 故以男为贵; 吾既得为男矣, 是二乐也。人生有不见日月、不免襁褓者④; 吾既已行年九十矣, 是三乐也。贫者, 士之常也⑤; 死者, 人之终也。处常得终⑥, 当何忧哉?"

孔子曰: "善乎! 能自宽者也。"

【注释】①太山: 即泰山。②荣启期〔jī〕: 春秋时的隐者。郕〔chéng〕: 古邑名, 在今山东省泰安市宁阳县东北。③鹿裘: 鹿皮的衣服, 也泛指一些比较粗糙的皮衣。带索: 腰间系着绳索。④不见日月: 还没有出生就已经死去的胎儿。不免襁褓: 早夭在襁褓中的婴儿。⑤常: 常见的事情。⑥得: 应为"待", 等待。

【译文】孔子在泰山游览时, 看见荣启期在郕地的郊外行走, 身上穿着粗糙的鹿皮衣, 腰间用一根绳索当腰带, 但他却边走, 边弹琴唱歌。

孔子问他: "您为什么这样快乐呢?"

荣启期回答说: "我快乐的原因太多了: 上天生养万物, 只有人是最尊贵的，我得以成为人，这是第一件快乐的事情。男女有别，彼此有男尊女卑的关系，而我身为男人，这是第二件快乐的事情。有的人还没有出生，还没看见过太阳月亮，就已经死去了；有的人虽然出生了，但尚还未脱离襁褓，也已经故去了，而我已经活了九十多岁了，这是第三件快乐的事情。读书人普遍都贫困，每个人都必然会走向死亡。我安于贫困，等待着必然会降临的结局，这还有什么可忧虑的呢？"

孔子说："好啊！真是能自我宽慰的人啊！"

林类年且百岁①，底春被裘②，拾遗穗于故畦③，并歌并进。

孔子适卫，望之于野。顾谓弟子曰："彼叟可与言者，试往讯之！"

子贡请行④。

逆之垄端⑤，面之而叹曰："先生曾不悔乎，而行歌拾穗？"

林类行不留，歌不辍。子贡叩之不已⑥，乃仰而应曰："吾何悔邪？"

子贡曰："先生少不勤行，长不竞时⑦，老无妻子，死期将至：亦有何乐而拾穗行歌乎？"

林类笑曰："吾之所以为乐，人皆有之，而反以为忧。少不勤行，长不竞时，故能寿若此。老无妻子，死期将至，故能乐若此。"

【注释】①林类：春秋时期的隐士。且：将。②底：通"抵"，当，到。被〔pī〕：通"披"，穿着。③故畦：庄稼收割之后的田垄。④子贡：孔子的弟子，姓端木，名赐，春秋时期卫国人。⑤逆：迎上。⑥叩：询问。⑦竞时：争取时运。

【译文】林类已经将近一百岁了，到了春天却还穿着皮衣，在已经收割完麦子的田垄上捡拾遗落的麦穗，一边唱歌一边向前行进。

孔子到了卫国，在田野上看见了他，便回头对弟子们说："那位老人家或许值得攀谈一番，你们谁愿意过去问问他？"

子贡请求前去。

在田垄的一端，子贡迎上林类，面对着他叹了一口气说："老先生不曾后悔吗？还这样边走边唱边拾麦穗？"

林类依旧往前走，歌声也没有停。子贡不断地向他询问，他这才抬头说："我有什么可后悔的呢？"

子贡说："先生年少的时候不肯努力勤奋有所作为，长大后又不争取时运，年老后也没有妻子儿女，眼看着死期也已经临近了，还有什么值得您快乐地一边捡拾别人掉落的麦穗一边唱歌呢？"

林类笑着说："我所快乐的原因，其实人人都有，只不过别人都以此为忧虑。正因为少年时不努力作为，长大后又不争取时运，所以我才能如此长寿。正因为老来也没有妻子儿女，死期也将要临近，所以我才能这样快乐。"

子贡曰："寿者人之情①，死者人之恶。子以死为乐，何也？"

林类曰："死之与生，一往一反。故死于是者，安知不生于彼？故吾知其不相若矣②？吾又安知营营而求生非惑乎③？亦又安知吾今之死不愈昔之生乎④？"

子贡闻之，不喻其意⑤，还以告夫子。

夫子曰："吾知其可与言，果然；然彼得之而不尽者也。"

【注释】①情：指人的欲念、向往。②吾知其不相若矣：据俞樾《诸子平议》，"吾"下脱"安"字，应为"吾安知其不相若矣"。不相若，不相等。③营营：苦苦谋求，执着追求。④愈：较好，胜过。⑤喻：理解，明白。

【译文】子贡说："人人都向往长寿，人人也都讨厌死亡，可您却以死亡为快乐，这又是为什么呢？"

林类说："死与生，就好比是一去一回。所以在这里死去的，又怎么能知道不会在另一个地方诞生呢？所以我又怎么知道生与死是不相等的呢？我又怎么知道执著辛苦地追求生存不是一种糊涂呢？又怎么能知道现在的死亡不会更胜于过去的生存呢？"

子贡听了他的话，对其中的涵义很不理解，便回来将这些话回复给了孔子。

孔子说："我知道这个人是值得攀谈的，看来果然如此。但是，他所掌握的道理还没有达到尽善完满的地步。"

子贡倦于学，告仲尼曰："愿有所息。"

仲尼曰：“生无所息。”

子贡曰：“然则赐息无所乎^①？”

仲尼曰：“有焉耳。望其圹^②，睾如也^③，宰如也^④，坟如也，鬲如也^⑤，则知所息矣。”

子贡曰：“大哉死乎！君子息焉，小人伏焉^⑥。”

仲尼曰：“赐！汝知之矣。人胥知生之乐^⑦，未知生之苦；知老之惫，未知老之佚^⑧；知死之恶，未知死之息也。晏子曰^⑨：‘善哉，古之有死也！仁者息焉，不仁者伏焉。’”

【注释】①赐：子贡的名字。②圹〔kuàng〕：墓穴。③睾〔gāo〕：通“皋”，近水处的高地，形容高高的外貌。④宰：即“冢”，大。⑤鬲〔lì〕：鼎一类的烹饪器，三足中空，是古代餐具的一种。⑥伏：随便地躺下，有轻蔑的意思。⑦胥：皆，都。⑧佚：通“逸”，安逸。⑨晏子：姓晏，名婴，字仲平，春秋时期齐国大夫。

【译文】子贡对学习感到有些厌倦了，便禀告孔子说：“我希望休息一下。”

孔子说：“人生是没有什么休息的地方的。”

子贡说：“难道我就没有休息的地方了吗？”

孔子说：“有是有的，你看那墓穴，那高高耸立的样子，那宽大的样子，那隆起的样子，与世隔绝一般的中间空空的样子，你就知道休息的地方应该在哪里了。”

子贡说：“伟大的死亡啊！君子在其中得以安息，小人则在其中随意埋躺。”

　　孔子说:"赐!你终于明白了。人人都知道活着的快乐,却不知道活着的痛苦;都知道年老的疲惫,却不知道年老后的安逸;都知道死亡的可恶,却不知道死亡也是一种休息。晏子说:'好啊!自古以来就有死亡!有仁义的人安息于其中,无仁义的人埋葬于其中。'"

　　"死也者,德之徼也①。古者谓死人为归人。夫言死人为归人,则生人为行人矣。行而不知归,失家者也。一人失家,一世非之;天下失家,莫知非焉。有人去乡土、离六亲②、废家业、游于四方而不归者,何人哉?世必谓之为狂荡之人矣。又有人钟贤世③,矜巧能、修名誉、夸张于世而不知已者,亦何人哉?世必以为智谋之士。此二者,胥失者也。而世与一不与一④,唯圣人知所与,知所去。"

　　【注释】①徼〔jiào〕:此处引申为循环、复归的意思。②六亲:父、母、兄、弟、妻、子,一般以"六亲"泛指各种亲属或所有的亲属。③钟:专注,专心,专重。贤世:安定、贤德、开明的世道或社会。④与:赞许。一:前一个"一"指智谋之士,后一个"一"指狂荡之人。

　　【译文】"所谓死亡,就是德之本性的回归。古时候人们把死人叫做'归人',那么活着的人就应该是行人了。出行在外而不知道回归,便是对家庭的抛弃,一个人抛弃家庭,世界上所有人都会责备他;但若整个天下都抛弃家庭,也就没有人知道要去责备了。有人离开故乡,抛下亲人,废弃家业,四方流浪而不知道归返,这是什么人呢?世人一定说他是轻狂放荡的人。又有的人热衷于世事,自以为灵巧而能干，对名誉看得很重，无休止地炫耀自己，这又是什么样的人呢？世人一定认为他是有智谋的人了。这两种人，都是有过错的。但是世人却肯定了有智谋人而否定轻狂放荡的人，只有圣人才知道什么是值得赞许的，什么是应当摒弃的。"

或谓子列子曰①："子奚贵虚②？"

列子曰："虚者无贵也。"

子列子曰："非其名也，莫如静，莫如虚。静也虚也，得其居矣；取也与也，失其所矣。事之破碍而后有舞仁义者③，弗能复也。"

【注释】①或：犹言"有人"。②奚：何，为什么。③碍〔huǐ〕："毁"的异体字，毁坏。舞：舞弄。

【译文】有人问列子："先生您为什么以虚无为贵呢？"

列子回答说："既然是虚无，那就无所谓贵贱了。"

列子又说："要排除否定人为的名义，就不如保持清净，保持虚无静默。能保持清净、虚无静默，就掌握了道之所在；索取、给予，就失去了对道的存在的掌握。事物的本性被破坏了，若是再来舞弄仁义的说教，人的本性也是无法复原的。"

粥熊曰①："运转亡已②，天地密移③，畴觉之哉④？故物损于彼者盈于此，成于此者亏于彼。损盈成亏，随世随死⑤。往来相接，间不可省⑥，畴觉之哉？凡一气不顿进⑦，一形不顿亏⑧,亦不觉其成,亦不觉其亏。亦如人自世至老,貌色智态,亡日不异;皮肤爪发,随世随落,非婴孩时有停而不易也。间不可觉,俟至后知。"

【注释】①粥〔yù〕熊:即鬻熊,周代楚国的祖先,曾为周文王之师。②亡〔wú〕:无,没有。已:止。③密移:悄悄地发生迁移变化。④畴:谁。⑤世:生,生长。⑥间〔jiàn〕:指每一个变化的间隙。⑦气:气化,即阴阳之气化身万物的过程。顿:突然。⑧形:形化,气化而生万物之后,各个物种一代又一代地遗传下去的过程。

【译文】鬻熊说:"万物变化不停,永无止息,天地也在悄无声息地发生迁移变化,谁又能察觉得到呢?所以事物在那里亏损就会在这里充盈,在这里成就又会在那里破败。亏损、充盈、成功、破败,随时发生又随时消亡。来来往往,相互衔接,让人看不到一丝一毫的间隙,又有谁能察觉到呢?但凡一种元气不是突然增长,一种形体不是突然亏损,人们就感觉不到它的完成或亏损。就好像人从出生到年老,容貌、神色、智力、体态,没有一天不在变化的;皮肤、指甲、头发,也在随时生长、随时脱落,并不是说从婴儿时起就不再改变了。只不过这些变化的间隙微不可察,只有等到变化有了结果之后才会明白。"

杞国有人忧天地崩坠①,身亡所寄,废寝食者。又有忧彼之所忧者,因往晓之②,曰:"天,积气耳,亡处亡气。若屈伸呼吸,终日在天中行止,奈何忧崩坠乎?"

其人曰:"天果积气,日月星宿③,不当坠耶?"

晓之者曰:"日月星宿,亦积气中之有光耀者,只使坠,亦不能有所中伤。"

其人曰:"奈地坏何?"

晓者曰:"地积块耳,充塞四虚,亡处亡块。若躇步跐蹈④,终日在地上行止,奈何忧其坏?"

其人舍然大喜⑤,晓之者亦舍然大喜。

长庐子闻而笑之曰⑥:"虹蜺也⑦,云雾也,风雨也,四时也,此积气之成乎天者也。山岳也,河海也,金石也,火木也,此积形之成乎地者也。知积气也,知积块也,奚谓不坏?夫天地,空中之一细物,有中之最巨者⑧。难终难穷,此固然矣;难测难识,此固然矣。忧其坏者,诚为大远⑨;言其不坏者,亦为未是。天地不得不坏,则会归于坏。遇其坏时,奚为不忧哉?"

【注释】①杞〔qǐ〕国:古国名。夏到战国初年的一个诸侯国,杞国人是夏朝王室的后裔。都城雍丘,在今河南省开封市杞县。②晓:开导,晓谕。③星宿〔xiù〕:古代天文学术语。一宿通常包含一颗或多颗恒星。④躇〔chú〕步跐〔cǐ〕蹈:四字皆践踏之貌,泛指人的站立行走。⑤舍〔shì〕然:舍,通"释",形容疑虑消除。⑥长庐子:战国时期楚国人,曾著书九篇,属道家流派。⑦蜺〔ní〕:通"霓",虹的一种,也称为"副虹"。⑧有:客观存在之物。⑨大〔tài〕:通"太"。

【译文】杞国有一个人,很担忧天会崩塌,地会塌陷,生怕自己会无处安身，以至于寝食难安。又有一个人，因为他的这个状态而担忧，便去开导他说："天不过是积聚的气罢了，没有任何地方是没有气的。你弯腰伸胳膊、呼气吸气，整日都在天里活动，怎么还担忧它会崩坠呢？"

那个杞国人说："天如果真的是气所积聚的，那太阳、月亮、星星不会掉下来吗？"

开导他的人说："太阳、月亮、星星也不过是气中会发光发亮的，即便落下来，也不会有什么伤害的。"

杞国人又问："那如果地塌陷下去又怎么办呢？"

开导他的人说："地不过是土块积聚形成的，土块充盈在四面八方，没有一处没有土块。你整天在地上散步、行走、踩踏、蹦跳，怎么还担心它会塌陷呢？"

杞国人听了之后，心中的疑团都消散了，如释重负的感觉让他感到很欢喜，而开导他的人也随之开心起来。

长庐子听说了这件事，笑着说："虹霓、云雾、风雨、四季，这是积聚的气所形成的天。山岳、河海、金石、火木，这是有形的物体聚积形成的地。既然知道天是积聚的气，地是聚积的土石，为什么还说它们不会毁坏呢？在无限的宇宙中，天地只是一个细微的物体，而在有限的空间中，它又是最大的事物。天地难以终结，难以穷尽，这是必然的；对天地的深浅，人们难以揣测、难以认识，这也是肯定的。所以担忧天地会毁坏，这实在是担忧得太远了；但说它们不会毁坏，这也是不对的。天地不能不坏，而且总归是要坏的。如果遇到了它们毁坏的时候，又怎么能不担忧呢？"

子列子闻而笑曰："言天地坏者亦谬,言天地不坏者亦谬。坏与不坏,吾所不能知也。虽然,彼一也①,此一也②。故生不知死,死不知生;来不知去,去不知来。坏与不坏,吾何容心哉③?"

【注释】①彼:指天地不坏。②此:指天地毁坏。③容心:存心,搁置在心头。

【译文】列子听说了这件事之后,笑着说:"说天地会坏,是荒谬的,但说天地不会坏,也是荒谬的。天地到底会不会坏,我们是不可能知道的。既然如此,那么天地坏与不坏,就都是那么一回事了。所以活着不知道死后的境地,死了也不会知道活着的情形;未来不了解过去,过去也不知道未来。天地是会坏还是不会坏,又何必要放在心上呢?"

舜问乎烝曰①:"道可得而有乎?"

曰:"汝身非汝有也,汝何得有夫道?"

舜曰:"吾身非吾有,孰有之哉?"

曰:"是天地之委形也。生非汝有,是天地之委和也②。性命非汝有,是天地之委顺也③。孙子非汝有④,是天地之委蜕也⑤。故行不知所往,处不知所持⑥,食不知所以。天地强阳⑦,气也,又胡可得而有邪?"

【注释】①舜：传说中我国原始时代部落联盟的领袖，姓姚，有虞氏，又称"虞舜"。烝〔chéng〕：应作"丞"，即古代帝王的辅佐。②和：由阴阳结聚而形成的和顺之气。③顺：调和，和顺。④孙子：应当为"子孙"。⑤委：托付。蜕：蛇、蝉等脱皮更新，引申为传宗接代。⑥持：守。⑦强阳：刚实，引申为运动不息。

【译文】舜问丞："道可以被获得并被占有吗？"

丞回答："您的身体都不属于您，您又怎么能占有道呢？"

舜说："我的身体都不属于我，那属于谁呢？"

丞回答："您的身体是天地所赋予的形体。生命不属于您所有，是天地所赋予的和气形成的。性命不属于您所有，是天地所赋予的顺化而自然形成的。子孙后代也不属于您所有，他们只是天地蜕变的生机所赋予的结果。所以人们的行动都是这样来的，并不是因为知道才去做，行动不去思考目标，居住不去考虑停留，饮食也不在意味道。天地运动不息，全是气的作用，又怎么能获得并占有呢？"

齐之国氏大富，宋之向氏大贫。自宋之齐，请其术①。

国氏告之曰："吾善为盗。始吾为盗也，一年而给，二年而足，三年大穰②。自此以往，施及州闾③。"

向氏大喜。喻其为盗之言，而不喻其为盗之道。遂逾垣凿室④，手目所及，亡不探也⑤。未及时，以赃获罪，没其先居之财⑥。

向氏以国氏之谬己也⑦，往而怨之。

【注释】①术：方法，这里指致富的方法。②穰〔ráng〕：丰收。③州闾：乡里街坊。④垣〔yuán〕：矮墙。⑤亡〔wú〕：无，没有。⑥没〔mò〕：没收。居：储存、积蓄，即先前所存储的钱财。⑦谬：欺诈。

【译文】齐国有一户姓国的人家非常富有，宋国有一户姓向的人家非常贫穷。向氏便从宋国跑到齐国，想要跟国氏请教致富的方法。

国氏便告诉他说："我善于偷盗。自从我开始偷盗，一年便可以自给自足，二年便已经过上了富裕的生活，到了第三年就已经很阔绰了。从那之后，我还可以接济街坊邻居。"

向氏听了非常高兴，但是他只听见了国氏介绍偷盗的话，却并没有领悟到国氏所说的偷盗的道理。于是他翻越矮墙、掏挖洞壁，凡是手摸得到、眼睛看得见的东西，就没有能逃得过去的，全被他拿走了。没过多久，向氏因为被查出赃物而受到了惩罚，就连以前他所积蓄的财物都被没收了。

向氏认为是国氏欺骗了他，就去埋怨国氏。

国氏曰："若为盗若何①？"向氏言其状。

国氏曰："嘻！若失为盗之道至此乎？今将告若矣。吾闻天有时，地有利。吾盗天地之时利，云雨之滂润②，山泽之产育，以生吾禾，殖吾稼，筑吾垣，建吾舍。陆盗禽兽，水盗鱼鳖，亡非盗也。夫禾稼、土木、禽兽、鱼鳖，皆天之所生，岂吾之所有？然吾盗天而亡殃。夫金玉珍宝，谷帛财货，人之所聚，岂天之所与？若盗之而获罪，孰怨哉？"

向氏大惑，以为国氏之重罔己也③，过东郭先生问焉④。

东郭先生曰："若一身庸非盗乎⑤? 盗阴阳之和以成若生，载若形⑥; 况外物而非盗哉? 诚然，天地万物不相离也; 仞而有之⑦，皆惑也。国氏之盗，公道也，故亡殃; 若之盗，私心也，故得罪。有公私者，亦盗也; 亡公私者，亦盗也。公公私私⑧，天地之德。知天地之德者，孰为盗耶? 孰为不盗耶?"

【注释】①若: 前一个"若"，是代词，指"你"; 后一个"若"，是虚词，表示疑问。②滂润: 灌溉滋润。③罔〔wǎng〕: 欺骗，蒙蔽。④过: 拜访。东郭先生: 复姓东郭，名重，春秋时齐国人。传说为隐士。⑤庸非: 岂不是。⑥载: 成就，完成。⑦仞: 通"认"。有: 具有。⑧公公私私: 前一个"公""私"均为动词，后一个为名词。

【译文】国氏问: "你是怎么偷盗的呢?"向氏就把自己的所作所为讲述了一遍。

国氏说: "唉，你竟然这样误解偷盗的道理吗? 现在我来告诉你吧。我听说天有四季节令，地有资源物利。我偷盗的就是天时地利，云雨润泽，山林川泽的物产，借助它们来让我的稻禾成长，让我的庄稼越长越繁盛，让我能建筑起墙垣，能搭建我的房屋。在陆地上偷盗飞禽走兽，在水里偷盗鱼虾龟鳖，没有一样不是偷盗而来。庄稼、土木、禽兽、鱼鳖，这些都是自然界所有的，哪一样又是我所占有的呢? 我偷盗的都是上天的产物，是不会遭受祸患的。可是金银、玉石、珍珠、宝物，粮食、布帛、钱财、货物，这些都是人所积聚的，这哪里是上天所赐予的? 倘若你偷了这些东西而获罪，又怨得了谁呢？"

向氏听了更加迷惑不解了，认为国氏又一次欺骗了他，于是他去拜访了东郭先生，想要问个究竟。

东郭先生说："你整个人难道不都是偷盗而来的吗？通过偷盗阴阳二气来合成你的生命，构成你的形体；更何况那些身外之物，哪一个不是你偷盗来的呢？的确，天地万物都是紧密互联、不可分离的，凡是将它们当成自己私有物去占有的，都是糊涂的做法。国氏偷盗，符合天道，所以没有遭到灾祸；可是你的偷盗，是出于私心，所以才被判了罪。不过，不管是为公还是为私，都是偷盗；不分清公私的偷盗，仍然还是偷盗。让公有的成为公有，让私有的成为私有，这是天地的大德。明白了天地大德，还论什么谁偷盗、谁不偷盗呢？"

黄 帝

【题解】黄帝是传说中中华民族的祖先，与老子一起被尊为道家学派的鼻祖，"清静无为"的思想是道家学说的精髓。本篇主要以黄帝的"清静无为"为主旨，论述养身治物之道。

全篇从黄帝梦游华胥氏之国开篇，通过其梦游的大彻大悟，揭示"至道不可情求"的道理。列子师老商、列子为伯昏无人射、商丘开诚信、梁鸯饲虎、津人操舟、吕梁蹈水、疴偻承蜩等一系列寓言故事的讲述，都证明了唯有向顺，忘形养神，才能实现所适常通、遇物无滞的境界。

除了保持内心的虚静凝独，在应物处世时，还要注意修德养性，要韬光养晦，做到与世无争。海上沤鸟、赵襄子狩猎、神巫见壶子、列子之齐、杨朱见老子、杨朱过宋等故事，都讲述了这个道理。

另外，智力与教化在养生体道中也发挥了重要的作用，狙公智笼群猴、纪渻子善驯斗鸡、惠盎劝宋康王利于天下人这三则故事，便是在讲述要以智慧来认识自然规律、掌握物性，体顺民心、彰显万物。

《黄帝》全篇致力于立德养生，旨在追求理想之国，希望有能效法天道无为、德庇万物却又不以之为功的国君，也希望有能自治自化的国民，还要有孔丘、墨翟这样的圣贤之人来仁义济人，这样才能实现天下大治，实现"四境之内，皆得其利"。

黄帝即位十有五年，喜天下戴己[①]，养正命[②]，娱耳目，供鼻口，焦然肌色皯黣[③]，昏然五情爽惑[④]。又十有五年，忧天下之不治，竭聪明，进智力[⑤]，营百姓，焦然肌色皯黣，昏然五情爽惑。黄帝乃喟然赞曰[⑥]："朕之过淫矣[⑦]。养一己其患如此，治万物其患如此。"

【注释】①戴：拥护，爱戴。②正命：即性命。③焦然："焦"作"憔"，憔悴，脸色枯黄。皯黣〔gǎn měi〕：皮肤黧黑。焦然和皯黣都形容脸色憔悴、肤色难看。④五情：喜、怒、哀、乐、怨五种情感，泛指人的情感。⑤进：通"尽"，竭尽。⑥喟〔kuì〕然：形容叹气的样子。赞：当作"叹"。⑦朕：我，我的，秦以前不论尊卑，都自称"朕"，秦灭六国之后，天子开始自称"朕"。淫：当作"深"。

【译文】黄帝即位已经十五年了，因天下民众都很爱戴他而沾沾自喜，便开始一心调养身体，追求耳目之乐，满享口鼻之欲，但却让自己越来越憔悴，面色枯黄黧黑不说，整日里也头昏脑涨、情志迷乱。又过了十五年，社会的动乱让黄帝忧心忡忡，他竭尽全力、绞尽脑汁，动用自己所有的聪明才智来治理国家、管理百姓，也同样将自己弄得面色枯黄黧黑，依旧形容憔悴，头脑昏沉，情志迷乱。黄帝大声叹息道："我的过错太严重了！只顾着调养自己，有了这样的祸患；想要治理天下，还是有了这样的祸患。"

于是放万机，舍宫寝，去直侍^①，彻钟悬^②，减厨膳，退而间居大庭之馆^③，斋心服形^④，三月不亲政事。

【注释】①直侍：贴身的侍从。②彻：撤掉，除去。钟悬：《列子释文》"悬"作"县"，县音玄。悬挂的钟乐。③间居：间，通"闲"。独居。④斋心：洗心反省，表示内心不受俗物污染。服形：张湛："心无欲则形自服矣。"通过修养，消除欲念，使身体顺服于道。

【译文】于是黄帝抛开纷繁复杂的政务，离开了华丽的宫殿寝室，裁去贴身的侍从，撤掉钟鼓娱乐，减掉精致膳食，在外庭简陋的房舍里独自隐居，内敛心志，外敛身形，三个月都没有过问政事。

昼寝而梦，游于华胥氏之国^①。华胥氏之国在弇州之西^②，台州之北^③，不知斯齐国几千万里^④；盖非舟车足力之所及，神游而已。其国无帅长^⑤，自然而已。其民无嗜欲，自然而已。不知乐生，不知恶死，故无夭殇^⑥；不知亲己，不知疏物，故无爱憎；不知背逆，不知向顺，故无利害；都无所爱惜，都无所畏忌。

【注释】①华胥氏之国：传说中虚拟的理想国度。后人常用此作梦境的代称。②弇〔yǎn〕州：古地名。据《淮南子·坠形训》："正西弇州曰并土。"此地应位于中原西部。③台州：古地名。据《淮南子·坠形训》："西北台州曰肥土。"此地应位于中原的西北方向。④斯：距离。齐：中央，中间。⑤帅长：《列子释文》："帅，或作师。帅长，首主也。"众官之长，这里指统治者。⑥夭殇：未成年而死去。

【译文】黄帝白天睡觉的时候做了一个梦，梦见自己去了华胥国漫游。华胥国在弇州的西边、台州的北边，距离中国不知道有几千万里远，不管是步行还是借助舟车，都不能轻易到达，所以只能是神魂的漂游罢了。那个国家里没有君主官长，一切都听凭自然发展。国家里的百姓民众也没有嗜好欲望，一切也都听凭自然的发展。他们不知道生存的快乐，也不知道死亡的厌恶，所以没有夭折短命的人；他们不知道偏爱自己，也不知道疏远外物，所以也没有爱憎之心；他们不知道背叛违逆，不知道附和顺从，所以也就没有利害关系；所有人全都没有什么贪恋，也没有什么畏惧。

入水不溺，入火不热。斫挞无伤痛①，指擿无痟痒②。乘空如履实，寝虚若处床。云雾不硋其视③，雷霆不乱其听，美恶不滑其心④，山谷不踬其步⑤，神行而已。

【注释】①斫〔zhuó〕：砍，斩，削。挞：打。②擿〔zhì〕：搔，挠。痟〔xiāo〕：酸痛。③硋〔ài〕：阻碍。④滑〔gǔ〕：通"汩"，扰乱，迷惑。⑤踬〔zhì〕：被绊倒，阻滞。

【译文】投入水中不会被淹没，进入火中也不会被烧死。刀砍鞭打没有伤痛，指甲搔挠不会酸痛。飞腾到空中犹如脚踏实地，睡在虚无里就好像躺在床上。云雾缭绕不能阻碍他们的视线，雷霆之声也不会扰乱他们的听力，美丽和丑恶都不会迷惑他们的心志，即便是高山深谷也无法阻挡他们的脚步，这都是精神在运行的结果。

黄帝既寤，怡然自得，召天老、力牧、太山稽①，告之，曰："朕闲居三月，斋心服形，思有以养身治物之道，弗获其术。疲而睡，所梦若此。今知至道不可以情求矣。朕知之矣！朕得之矣！而不能以告若矣。"

又二十有八年②，天下大治，几若华胥氏之国，而帝登假③。百姓号之，二百馀年不辍。

【注释】①天老、力牧、太山稽：传说中黄帝身边的三位辅弼之臣。②二十有八年：关于此年数，有几种说法。《列子释文》："一本作'三十有八年'。"《路史后记》五注引作"四十有八年"。《艺文类聚·后集》二一引作"二十有九年"。③假：通"遐"。登假，成仙远去。

【译文】黄帝从梦中醒来，感到很是高兴与满足，他找来天老、力牧、太山稽，告诉他们说："我闲居了三个月，内修心志，外修身形，思考应该如何修养身心、治理天下，但是却并没有得到好的方法。我因为感到疲惫睡了过去，梦到了上面那样子的情形。现在我知道，最高深玄妙的道，是不可能用常理去祈求获得的。我知道这个最好的办法了啊！我掌握了这个最好的办法了啊！但是我却没有办法将它告诉你们。"

又过了二十八年，国家得到了非常好的治理，几乎像华胥国一样了，但是黄帝却仙逝了。百姓们痛哭哀嚎，这样的状况持续了二百多年都未停止。

列姑射山在海河洲中①，山上有神人焉，吸风饮露，不食五谷；心如渊泉②，形如处女。不偎不爱③，仙圣为之臣；不畏不怒④，愿悫为之使⑤；不施不惠，而物自足；不聚不敛，而己无愆⑥。

【注释】①列姑射〔yè〕：古代神话传说中的山名。海河洲：黄河入海口的河洲。②渊：《列子释文》："渊字读为深字。"深泉，比喻心境的沉静深邃。③偎〔wēi〕：亲近。④畏：威严。⑤愿悫〔què〕：朴实，诚实。使：役使。⑥愆〔qiān〕：困顿，缺乏。

【译文】在黄河入海口的河洲中有一座列姑射山，山上有神人居住。他吸风饮露，不吃五谷；心灵如同虚静的渊泉，形体则像年轻的处女一样柔美。他不偏亲不偏爱，神仙圣人都甘愿臣服于他；他不抖威风不随意发怒，忠厚诚实的人都愿意为他服务；他不对人施舍也不对人惠赠，但人们的物质财富自然丰裕；他不聚财也不敛物，但自己却从来不感到困顿贫乏。

阴阳常调，日月常明，四时常若①，风雨常均，字育常时②，年谷常丰；而土无札伤③，人无夭恶④，物无疵疠⑤，鬼无灵响焉⑥。

【注释】①若：顺从②字育：生育，养育。③札〔jié〕伤：札，瘟疫。遭受瘟疫而死亡。④夭恶：夭折，短命。⑤疵疠〔cī lì〕：恶病，引申为灾害。⑥灵响：灵验，应验。

【译文】那里常年都阴阳调和，日月常年明亮，四季总是和顺，风雨常年均匀，养育总是符合时宜的，五谷也常年丰收；而且大地上没有瘟疫流行，人间也没有早夭而亡的，万物也没有遇到过灾患，连鬼怪都无法作祟。

列子师老商氏^①，友伯高子^②；进二子之道^③，乘风而归。

尹生闻之^④，从列子居，数月不省舍^⑤。因间请蕲其术者^⑥，十反而十不告^⑦。尹生怼而请辞^⑧，列子又不命^⑨。尹生退。数月，意不已，又往从之。

【注释】①老商氏：古之圣贤，列子的老师。是继老子之后，战国时期道家学派的代表人物之一。②伯高子：列子的朋友。③进：通"尽"，完全掌握。道：道术。④尹生：姓尹的学生，即下文的"章戴"。⑤省〔xǐng〕：探望。舍：指尹生自己的家。⑥因间〔jiàn〕：趁机。蕲〔qí〕：通"祈"，祈求。⑦反：同"返"，这里是来回的意思。⑧怼〔duì〕：怨恨。⑨不命：不表明态度。

【译文】列子拜老商氏为老师，与伯高子成为朋友，在完全掌握了他们的道术之后，便乘风返回。

有一个姓尹的学生听说这件事之后，便跟随列子住了一段时间，一连几个月都不曾回家探望。他想要趁机向列子祈求道术，可是问了十回，十回都没有得到列子的回应。尹生满腹怨恨，便请求离开，列子依旧没有表态。尹生便回家去了。过了几个月，尹生想要学习道术的心思难以消除，于是他又跑了回来，继续跟随列子居住。

列子曰:"汝何去来之频?"

尹生曰:"曩章戴有请于子①,子不我告,固有憾于子。今复脱然②,是以又来。"

列子曰:"曩吾以汝为达,今汝之鄙至此乎。姬③!将告汝所学于夫子者矣。自吾之事夫子、友若人也④,三年之后,心不敢念是非,口不敢言利害,始得夫子一眄而已⑤。五年之后,心庚念是非⑥,口庚言利害,夫子始一解颜而笑。七年之后,从心之所念,庚无是非;从口之所言,庚无利害,夫子始一引吾并席而坐。九年之后,横心之所念⑦,横口之所言,亦不知我之是非利害欤,亦不知彼之是非利害欤;亦不知夫子之为我师,若人之为我友:内外进矣。"

【注释】①曩〔nǎng〕:从前。②脱然:解脱,轻松,形容怨气顿消的样子。③姬〔jū〕:通"居",坐下。④若人:此人,指伯高子。⑤眄〔miǎn〕:斜着眼睛看。⑥庚:通"更"。⑦横:放纵,恣意。

【译文】列子说:"你为什么这么频繁地来来去去呢?"

尹生回答:"从前章戴我向先生请教道术,先生不肯传授,我自然对您感到很不满。现在我心中的怨气已经完全消除了,所以就又回来了。"

列子说:"以前我认为你很通达事理,现在才知道你竟然浅薄鄙陋到这样的地步。坐下!我来告诉你我是怎样向先生学习道术的。自从我侍奉先生、结交学友,三年之后,心里不敢想是非,口中也不敢讲说利害，才让先生斜看了一眼而已。五年之后，我心里更加不敢存有是非之念，口中也更加不敢言说利害，先生这才对着我开颜一笑。七年之后，任凭心中如何想，我都更加没有是非之念；不管口中如何说，也没有利害之言，先生才开始让我与他并席而坐。九年之后，就算我放开心思去想，放开口去说，也不知道我的是非利害是什么，也不知道别人的是非利害是什么；也不知道先生是我的老师，也不知道伯高子是我的朋友：身心内外已经完全与大道相融合了。"

"而后眼如耳，耳如鼻，鼻如口，无不同也。心凝形释^①，骨肉都融；不觉形之所倚，足之所履，随风东西，犹木叶干壳。竟不知风乘我邪？我乘风乎？今女居先生之门^②，曾未涉时^③，而怼憾者再三。女之片体将气所不受^④，汝之一节将地所不载^⑤。履虚乘风，其可几乎^⑥？"

尹生甚怍^⑦，屏息良久，不敢复言。

【注释】①心凝形释：心神凝聚而忘掉形骸智巧。②女〔rǔ〕：通"汝"。③未涉〔jiā〕时：涉，同"匝"，周匝，一周十日为涉日。未涉时，指时间短暂。④片体：小小一段身躯。⑤节：骨节，这里以骨节对应身躯，身躯细小，那么骨节与之相比更甚。⑥几〔jì〕：通"冀"，期望盼望。⑦怍〔zuò〕：惭愧。

【译文】"从那之后，我的眼睛与耳朵作用一样，耳朵的作用就和鼻子的作用一样，鼻子的作用又和嘴巴的作用一样，全身各部位的作用没有什么不同的。我的心神凝聚，形体消散，骨骸血肉全都与自然融为一体；感觉不到身体对外界的依赖，也感觉不到脚下所踩踏的地方，人随风吹而东西飘荡，就好像枯木的落叶或者竹笋的干壳一样四散飘零。竟然不知道是风乘着我，还是我乘着风。现在你在我的门下，这还没几天的工夫，就再三怨恨不满。你身体上哪怕最细小的一段都不能为灵气所接受，哪怕最小的一节骨节也不能为大地所承载。还想要凌空行走，乘风翱翔，这个期望怎么可能实现呢？"

尹生非常惭愧，好久连大气都不敢出一下，也不敢再多说什么了。

列子问关尹曰①："至人潜行不空②，蹈火不热，行乎万物之上而不慄。请问何以至于此？"

关尹曰："是纯气之守也③，非智巧果敢之列④。姬！鱼语女⑤。凡有貌像声色者，皆物也。物与物何以相远也？夫奚足以至乎先⑥？是色而已⑦。则物之造乎不形，而止乎无所化。夫得是而穷之者，焉得而正焉？彼将处乎不深之度⑧，而藏乎无端之纪⑨，游乎万物之所终始。"

【注释】①关尹：春秋（一说战国）时人，字公文，曾为函谷关尹。道书中称作令尹喜，或关令尹，或尹喜。道教派别之一"楼观道"将其封为祖师。②至人：道家用来称谓道德最高的人。空：通"窒"，窒息。③纯气之守：纯气，纯和之气。守：保持。即守住元气。④鱼：通"余"，即我。⑤先：

指未始有物之先。⑥色：当为形色，指有形貌声色的物体。⑦彼：指至人。深：过度，超过节制。⑧端：绪，发端。纪：规律。

【译文】列子问关尹说："那些道德修养达到最高的人，潜行水里不会窒息，踏入火中不会觉得灼热，行走在万物之上而不感到恐惧。请问他们是依靠什么达到这种境界的呢？"

关尹说："这靠的是能保持住纯正的元气，而不是靠智巧、果敢之类的能够做到的。坐下，我来告诉你。凡是有面貌、形象、声音、色彩的，都是物。物与物怎么会相差很远呢？为什么有的物可以超越其他物而实现至高的存在呢？这些都是有形色的物罢了。而物在无形无象的道中产生，又消失在不被他物所化的道中。能够掌握此道并穷尽其道理的人，怎么能被外物所阻止呢？道德至高至上的人始终处在不超越大道尺度的范围之内，又将心神隐藏于不见首尾的大道之中，并在万物赖以生存的本原之中畅游。"

"壹其性，养其气，含其德，以通乎物之所造。夫若是者，其天守全，其神无郤①，物奚自入焉？夫醉者之坠于车也，虽疾不死②。骨节与人同，而犯害与人异，其神全也。乘亦弗知也，坠亦弗知也。死生惊惧不入乎其胸，是故遻物而不慑③。彼得全于酒而犹若是，而况得全于天乎？圣人藏于天，故物莫之能伤也。"

【注释】①郤〔xì〕：通"隙"，空隙。②疾：摔伤。③遻〔è〕：遇到。慑：害怕，恐惧。

【译文】"使心性纯化而无杂念, 涵养精气没有流失, 保持其德行与大道相合, 与派生万物的大道相通。像这样的人, 他能将自身的自然天性守护完全, 他的精神也毫无可趁之间隙, 外物又怎么能够侵入呢? 喝醉酒的人就算是从车上掉下来, 虽然会摔伤但却不至于死。他的骨节与他人相同, 但是受到的伤害却是不同, 就是因为这时候的人其心神是凝聚无间的。他既不知道自己坐在车上, 也不知道自己坠落到了地上。此时他的内心中没有死生惊惧, 所以遇到外物也毫无恐惧之心。喝醉酒的人靠着酒醉来获得无间心神, 尚能实现如此状态, 更何况是靠着自然之道而获得神全的人呢? 圣人都将自己的心神藏匿并融合在自然天道之中, 所以外物也就不能伤害于他了。"

列御寇为伯昏无人射①, 引之盈贯②, 措杯水其肘上③, 发之, 镝矢复沓④, 方矢复寓⑤。当是时也, 犹象人也⑥。

伯昏无人曰: "是射之射, 非不射之射也。当与汝登高山⑦, 履危石⑧, 临百仞之渊⑨, 若能射乎?"

【注释】①列御寇: 即列子。②引: 开弓。盈贯: 满引弓, 即拉足弓弦, 到弓弯到盈满的程度。③措: 放置。④镝〔dí〕矢: 箭。这里当作动词, 发射箭矢。沓: 会合。⑤寓: 寄也。⑥象人: 偶人, 泥塑木偶人。⑦当: 倘若, 假如。⑧危: 高耸。⑨仞: 古代计量单位, 按周尺, 八尺或七尺为一仞。

【译文】列御寇为伯昏无人表演射箭, 他拉满弓弦, 在端起的肘臂上放上一杯水, 箭放出去, 第一箭刚刚离弦, 第二箭就已经搭上了弓弦, 第二箭刚发射出去, 第三箭又扣在了弓弦上。在这个过程中,列御寇都像泥塑木雕一样镇静沉稳。

伯昏无人说:"这只是有技巧地为了射箭而射箭,还没有达到无心射箭而射箭的地步。倘若我和你一起登上高山,踩着高耸的岩石,身临万丈深渊,你还能这么从容地射箭吗?"

于是无人遂登高山,履危石,临百仞之渊,背逡巡①,足二分垂在外,揖御寇而进之②。御寇伏地,汗流至踵。

伯昏无人曰:"夫至人者,上窥青天,下潜黄泉,挥斥八极③,神气不变。今汝怵然有恂目之志④,尔于中也殆矣夫⑤!"

【注释】①逡〔qūn〕巡:退却,欲进不进的样子。②揖:揖弓,即拜弓行礼,这里是伯昏无人向列御寇让弓。③挥斥:放纵。八极:指八方极远的地方。④怵〔chù〕然:恐惧的样子。恂〔shùn〕目:恂,瞬间,一眨眼。志:意念。⑤殆:本意为危险,这里引申为相差得很远。

【译文】于是,伯昏无人登上了高山,踩着高耸的岩石,身临万丈深渊,他背对深渊后退,直到脚有一大半都悬在了岩石之外,这时他才向列御寇让弓,请他射箭。列御寇吓得趴在了地上,冷汗一直流到了后脚跟。

伯昏无人说:"那些道德至高至上的人,向上可以窥探到青天,向下能潜行至黄泉,精神可以在八方纵游,神色气度始终没有变化。现在你却恐惧得直眨眼睛,你在射箭之道上还差得很远啊!"

范氏有子曰子华①,善养私名②,举国服之;有宠于晋君,

不仕而居三卿之右③。目所偏视，晋国爵之；口所偏肥④，晋国
黜之。游其庭者俟于朝⑤。子华使其侠客以智鄙相攻，强弱相
凌。虽伤破于前，不用介意。终日夜以此为戏乐，国殆成俗。

禾生、子伯，范氏之上客。出行，经坰外⑥，宿于田更商丘
开之舍⑦。中夜，禾生、子伯二人相与言子华之名势，能使存者
亡，亡者存；富者贫，贫者富。商丘开先窘于饥寒，潜于牖北
听之⑧。因假粮荷畚之子华门⑨。

【注释】①范氏：春秋时期晋国的六大贵族之一。②私名：即私客，指
寄食于贵族门下的人士。③三卿：西周、春秋时，天子、诸侯所属的高级掌管
都称卿。这里指韩、赵、魏三卿。右：古时尚右，意思为地位高贵。
④肥〔bǐ〕：轻视，鄙薄。⑤俟〔móu〕：相等，齐。⑥坰〔jiōng〕：遥远的郊
外。⑦田更：更，通"叟"，老人。里指种田的老人。⑧牖〔yǒu〕北：牖，窗
户。即朝北面的窗户。⑨假：借。畚〔běn〕：古代由草绳做成的盛器，这里指
用来装行李的草筐。

【译文】范氏有一个名叫子华的儿子，很喜欢招养门客，全国百
姓都屈服于他的势力。晋国国君很宠爱子华，这使得他即便没有做
官，却也获得了比三卿还要高贵的地位。只要是他所赏识的人，晋国
就会赐予其爵位；如果是被他鄙薄过的人，晋国就会将其贬黜。来
往于他家的人简直和在朝廷上来往的人一样多。子华让门下所养的
侠客游士们互相斗智斗勇，让强大的人与弱小的人彼此欺凌争斗。
即便在他面前，有人流血甚至伤残，他也丝毫不介意。子华通宵达
旦地用这个游戏来取乐，结果全国百姓都沾染上了这个风气。

禾生、子伯是范氏的上等门客。有一次，他们外出经过荒原的

郊野, 在老农商丘开家中借宿。夜半时分, 两人谈论起了子华的名望权势, 说他能让活着的人死掉, 能让死掉的人重新活过来; 还能让富贵的人变得贫困, 又能让贫困的人变得富贵。一直生活窘困的商丘开, 躲在朝北的窗户下听到了这番对话。于是他便借了一些粮食, 挑着装了行李的草筐, 投奔到了子华的门下。

子华之门徒皆世族也, 缟衣乘轩①, 缓步阔视。顾见商丘开年老体弱, 面目黎黑, 衣冠不检, 莫不眲之②。既而狃侮欺诒③, 攩拚挨扰④, 亡所不为。商丘开常无愠容⑤, 而诸客之技单⑥, 悆于戏笑。

遂与商丘开俱乘高台, 于众中漫言曰: "有能自投下者, 赏百金。"众皆竞应。商丘开以为信然, 遂先投下, 形若飞鸟, 扬于地, 肌骨无碀⑦。范氏之党以为偶然, 未讵怪也⑧。

【注释】①缟〔gǎo〕衣: 白色的绢衣。轩: 古代一种车子, 前顶较高, 有帷幕, 供大夫以上的人乘坐。②眲〔nè〕: 轻视。③诒〔dài〕: 欺骗。④攩〔tǎng〕: 捶打。拚〔bì〕: 正面推击。挨: 用一侧身体撞击。扰〔dǎn〕: 击背。⑤愠〔yùn〕: 含怒, 怨恨。⑥单: 通"殚", 竭尽。⑦肌: 同"肌"。碀〔huǐ〕: 毁坏, 败坏。⑧讵〔jù〕: 通"巨", 大。

【译文】范子华所养的门客都是世家子弟, 他们的衣服都是白色绢衣, 出门都要乘坐在宽敞华丽的马车上, 走起路来也昂首阔步, 视周围如无物。所以当看见面目黑黄憔悴、衣冠不整的商丘开时, 这群世家子弟都很轻视他。接着他们侮辱他、欺负他、欺骗他, 对他捶打推搡，真是无所不为。但是商丘开脸上却没有一丝恼怒的表情，当那些门客折腾人的伎俩用完了，也懒得再嬉笑嘲弄他了。

接着，门客们和商丘开一起登上高台，有人很随意地说："谁要是自愿跳下去，就奖赏他一百金。"大家都争着响应。商丘开信以为真，便真的先从台子上跳了下去，他的身子就好像飞鸟一样，飘飘摇摇地就落到了地面，肌肉骨骼没有一点受伤的地方。范氏的门客们都认为这不过是偶然罢了，也就并没有感到奇怪。

因复指河曲之淫隈曰①："彼中有宝珠，泳可得也。"商丘开复从而泳之。既出，果得珠焉。众昉同疑②。子华昉令豫肉食衣帛之次③。

俄而范氏之藏大火。子华曰："若能入火取锦者，从所得多少赏若。"商丘开往无难色，入火往还，埃不漫，身不焦。

范氏之党以为有道，乃共谢之曰："吾不知子之有道而诞子④，吾不知子之神人而辱子。子其愚我也，子其聋我也，子其盲我也。敢问其道。"

【注释】①淫隈〔wēi〕：淫，深。隈，山或水弯曲的地方，这里指水潭。②昉〔fǎng〕：曙光初现，引申为开始。③豫：通"与"，参与。次：位次，行列。④诞：欺骗。

【译文】于是又指着弯曲河道边的深潭说："那里有宝珠，游过去就能得到了。"商丘开又听从了他们的话，跳进了水里潜行而去。等到他浮出水面时，果然得到了宝珠。到这时，门客们才开始疑惑不已, 子华也开始看重商丘开, 让他加入了食肉衣绸的食客行列。

不久, 范家仓库发生了大火, 子华说: "谁能冲进去抢救出锦缎, 就按照抢救的数量来奖赏他。"商丘开面无难色, 直接冲进火中, 来回奔跑, 身上不曾沾染上烟火, 更不曾被烧伤烤焦。

范氏的门客以为商丘开有道术, 便一齐向他赔罪说: "我们不知道您有道术却还耍弄您, 也不知道您是神人而侮辱了您。先生就请把我们当成愚蠢的人, 当成聋子, 当成瞎子吧。现在我们冒昧地向您请教, 您用的是什么道术呢?"

商丘开曰: "吾亡道。虽吾之心, 亦不知所以。虽然, 有一于此, 试与子言之。曩子二客之宿吾舍也, 闻誉范氏之势, 能使存者亡, 亡者存; 富者贫, 贫者富。吾诚之无二心, 故不远而来。及来, 以子党之言皆实也, 唯恐诚之之不至, 行之之不及, 不知形体之所措①, 利害之所存也。心一而已。物亡迕者②, 如斯而已。今昉知子党之诞我, 我内藏猜虑, 外矜观听, 追幸昔日之不焦溺也, 怛然内热③, 惕然震悸矣④。水火岂复可近哉?"

自此之后, 范氏门徒路遇乞儿马医, 弗敢辱也, 必下车而揖之。

宰我闻之⑤, 以告仲尼。仲尼曰: "汝弗知乎? 夫至信之人, 可以感物也。动天地, 感鬼神, 横六合⑥, 而无逆者, 岂但履危险, 入水火而已哉? 商丘开信伪物犹不逆, 况彼我皆诚哉? 小子识之⑦!"

【注释】①措: 安放, 放置。②迕〔wǔ〕: 违背, 阻碍。③怛〔dá〕然: 忧伤, 痛苦。内热: 内心焦灼不安。④惕〔tì〕然: 战战兢兢, 恐惧的样子。震悸: 震惊, 因为害怕而心悸。⑤宰我: 宰予, 字子我, 亦称宰我。春秋末鲁国人, 孔子著名的弟子。⑥六合: 天地之间, 即上、下、东、南、西、北。⑦小子: 这里指学生们。识〔zhì〕: 记住。

【译文】商丘开说: "我根本就没有道术。即便是我自己心里, 也同样不知道这是什么缘故。但尽管如此, 我还是可以跟你们说一说的。前些日子, 你们的两位门客借住在我家, 听到他们赞誉范氏的权势, 可以让生者死, 可以让死者生; 可以让富贵的人变得贫穷, 可以让贫穷的人变得富贵。我对此深信不疑, 所以才不惜远道而来。来到这里之后, 我把你们这些人的话都当成了实话, 生怕自己相信得不够, 生怕自己做得不足, 根本就顾及不到自己的身体到底处在一个怎样的境地, 也不考虑哪里有什么利害, 只不过是专心致志地做应该做的事情罢了。外物不能违背我的心愿, 不过如此而已。直到现在我才知道你们这些人在欺骗我, 我的内心开始出现了猜疑和忧虑, 表现在外在就是不得不小心地观察与测听, 又回想起往日没有被烧死、溺死的经历, 这种忧伤和痛苦让我倍感折磨, 我开始战战兢兢, 内心变得恐惧至极, 又怎么可能再去接近那无情的水火呢?"

从此以后, 范氏的门客在路上遇到乞丐、马医等, 再也不侮辱他们, 而是下车向他们拱手行礼。

宰我听说了这件事, 便将其告知给了孔子。孔子说: "你不知道吗? 那些最讲诚信的人, 是可以让万物也为之感化的。他们可以令天地震撼, 令鬼神动容, 即便是在天地之间纵横也不会遇到悖逆阻碍，更何况是走在危险的地方、进入水火之中？商丘开对虚假的事物都深信不疑且不加以拒绝，这样还能不受阻碍与伤害，更何况我们彼此之间这种全然真诚、坚守诚信的表现呢？学生们，你们要牢牢记住啊！"

周宣王之牧正有役人梁鸯者①，能养野禽兽，委食于园庭之内②，虽虎狼雕鹗之类③，无不柔驯者。雄雌在前，孳尾成群④，异类杂居，不相搏噬也。王虑其术终于其身，令毛丘园传之。

梁鸯曰："鸯，贱役也，何术以告尔？惧王之谓隐于尔也，且一言我养虎之法。凡顺之则喜，逆之则怒，此有血气者之性也⑤。然喜怒岂妄发哉？皆逆之所犯也。夫食虎者，不敢以生物与之，为其杀之之怒也；不敢以全物与之，为其碎之之怒也。时其饥饱⑥，达其怒心⑦。虎之与人异类，而媚养己者，顺也；故其杀之，逆也。然则吾岂敢逆之使怒哉？亦不顺之使喜也。夫喜之复也必怒，怒之复也常喜，皆不中也。今吾心无逆顺者也，则鸟兽之视吾，犹其侪也⑧。故游吾园者，不思高林旷泽；寝吾庭者，不愿深林幽谷⑨，理使然也。"

【注释】①周宣王（？—前782）：西周第十一代君主，姬姓，名靖，周厉王之子，公元前827—前782年在位。牧正：古官名，牧官之长，主管畜牧。②委：委托，这里引申为投喂。食〔sì〕：喂食，给食。③鹗〔è〕：特指"鱼鹰"，常在水面上飞翔，捕食鱼类。④孳〔zī〕尾：动物生育繁殖，孳，生息，繁殖。尾,交合。⑤血气:血性,生命气息。⑥时:通"伺",伺候。⑦达:顺导。⑧侪〔chái〕:同类,同辈。⑨愿:思恋。

【译文】周宣王的牧正有一个名叫梁鸯的仆役,很善于驯养野生的飞禽走兽,在庭院里投喂这些野兽,即便是最凶猛的老虎、豺狼、雕鹰、鹙鸟,也没有不柔顺驯服的。这些飞禽走兽,雌雄交配之后,繁衍出成群的后代,尽管种类不同,但这些禽兽都混杂居住在一起,却并不相互搏斗噬咬。周宣王担心这种饲养野兽的能力在梁鸯这里就失传了,便命令一个名叫毛丘园的人去继承梁鸯的养兽方法。

梁鸯说:"我不过只是一个卑贱的仆役罢了,有什么技术可以传给你呢?但我又怕大王说我对你隐瞒了技术,那就说一说我是如何饲养老虎的吧。有血性的动物,天性都喜欢被顺着,那样它会感到欢喜,而不喜欢被违逆,否则就会发怒。但是动物们的喜怒哪里会无端发作呢?都不过是因为违逆了它而导致的。饲养老虎,我不敢用活的动物喂它,因为它奋力撕咬活物时,就会引发怒气;我也不敢用完整的动物喂它,否则它使劲撕咬动物时,也会诱发怒气。喂食要根据它的饥饱,对它喜怒无常的性情要表现出顺从来。老虎并不与人一样,能让老虎喜欢上饲养它的人,是因为人能依顺它;而如果它故意伤人,那就是因为人违逆了它。这样我怎么敢违逆它让它发怒呢?但是,这并不意味着就可以完全顺从于它来让它高兴。因为高兴到了一定的程度也会发怒,发怒到了一定程度又会高兴,其实都是不得当不适宜的缘故。现在我的心里没有违逆它或顺从它的想法,如此一来这些飞禽走兽对待我,就和对待它们的同类一样。所以,那些被养在我庭院里的飞禽走兽,并不思念它们原本待着的森林湖泊;

那些来到我的庭院休息的野兽们,也并不怀恋原本的深山幽谷,就是因为顺其自然,才能让它们做到这一点。"

颜回问乎仲尼曰①:"吾尝济乎觞深之渊矣②,津人操舟若神③。吾问焉,曰:'操舟可学邪?'曰:'可。能游者可教也,善游者数能④。乃若夫没人⑤,则未尝见舟而谡操之者也⑥。'吾问焉,而不告。敢问何谓也?"

【注释】①颜回:名回,字子渊,春秋时鲁国人,孔子最得意的门生。②济:渡。觞〔shāng〕深:渊名,位于宋国。③津人:摆渡的船夫。④数能:很快就学会。张湛:"向秀曰:其数自能也,言其道数必能不惧舟也。"⑤没人:能潜入水底的人。⑥谡〔sù〕:立即。

【译文】颜回问孔子:"我曾经乘渡船渡过名为觞深的深潭,摆渡的人划船的功夫仿佛神技。我问他:'划船技术可以学吗?'他说:'可以的。会游泳的就能学会,善于游泳的学得更快。至于说会潜水的,即便他们从没见过船,也能立即就学会驾驭它。'我问这是什么道理,他却不回答了。敢问先生,这是什么道理呢?"

仲尼曰:"噫①!吾与若玩其文也久矣②,而未达其实,而固且道与。能游者可教也,轻水也;善游者之数能也,忘水也。乃若夫没人之未尝见舟也而谡操之也,彼视渊若陵,视舟之覆犹其车却也。覆却万物方陈乎前而不得入其舍③,恶往而不暇?以瓦抠者巧④,以钩抠者惮⑤,以黄金抠者惛⑥。巧一也⑦，而有所矜⑧，则重外也。凡重外者拙内。"

【注释】①谓〔yì〕：感叹声，同"噫"，犹"唉"。②玩：研习，探讨。文：书本上的道理。③方：并列。舍：这里指心胸。④抠：探，以手藏物，探而取之。这里指古代的一种博戏。⑤钩：带钩，多用青铜制成。惮：惧怕。⑥惛〔hūn〕：心智昏乱。⑦巧一：技巧相同。⑧矜：顾忌。

【译文】孔子说："唉！我和你研习书本上的知识太久了，就是没有达到用事实来验证道理的地步，更何况去谈掌握道的本身。只要会游泳就能学会划船，是因为他不怕水；善于游泳的人能更快地学会划船，是因为他不把水放在心上。至于说会潜水的人即便从来没有见过船也能立刻学会驾驭它，则是因为他看待深潭如同土山，看待舟船的倾覆犹如陆地上的车向后退一样。万物倾覆、倒退同时出现在他面前呈现，都无法让他的内心动摇，他当然会表现得从容自如了。用瓦片博戏的人会心思灵巧，用铜带钩博戏的人就意味着心有惧怕，用黄金博戏的人就会心智昏乱。赌博的技巧都是一样的，心存顾虑就意味着过分看重了外物。凡是看重外物的人，内心都会变得笨拙起来。"

孔子观于吕梁①，悬水三十仞②，流沫三十里，鼋鼍鱼鳖之所不能游也③。见一丈夫游之④，以为有苦而欲死者也，使弟子并流而承之⑤。数百步而出，被发行歌而游于棠行⑥。

孔子从而问之，曰："吕梁悬水三十仞，流沫三十里，鼋鼍鱼鳖所不能游。向吾见子道之⑦，以为有苦而欲死者，使弟子并流将承子。子出而被发行歌，吾以子为鬼也。察子，则人也。请问蹈水有道乎？"

曰："亡，吾无道。吾始乎故，长乎性，成乎命。与齐俱入^⑧，与汩偕出^⑨，从水之道而不为私焉。此吾所以道之也。"

孔子曰："何谓始乎故，长乎性，成乎命也？"

曰："吾生于陵而安于陵，故也；长于水而安于水，性也；不知吾所以然而然，命也。"

【注释】①吕梁：地名，在今徐州附近。②悬水：瀑布。③鼋〔yuán〕：鳖的一种。鼍〔tuó〕：即扬子鳄，俗称"猪婆龙"。④丈夫：古代称成年男子为"丈夫"。⑤并流：靠近岸边，顺流游去。承：通"拯"，即拯救的意思。⑥被发：被，披着。散发。行歌：边走边唱。棠行：即塘下，堤岸之下。⑦道：张湛："道当为蹈。"之：指河水。⑧齐〔qí〕：通"齐"，即脐，中央。指漩涡，水旋洄而下，状如肚脐，故称。一说为〔jī〕，携着，带着。⑨汩〔gǔ〕：向上疾涌而出的水流。

【译文】孔子在吕梁观赏风光，只见三十仞高的瀑布飞流直下，浪花水沫冲出有三十里远，这样巨大的水流之下，连鼋鼍鱼鳖这样善水的生物也不能游渡。但是孔子却看见了一个成年男子在水中漂游，他以为这是一位遭遇困苦想要自杀的人，便指使弟子顺流去拯救他。男子在水中潜游数百步之后才浮出了水面，披散着头发在堤岸之下一边唱歌一边往前走。

孔子跟着走过去问道："吕梁的瀑布从三十仞高的地方飞落而下，激起的浪花水沫也流出去三十里远，就连鼋鼍鱼鳖都无法游过。但我刚才看你却在水里游渡，一开始还以为你遭遇苦难忍不住自杀,才让弟子顺流而下赶去救你。哪知道你却浮出了水面,披散着头发还唱着歌,我还以为是鬼呢。仔细一看才发现你原来就是人,请问你游水有什么道术吗?"

男子回答说:"没有,我没有道术。我不过是最开始便安于本然,再顺着天性生长,最终才成就了自然天命。我和漩涡一起被卷入水中,然后再随着上涌的波流一起浮出水面。我并不会凭着自己主观意愿去游水,而是顺从河水的规律,这就是我游水时所遵循的规则。"

孔子问:"什么叫开始于本然,再顺天性成长,最终成就自然天命呢"

男子说:"我出生在高地,那就安心在那里成长,这就叫安于本然;我成长在水边,就顺其自然地练习水性,这就叫习而成性;我并不知道为什么要这样做,但却还是很自然地做了,这就叫顺应自然天命。"

仲尼适楚,出于林中,见痀偻者承蜩①,犹掇之也②。

仲尼曰:"子巧乎! 有道邪?"

曰:"我有道也。五六月,累垸二而不坠③,则失者锱铢④;累三而不坠,则失者十一;累五而不坠,犹掇之也。吾处也若橛株驹⑤,吾执臂若槁木之枝。虽天地之大、万物之多,而唯蜩翼之知。吾不反不侧,不以万物易蜩之翼,何为而不得?"

孔子顾谓弟子曰:"用志不分,乃凝于神,其痀偻丈人之谓乎⑥!"

丈人曰:"汝逢衣徒也⑦,亦何知问是乎?修汝所以⑧,而后载言其上⑨。"

【注释】①痀偻〔jū lǚ〕：腰背弓曲。承蜩〔tiáo〕：粘蝉，把蝉粘住。②掇：拾取。③垸〔huán〕：《列子释文》："垸音丸。"通"丸"，圆形的小球。④锱铢〔zī zhū〕：比喻极其微小的数量。⑤概：竖立。株驹：驹，通"枸"，指树木的根干部分。断树桩。⑥丈人：古时对老人的尊称。⑦逢衣：通"逢掖"，古代读书人穿的一种袖子宽大的衣服，后来被当作是儒生的代称。⑧修：清洗，清除。⑨载：通"再"。

【译文】孔子到楚国去，从树林里出来时看见一位驼背的老人在粘蝉，那粘蝉的技艺就好像随手拾取一样毫无遗漏。

孔子说："您真是太灵巧了！这是有什么技艺吗？"

老人说："我是有技艺的。在竹竿头上叠放两个小球，经过五六个月的练习，就能练到小球不掉下来，这样粘蝉时失误就会变少；练到竹竿头上叠放三个小球而不掉下来，那在粘蝉的时候失误就只有十分之一；练到在竹竿上叠放五个小球而不掉下来时，粘蝉就好像是用手随意拾取而没有遗漏了。我立定身体，就好像竖起的树墩一样静止不动，我用胳膊举着竹竿就好像是枯木的树枝。虽然天地广大，万物众多，但我只专注于蝉翼。我不会因为外界纷杂的万物而受到干扰，这种只专注于蝉翼的心志，又怎么能得不到蝉呢？"

孔子回头对弟子们说："用志而不分散，精神凝聚专一，这就是驼背老人所说的道理啊！"

老人说："你们都是读书人，怎么也要过问这样的事呢？先清理掉你们的那些陈旧道理，然后再来谈论这些道理吧。"

海上之人有好沤鸟者^①，每旦之海上，从沤鸟游，沤鸟之至者百住而不止^②。其父曰："吾闻沤鸟皆从汝游，汝取来，吾玩之。"明日之海上，沤鸟舞而不下也。

故曰：至言去言，至为无为。齐智之所知^③，则浅矣。

【注释】①沤〔ōu〕：通"鸥"，形色似白鸽，经常群飞于海洋或江湖边。②住：通"数"。③齐〔jì〕：限定。

【译文】海边有一位喜欢海鸟的人，每天早上他都到海上去与海鸟一起玩耍，飞来的海鸟有上百只都不止。他的父亲说："我听说有海鸟都跟你玩，你给我捉几只来，让我也玩一玩。"等到第二天，这个人再来到海上，那些海鸟却只在天上飞舞，怎么都不肯落下来了。

所以说，最高深的言论就是摒弃言论，最卓绝的行为是无所作为。只局限于个人的智巧所知，那就失之浅薄了。

赵襄子率徒十万^①，狩于中山^②，藉芿燔林^③，扇赫百里^④。有一人从石壁中出，随烟烬上下，众谓鬼物。火过，徐行而出，若无所经涉者。襄子怪而留之，徐而察之；形色七窍，人也；气息音声，人也。问奚道而处石？奚道而入火？

其人曰："奚物而谓石？奚物而谓火？"

襄子曰："而向之所出者，石也；而向之所涉者，火也。"

其人曰："不知也。"

魏文侯闻之^⑤，问子夏曰^⑥："彼何人哉？"

子夏曰："以商所闻夫子之言，和者大同于物，物无得伤阂者。游金石，蹈水火，皆可也。"

文侯曰："吾子奚不为之？"

子夏曰："刳心去智⑦，商未之能。虽然，试语之有暇矣。"

文侯曰："夫子奚不为之？"

子夏曰："夫子能之而能不为者也。"

文侯大说⑧。

【注释】①赵襄子：名无恤，春秋末年晋国大夫，赵氏家族首领，战国时期赵国的实际创始人。子，是对大夫的敬称。②狩：冬天打猎。中山：古国名。③藉苈〔jiè rèng〕：践踏乱草。苈，乱草。燔〔fán〕：焚烧。④扇：煽动，播扬，引申为炽盛。此处指火势炽烈。赫：显耀，盛大。⑤魏文侯（？—前396）：姓毕，名都，战国时期魏国君主。公元前445—前396年在位。⑥子夏：姓卜，名商，字子夏。春秋末年晋国人，一说卫国人，孔门"十哲"之一，七十二贤之一。⑦刳〔kū〕：挖空，剔净。此处指把物欲剔除干净，使内心空虚而没有执念。⑧说〔yuè〕：同"悦"，喜悦。

【译文】赵襄子率领十万人马在中山国狩猎，践踏乱草、焚烧林木，火势绵延上百里。忽然有一个人从石壁里走了出来，随着烟灰火烬的升腾变化而上下飘动，大家都认为这是鬼怪。火势过去之后，那个人慢慢地走了出来，那样子就好像刚才根本没有涉足过什么事一样。赵襄子感到奇怪，就将他留了下来，慢慢地观察他：外貌、形体、肤色、七窍，就是正常人的样子；呼吸、声音，也和正常人一样。赵襄子便问那人，是不是有什么道术，才能待在石壁里，并走进火中。

那人却反问道："什么叫石壁？什么叫火？"

赵襄子说："就是你刚才走出来的地方，那就是石壁。你刚才经过时遇到的那些东西，就是火。"

那人却说："不知道。"

魏文侯听说这件事之后，就问子夏："那究竟是个什么样的人呢？"

子夏说："我听孔夫子说，保全中和之气的人，身心和外物就能融合在一体，外物就不能伤害他、阻碍他。所以他可以在金石中游走，可以在水火里踩踏，这都可以做到。"

魏文侯问："您为什么不这样做呢？"

子夏回答说："我还做不到能够剔净思虑、摒弃智巧。即便如此，我还是能试着谈论这样一些道理的。"

魏文侯又问："孔夫子为什么不这样做呢？"

子夏回答说："孔夫子是可以这样做的，但他更不能这样去做。"

魏文侯听了，非常高兴。

有神巫自齐来处于郑①，命曰季咸②，知人死生存亡、祸福寿夭，期以岁月旬日③，如神。郑人见之，皆避而走。

列子见之而心醉④，而归以告壶丘子，曰："始吾以夫子之道为至矣，则又有至焉者矣。"

壶子曰："吾与汝无其文⑤，未既其实，而固得道与？众雌而无雄，而又奚卵焉？而以道与世抗，必信矣⑥，夫故使人得而相汝。尝试与来，以予示之。"

明日，列子与之见壶子。出而谓列子曰："嘻！子之先生死矣，弗活矣，不可以旬数矣。吾见怪焉⑦，见湿灰焉⑧。"列子入，涕泣沾衿，以告壶子。

【注释】①神巫：占卜非常灵验的巫者。②命：命名。季咸：传说中的古代神巫。③期：预言。岁月旬日：预定的某年、某月、某旬、某日。④心醉：谓其心醉服。⑤与：传授。无：当为"既"，尽。文：外表。⑥信：通"伸"，呈现、表露。⑦怪：怪异的症状。⑧湿灰：指死亡之症，就好像湿灰一样不能复燃，绝无生机可望。

【译文】齐国有一个名叫季咸的神巫，从齐国来到了郑国居住。季咸可以算出人的生死存亡，可以算出人的福祸多少，寿命长短，他所预言的吉凶在准确的日子里都能如期发生，如神灵般准确。郑国人看到他，都远远地避开。

列子看见了却为之深深折服以至于心醉于此，他回来后将这个情况告诉了壶丘子，说："我原本认为先生就已经有很高的道术了，没想到还有高深的人。"

壶子说："我只不过是把道的外表教给你而已，还没有教授你道的实质，你这就以为自己是得道了吗？只有众多雌性而没有雄性，又怎么能产卵呢？你借助表面之道与世人较量，必定会暴露自己的心迹，所以巫者才得以透过你的心迹来为你占卜吉凶祸福。你试着将他请来，让他给我来相面。"

第二天，列子和季咸一起来见壶子。季咸出来之后就对列子说：
"唉！你的先生要死了，活不了啦，过不了十天了。我看到他身上怪异
的症状，就像无法再燃烧的湿灰一样，毫无生机。"列子回到壶子身
边，眼泪流出来湿透了衣衿，将季咸的话告诉给了壶子。

壶子曰："向吾示之以地文①，罪乎不誫不止②，是殆见吾
杜德几也③。尝又与来！"

明日，又与之见壶子。出而谓列子曰："幸矣！子之先生
遇我也，有瘳矣④。灰然有生矣⑤，吾见杜权矣⑥。"列子入告壶
子。

【注释】①地文：土地的纹理，地貌。②罪：通"萌"，萌发，草木初生
之际，生机未显。比喻壶子闭塞生机的状态。誫〔zhèn〕：同"震"，动。③殆：
仅仅。杜：闭塞。德几：几通"机"，枢机，比喻生命运动的关键。即生命力，
活力。④瘳〔chōu〕：疾病痊愈。⑤灰然有生：张湛："灰或作全。"本句当作
"全然有生"的意思，即整个都有生气了。⑥杜权：权，权变。谓闭塞中有所
变动。

【译文】壶子说："我刚才向他展示了寂静的心境，茫然无知，
不动不止，所以他大概是看见我闭塞生机了。你试着再和他一起
来。"

第二天，季咸又与列子一起来见壶子。季咸出来之后对列子说：
"幸运啊！你的先生遇上了我，这是可以痊愈了。他整个人都有了生
机，我看见了他闭塞之中的活力。"列子回来将季咸的话转告给了壶子。

壶子曰："向吾示之以天壤①，名实不入，而机发于踵，此为杜权。是殆见吾善者几也②。尝又与来！"

明日，又与之见壶子。出而谓列子曰："子之先生坐不齐③，吾无得而相焉④。试齐，将且复相之。"列子入告壶子。

【注释】①天壤：天地间变化生长的气象。②善者几：几，通"机"，机兆。生机萌动的征兆。③不齐〔zhāi〕：齐，同"斋"，端庄整齐。指精神、气色变化不定。④无得：没法。

【译文】壶子说："刚才我将天地间变化生长的气象显示给他看，不管是虚名还是实利都不能侵入，自下而上发动生机，他大概是看到了我生机萌动的兆相了。试着再和他一起来。"

第二天，季咸又跟着列子来见壶子。季咸出来之后对列子说："你的先生神色变化不定，我没法给他看了。等他安定之后，再来给他相面吧。"列子进去将季咸的话转告给了壶子。

壶子曰："向吾示之以太冲莫眹①，是殆见吾衡气几也②。鲵旋之潘为渊③，止水之潘为渊，流水之潘为渊，滥水之潘为渊④，沃水之潘为渊⑤，氿水之潘为渊⑥，雍水之潘为渊⑦，汧水之潘为渊⑧，肥水之潘为渊⑨，是为九渊焉。尝又与来！"

【注释】①太冲：冲，空虚。谓冲漠之气即动即静，非动非静。莫眹〔zhèn〕：眹，征兆。没有任何固定的迹象。②衡气几：即心平气稳的征兆。

③鲵〔ní〕:指鲸鲵。旋:盘旋。潘:回旋的深水。④滥水:翻涌而上的水流。⑤沃水:下注的水流。⑥汧〔guǐ〕水:从侧面涌出来的水流。⑦雍水:决出水道而又回流的水。⑧汧〔qiān〕水:从地下冒出后积止的水。⑨肥水:不同源而后又合流的水。

【译文】壶子说:"刚才我向他展示了没有任何固定迹象的冲漠之气,他大概是看到了我心平气稳的征兆了。鲸鲵盘旋的深水称为深渊,不流动的水回旋之处称为深渊,流动的水其盘旋之处为深渊,翻涌而上的回旋水为深渊,从上向下泻的回旋水形成深渊,从侧面涌出的回旋之水成为深渊,从水道决出而又回流形成的回旋水成为深渊,从地下冒出后又汇集起来的水形成的回旋水流成为深渊,不同源而后又合流于一处形成的回旋水流也称为深渊,这就是九种不同的深渊。你试着再和他一起来。"

明日,又与见壶子。立未定,自失而走①。壶子曰:"追之。"列子追之而不及,反以报壶子,曰:"已灭矣②,已失矣,吾不及也。"

壶子曰:"向吾示之以未始出吾宗。吾与之虚而猗移③,不知其谁何,因以为茅靡④,因以为波流,故逃也。"

然后列子自以为未始学而归,三年不出,为其妻爨⑤,食豨如食人⑥,于事无亲,雕瑑复朴⑦,块然独以其形立⑧,纷然而封戎⑨,壹以是终。

【注释】①自失:惊慌失措。走:逃跑。②灭:不见踪迹。③猗

〔wēi〕移：通"委蛇"，委屈顺从的样子。④茅靡：像茅草一样随风而倒。⑤爨〔cuàn〕：烧火做饭。⑥食豨〔sì xī〕：喂猪。豨，大猪。⑦瑑〔zhuàn〕：玉器上隆起的雕纹。朴：没有经过加工的木材，引申为质朴。⑧块然：安然无动于心的样子。⑨份〔fēn〕：通"纷"。混乱的样子，即外部世界万象纷呈。封：守，限定于一定的范围。戎：当作"哉"。

【译文】第二天，季咸又跟着列子来见壶子。可是季咸还没站稳，便立刻惊慌失措地逃走了。壶子说："追上他。"列子连忙去追，却没有追上，回来告诉壶子："季咸已经跑得无影无踪，找不到去向了，追不上他了。"

壶子说："刚才我展示的是我还没有从道的本原中产生出来的样子，我表现出虚心忘怀顺其自然的样子，他无法摸清我所使用的是什么道术，只看见我就如茅草一样随风而倒，如水随波逐流的状态，所以他吓得逃走了。"

从那之后，列子认为自己并不曾学到大道，就回到了家中，开始自学。三年都没有出过家门，替妻子烧火做饭，像侍候人一样饲养猪。对任何事物都不关心，抛却掉所有修饰恢复到质朴的样子，安然无动于衷，只独自于形体的存在，在万物纷杂的大千世界中，保持心性真朴，专心守一，终身都专守纯一之道。

子列子之齐，中道而反，遇伯昏瞀人。
伯昏瞀人曰："奚方而反①？"
曰："吾惊焉。"

"恶乎惊？"

"吾食于十浆②，而五浆先馈。"

伯昏瞀人曰："若是，则汝何为惊己③？"

曰："夫内诚不解④，形谍成光⑤，以外镇人心，使人轻乎贵老，而齑其所患⑥。夫浆人特为食羹之货，多馀之赢；其为利也薄，其为权也轻，而犹若是。而况万乘之主⑦，身劳于国，而智尽于事；彼将任我以事，而效我以功，吾是以惊。"

【注释】①方：缘故。反：同"返"。②十浆：浆，泛指液体，特指酒浆。十家卖酒浆的店铺。③惊己：受惊而失去自控。④内诚：诚，情。内心的情欲。解：排解。⑤谍：通"渫"，泄。⑥齑〔jī〕："齑"的异体字。招致。一说为"乱"。⑦万乘之主：古代四马一车为一乘，按周制，王畿方千里，能出兵车万乘，所以战国时的大国也成为"万乘"，万乘之主就是指大国的国君。

【译文】列子到齐国去，中途就返回来了，遇见伯昏瞀人。

伯昏瞀人说："因为什么缘故而返回来呢？"

列子说："我感到吃惊！"

伯昏瞀人问："为什么感到吃惊？"

列子说："我曾经去了十家卖酒浆的店铺，其中就有五家先赠送给我。"

伯昏瞀人说："你为什么会因为这样的事而惊异呢？"

列子说："内心情欲未除，人的举止形态就会表现得谄媚光鲜，想以外貌来镇住人心，让人们都能轻易地就以超出尊重老人的心来尊重自己，这就会招来祸患。这些卖酒浆的人只是做点羹汤的买卖罢了，赢利并不多；他们赢利很少，权势也很小，尚且如此尊敬我，更何况是那些万乘之主。他们为国事劳身费神，为事业绞尽脑汁；他们可能会将重任交给我，让我为其效力建功，因此我才感到惊异。"

伯昏瞀人曰："善哉观乎^①! 汝处己，人将保汝矣^②。"

无几何而往，则户外之屦满矣^③。伯昏瞀人北面而立，敦杖蹙之乎颐^④。立有间，不言而出。宾者以告列子^⑤。列子提屦徒跣而走^⑥，暨乎门，问曰："先生既来，曾不废药乎^⑦? "

【注释】①观：反观，指对自身的反省。②保：依附。③屦〔jù〕：用麻、葛等制成的单底鞋。④敦：竖起，支撑。蹙〔cù〕：皱。颐：下巴。⑤宾者：即傧者，替主人迎接客人的人。⑥跣〔xiǎn〕：赤脚。⑦废药：废，通"发"。比喻教诲之言。

【译文】伯昏瞀人说："你还真会观察问题啊! 你且安心等着吧，人们会来归附你的。"

时隔不久，伯昏瞀人去见列子，看到门外摆满了前来拜访的人的鞋子。伯昏瞀人朝北站立，竖起拐杖抵住了下巴，直到皮肉都皱了起来。站了一会儿后，伯昏瞀人没有说话就走了。接引宾客的人将这件事告诉了列子，列子提着鞋、光着脚就跑了出来，到了门口问道："先生既然来了，怎么也不发药石之言来启发开导我呢? "

曰："已矣。吾固告汝曰，人将保汝，果保汝矣。非汝能使人保汝，而汝不能使人无汝保也，而焉用之感也? 感豫出异^①。且必有感也，摇而本身^②，又无谓也。与汝游者，莫汝告也。彼所小言^③，尽人毒也^④。莫觉莫悟，何相孰也^⑤！"

【注释】①感豫：讨别人欢心，别人被自己感化。②而：你。身：通"性"。③小言：细巧而不入大道的言论。④人毒：毒害人的东西。⑤相孰：犹相善，相互得益。

【译文】伯昏瞀人说："算了吧，我本来就告诉过你，人们将会来归附于你，现在果然如此了。不是你能让人们归附于你，而是你不能使人不归附于你，你究竟用了什么方法来让他人被感化到这个地步呢？一定是你靠套取他人欢心而表现的与众不同。你以异常的表现来感动他人，他人也必然会以欢愉来撼动你的本性，这没有什么益处。与你交游的人，不会把这些道理告诉你。他们的细巧之言，都是在毒害人心。没有人能从中觉悟，不能相互启发，又怎么能互相获得教益呢？"

杨朱南之沛^①，老聃西游于秦^②，邀于郊。至梁而遇老子^③。老子中道仰天而叹曰："始以汝为可教，今不可教也。"杨朱不答。

至舍，进涫漱巾栉^④，脱履户外，膝行而前，曰："向者夫子仰天而叹曰：'始以汝为可教，今不可教。'弟子欲请夫子辞，行不间，是以不敢。今夫子间矣，请问其过。"

老子曰："而睢睢^⑤，而盱盱^⑥，而谁与居^⑦？大白若辱^⑧，盛德若不足。"

【注释】①杨朱：战国时魏国人，战国初期思想家、哲学家，道家杨朱学派创始人。沛：沛邑，位于今江苏省徐州市沛县东。②老聃〔dān〕：即老子，姓李，名耳，字聃，春秋时期楚国人，著名思想家，道家创始人。曾任周朝守藏室之史官。③梁：沛郊的地名。④盥〔guàn〕：通"盥"，盥洗。这里指洗脸洗手的水。栉〔zhì〕：梳篦。⑤睢睢〔suī〕：张目，傲视的样子。⑥盱盱〔xū〕：仰目，傲视的样子。⑦居：相处。⑧辱：谓黑。

【译文】杨朱向南去往沛地，老子向西游历到秦地，杨朱在沛郊的梁地迎候老子。两人走到半途时，老子仰天长叹说："起初我还认为你是一个可以教导的人才，现在看来并不是那样的。"杨朱默然没有回应。

到了旅舍之中，杨朱为老子奉上洗漱用品，将鞋脱在门外，膝行到老子面前，说："刚才先生仰天长叹说：'起初我还以为你是一个可以教导的人才，现在看来并不是那样的。'我想请教先生，但先生忙着赶路，所以没敢打扰。现在先生有空闲了，请您告诉我不可教导的原因。"

老子说："你一副骄傲跋扈、不可一世的样子，谁愿意和你同处呢？越是清白的人才越应该时刻注意自己是不是还有污点，越是道德高尚的人才越应该以谦恭卑下自居。"

杨朱蹴然变容曰①："敬闻命矣！"
其往也，舍者迎将家②，公执席③，妻执巾栉，舍者避席④，炀者避灶⑤。其反也，舍者与之争席矣。

【注释】①蹴〔cù〕然：惭愧不安的样子。②舍：旅店的主人。将：送。家：即旅舍。③执席：恭候于坐席之旁。④舍者：这里指坐着休息的人。避席：古人都是席地而坐，避席就是离开坐的地方，表示敬畏。⑤炀〔yàng〕者：灶下烧火的人。

【译文】杨朱满面惭愧地说："敬听先生教诲了。"

杨朱前往沛地时，旅社中的所有人都来迎接他，男主人帮他安排坐席，女主人为他拿洗漱用具，先到的客人也为了他让出坐席，灶下烧火的人也赶紧站起身离开灶火。而等他从沛地返回时，旅舍的客人知道他已经知过改过，便平等地与他相互坐着。

杨朱过宋^①，东之于逆旅^②。逆旅人有妾二人，其一人美，其一人恶^③；恶者贵而美者贱。杨朱问其故。逆旅小子对曰^④："其美者自美，吾不知其美也；其恶者自恶，吾不知其恶也。"

杨朱曰："弟子记之！行贤而去自贤之行，安往而不爱哉？"

【注释】①宋：周朝的一个诸侯国，国都商丘，为华夏圣贤文化源头，是儒家、墨家、道家、名家四大思想发源地，被誉为礼义之邦。②逆旅：旅店。③恶：丑陋。④小子：指旅店主人。

【译文】杨朱途径宋国，向东到一家旅店投宿。旅店主人有两个妾，一个容貌美丽，一个形容丑陋。可是，丑陋的却受到了主人的尊崇，而美丽的则被轻视。杨朱问店主人这是什么原因，店主人回答说："那个美丽的自认为自己很美丽，我却并不觉得她美丽；那个丑陋的自以为很丑,但我并不这么看。"

杨朱说:"弟子们记住吧! 品行高尚而并不自以为高尚的人,不管去哪里怎能不受人敬重呢?"

天下有常胜之道,有不常胜之道。常胜之道曰柔,常不胜之道曰强。二者亦知①,而人未之知。故上古之言: 强,先不己若者②; 柔,先出于己者。先不己若者,至于若己,则殆矣。先出于己者,亡所殆矣。以此胜一身若徒③,以此任天下若徒,谓不胜而自胜,不任而自任也。

粥子曰④:"欲刚,必以柔守之; 欲强,必以弱保之。积于柔必刚,积于弱必强。观其所积,以知祸福之乡⑤。强胜不若己⑥,至于若己者刚⑦; 柔胜出于己者,其力不可量。"

老聃曰:"兵强则灭,木强则折⑧。柔弱者生之徒,坚强者死之徒。"

【注释】①亦: 当作"易",容易。②先: 外界的事物。③若徒: 如同徒役,意思是甘心为下。一说,徒通"途",若徒为有道理的意思。④粥〔yù〕子: 即鬻熊。⑤乡: 通"向",趋向,趋势。⑥强胜: 靠刚强取胜。⑦刚: 应为"戕〔qiāng〕",残害,有"折"的意思。⑧折〔shé〕: 折断。

【译文】天下有常胜的道,有不常胜的道。常胜之道叫做柔弱,不常胜之道叫做刚强。这二者显而易见,但是人们大多并不知道。所以上古有句话说: 刚强,可以战胜不如自己的人; 但依靠柔弱,却能战胜超过自己的人。那些之前不如自己的,等到他们和自己相当的时候，就很危险了。而那些一开始就强于自己的，一旦被战胜，就没什么危险了。用来战胜身心是这个道理，用来应付天下的事情也是同样的道理，这叫做虽然并非有意战胜却自然就已经战胜，虽然不是有意胜任但却自然便已胜任。

鬻子说："要想刚，就必定得靠柔来守护；要想强，也必定要用弱来作保障。柔积蓄起来必定会刚，弱积蓄起来也必定会强。观察所积蓄的程度，就能知道福祸的趋向。靠刚强胜过那些不如自己的，等到它与自己相当时，自己就会遭殃；靠柔弱胜过强于自己的，力量便不可估量。"

老子说："兵马强大就会被消灭，树木刚硬则会被折断。要生存就要懂得柔弱，否则一味刚强只能走向死亡。"

状不必童①，而智童；智不必童，而状童。圣人取童智而遗童状②，众人近童状而疏童智。状与我童者，近而爱之；状与我异者，疏而畏之。有七尺之骸，手足之异，戴发含齿，倚而趣者③，谓之人；而人未必无兽心。虽有兽心，以状而见亲矣。傅翼戴角④，分牙布爪，仰飞伏走，谓之禽兽；而禽兽未必无人心。虽有人心，以状而见疏矣。庖牺氏、女娲氏、神农氏、夏后氏⑤，蛇身人面，牛首虎鼻；此有非人之状，而有大圣之德。夏桀、殷纣、鲁桓、楚穆⑥，状貌七窍，皆同于人，而有禽兽之心。而众人守一状以求至智，未可几也⑦。

【注释】①童："同"的同声假借字。下文的"童"都是这个意思。

②遗：放弃。③倚：直立。趣：快步行走。④傅：附着。⑤庖牺氏：也称"伏羲氏""牺皇"，中国神话中人类的始祖，传说他与女娲氏是兄妹，两人相婚而产生了人类。女娲氏：神话中人类的始祖，曾用黄土造人，并用五色石补天。神农氏：传说为农业与医药的发明者，曾经尝百草，教人治病。夏后氏：即禹，姓姒，受舜禅，建立夏朝，因此被称为夏后氏。⑥夏桀：名履癸，夏朝末代君主，为政残暴。殷纣：即帝辛，名受，商朝末代君主，著名暴君。鲁桓：鲁桓公，名子允，春秋时期鲁国国君，谋杀其兄鲁隐公而自立。楚穆：楚穆王，名商臣，春秋时楚国国君，逼死其父楚成王而自立。⑦几：通"冀"，希望，期待。

【译文】形貌不必相同，但心智相同；心智不必相同，而形貌相同。圣人看重相同的心智，遗弃相同的形貌，世人却更关注形貌的相同而疏远心智的相同。形貌和自己相同的，就表现出亲近和喜爱来；形貌与自己不同的，就疏远并表现出畏惧来。凡是有七尺高的形骸，手脚各司其职，头上长有头发，口中长有牙齿，能直立行走的，就都能被称为人，但人未必没有兽心。即便有兽心，但也会因为形貌相同而彼此互相亲近。那些身上长翅，头上生角，张牙舞爪，高高飞翔或在地面俯伏而走的，都被称为是禽兽；但禽兽未必没有人心。虽然有人心，但因为形貌不同而被疏远了。庖牺氏、女娲氏、神农氏、夏后氏，长着蛇身人面、牛头虎鼻；有着不同于人的形貌，但他们却又都有着大圣贤的品德。夏桀、殷纣、鲁桓、楚穆，虽然有着人的形貌七窍，但却怀着禽兽之心。世人都固守着同一形貌标准去寻求最高智慧的人，这找到的希望会很渺茫。

黄帝与炎帝战于阪泉之野①，帅熊、罴、狼、豹、貙、虎为

前驱②，雕、鹖、鹰、鸢为旗帜③，此以力使禽兽者也。尧使夔
典乐④，击石拊石⑤，百兽率舞⑥；《箫韶》九成⑦，凤皇来仪⑧：
此以声致禽兽者也。

【注释】①炎帝：上古姜姓部落首领，号烈山氏。阪泉：古地名。一
说在今山西省阳曲县东北，一说在今河北省逐鹿县东南，一说在今山西省
运城县南，一说在今河南省扶沟县。②罴〔pí〕：熊的一种，似熊而大，俗称
人熊。貙〔chū〕：兽名。③鹖〔hé〕：鸟名，雉类。鸢〔yuān〕：鸟名，鹰类
猛禽。④尧：名放勋，传说中陶唐氏部落首领。夔〔kuí〕：人名，尧、舜时的
乐官。典乐：掌管乐律。⑤石：石头制成的磬，悬于架上，敲击而鸣。拊：拍
击。⑥率：相从。⑦《箫韶》：即《大韶》，虞舜乐曲名。九成：犹言九章、
九阕。⑧凤皇来仪：古代传说中，凤凰来临是大祥瑞。仪，礼节，仪式。这
里为动词，表示参加礼仪。

【译文】黄帝与炎帝在阪泉的原野上作战，黄帝率领熊、罴、狼、
豹、貙、虎等作为先锋，以雕、鹖、鹰、鸢作为旗帜，这就是在用个人
的威力来驱使禽兽。尧任用夔为乐官掌管音律，他击打石磬打拍子，
百兽也纷纷跟着起舞，他演奏虞舜的《箫韶》乐曲九阕，凤凰也飞来
朝贺：这是用乐声来招引禽兽。

然则禽兽之心，奚为异人？形音与人异，而不知接之之道
焉①。圣人无所不知，无所不通，故得引而使之焉。禽兽之智
有自然与人童者，其齐欲摄生②，亦不假智于人也③。牝牡相
偶，母子相亲；避平依险，违寒就温；居则有群，行则有列；小

者居内, 壮者居外; 饮则相携, 食则鸣群。

太古之时, 则与人同处, 与人并行。帝王之时, 始惊骇散乱矣。逮于末世④, 隐伏逃窜, 以避患害。今东方介氏之国⑤, 其国人数数解六畜之语者⑥, 盖偏知之所得⑦。太古神圣之人, 备知万物情态, 悉解异类音声。会而聚之, 训而受之, 同于人民。故先会鬼神魑魅⑧, 次达八方人民, 末聚禽兽虫蛾。言血气之类, 心智不殊远也。神圣知其如此, 故其所教训者无所遗逸焉。

【注释】①接: 交际、交结。②齐: 都。摄生: 养生, 保养身体。③假: 借助。一说通 "遐", 远。④逮: 到, 及。末世: 帝王之后的时代, 有衰乱之世的意思。⑤介氏之国: 虚构的国名。⑥数数〔shuò〕: 犹汲汲, 急迫的样子, 有勉强的意思。六畜: 指鸡、犬、牛、马、羊、豕六种家畜。⑦偏知: 专门的知识。⑧魑魅〔chī mèi〕: 古代传说中山泽的鬼怪。

【译文】既然如此, 禽兽之心, 又与人有什么不同呢? 只不过它们的形貌音声与人不同, 人们又不知道用什么方法来与它们交流罢了。圣人没有不知道的, 没有不通晓的, 所以可以召集并驱使它们。禽兽的心智天然地与人有相同的地方, 它们都要争取生存, 这方面的智力并不比人低。雌雄结成配偶, 母子相亲相爱; 避开平地而依附险峻, 躲开寒冷而趋向温暖; 居处就有群体, 出行则成行成列; 弱小的在内, 强壮的在外; 饮水会互相提携, 找到食物也会呼朋引伴。

太古的时候, 禽兽与人共同居住, 与人一起走动。到了帝王出现时, 才开始出现禽兽见人惊慌逃窜的景象。到了衰乱的末世, 禽兽见人就隐伏逃窜，以躲避祸害。现在东方介氏之国，国民勉强能懂一些六畜语言，这是他们靠片面的知识而获得的才能。太古时代的神圣之人，完全知晓万物的性情状态，完全了解异类的音声。把它们汇集起来，训练它们接受调教，看待它们就像看待自己的人民一样。所以首先朝会神鬼妖怪，其次招待八方人民，最后聚集禽兽昆虫。这说明有血气的物类，心智也不会相差得太远。圣人知道这个道理，因此他们所教化训练的物类就没有什么遗漏。

宋有狙公者①，爱狙，养之成群。能解狙之意，狙亦得公之心。损其家口②，充狙之欲。

俄而匮焉③，将限其食。恐众狙之不驯于己也，先诳之曰："与若芧④，朝三而暮四，足乎？"众狙皆起而怒。

俄而曰："与若芧，朝四而暮三，足乎？"众狙皆伏而喜。

物之以能鄙相笼⑤，皆犹此也。圣人以智笼群愚，亦犹狙公之以智笼众狙也。名实不亏，使其喜怒哉！

【注释】①狙〔jū〕公：狙，猕猴。狙公就是养猴子的老头。②家口：家人的口粮。③俄而：不久。匮：匮乏，缺少。④芧〔xù〕：橡栗。⑤能：智巧。鄙：鄙俗。笼：笼络。

【译文】宋国有一位养猴子的老者，很喜欢猴子，养了成群结队的猴子。他很了解猴子的性情，而猴子也非常懂得他的心意。老者即便是要削减家人的口粮，也不能让猴子饿肚子。

但是不久，家中粮食实在匮乏，老者决定要限制猴子的口粮。

他担心猴子不能听从自己的决定，便先诳骗它们说："给你们吃橡栗，早上三颗晚上四颗，够吗？"猴子们都愤怒地跳了起来。

过了一会儿，老者又说："那给你们吃橡栗，早上四颗晚上三颗，这回够了吧？"猴子们都高兴地趴在了地上。

世间万物都是可以通过智巧或鄙俗的方法笼络过来的，之所以如此，道理就在这里。圣人通过智慧笼络愚人，就如同养猴子的老者通过智慧来笼络猴子一样。名义与实际都没有亏损变化，但却能让猴子产生高兴或愤怒的两种情绪。

纪渻子为周宣王养斗鸡①。

十日而问："鸡可斗已乎？"

曰："未也，方虚骄而恃气②。"

十日又问。

曰："未也，犹应影响③。"

十日又问。

曰："未也，犹疾视而盛气④。"

十日又问。

曰："几矣⑤。鸡虽有鸣者，已无变矣。望之似木鸡矣，其德全矣。异鸡无敢应者，反走耳⑥。"

【注释】①纪渻〔shěng〕子：虚构的人物。②虚骄：虚夸浮躁而骄傲矜持。恃气：自恃意气。③影：指鸡的身影。响：指鸡鸣叫的声音。④疾视：怒目而视。⑤几矣：差不多可以了。⑥反走：返身逃走。

【译文】纪渻子为周宣王饲养斗鸡。

十天之后,周宣王问:"这鸡可以开始斗了吗?"

纪渻子说:"不行,它现在正处在虚夸浮躁的时候,骄傲矜持且自恃意气。"

十天之后再问。

回答还是:"不行,它依旧对别的鸡的身影和鸣叫声有反应。"

又过了十天再问。

回答依旧是:"不行,它的目光依旧锐利,还是很有盛气。"

再过十天之后,周宣王再问。

纪渻子回答说:"差不多了。其它鸡虽然在鸣叫,但这只鸡已经不为所动了。它看上去就好像是一只木头做的鸡,其自然德行已经完备了。别的鸡都没有敢来应战的,看见它都纷纷掉头逃跑了。"

惠盎见宋康王①。康王蹀足謦欬②,疾言曰:"寡人之所说者③,勇有力也,不说为仁义者也。客将何以教寡人?"

惠盎对曰:"臣有道于此,使人虽勇,刺之不入,虽有力,击之弗中。大王独无意邪?"

宋王曰:"善,此寡人之所欲闻也。"

惠盎曰:"夫刺之不入,击之不中,此犹辱也。臣有道于此,使人虽有勇,弗敢刺,虽有力,弗敢击。夫弗敢,非无其志也。臣有道于此,使人本无其志也。夫无其志也,未有爱利之心也。臣有道于此,使天下丈夫女子,莫不驩然皆欲爱利之④。此其贤于勇有力也,四累之上也⑤。大王独无意邪?"

宋王曰："此寡人之所欲得也。"

惠盎对曰："孔、墨是已⑥。孔丘、墨翟，无地而为君，无官而为长；天下丈夫女子莫不延颈举踵而愿安利之。今大王，万乘之主也，诚有其志，则四竟之内皆得其利矣⑦。其贤于孔、墨也远矣。"宋王无以应。

惠盎趋而出。宋王谓左右曰："辩矣⑧，客之以说服寡人也！"

【注释】 ①惠盎：宋国人，战国时政治家、辩客和哲学家。宋康王(？—前286)：战国时宋国最后一任国君，公元前328—前286年在位。②蹀足：顿足。謦欬〔qǐng kài〕：咳嗽。③说：同"悦"，喜爱。④驩〔huān〕：通"欢"。⑤四累：累，堆叠，引申为层次。四累，指"勇有力"，"刺之不入，击之不中"，"弗敢刺"、"弗敢击"，"本无其志"四种情况。⑥墨：墨子，名翟〔dí〕，春秋战国时期墨家学派创始人。⑦四竟之内：竟，通"境"，指全国。⑧辩：能言善道。

【译文】 惠盎拜见宋康王。康王顿足咳嗽，急躁地说："我喜欢勇武有力的，不喜欢仁义那一套。你想要如何来说服我呢？"

惠盎回答说："我有道术，即便勇猛的人刺我，也刺之不中，即便有力量，也打不到我。大王对此难道没有兴趣吗？"

康王说："好，这正是我想听的。"

惠盎说："刺我而不进，击打我而打不中，这对我来说其实还是一种耻辱。我这儿有道术，可以让人即便再勇猛也不敢来刺我，即便再有力量也不敢来击打我。这种不敢，并不是说这人没有想要刺人打人的想法。我的道术，是使人根本就没有想要刺人与打人的念头。没有刺人打人的念头，也没有爱护和有利于他人的想法。我这里还有道术，让天下的男子、女子，没有不欢喜甘愿爱护和有利于他人的。这要比勇猛有力高明多了，是在前面所说的四种境界之上的。大王难道对此不感兴趣吗？"

康王说："这正是我所想要的啊！"

惠盎说："孔子、墨子就是啊！孔丘、墨翟，虽然他们没有国土，但却被人视为君王，没有官衔却能被人视为尊长；天下的男子女子，没有不伸长脖颈踮起脚跟，希望通过他们获得安宁与利益的。现在大王已经是万乘之主了，若能真有这样的想法与抱负，那么全国上下的百姓都能由此而得到好处。这可要比孔子、墨子高明得多啊！"宋王无言以对。

惠盎快步走了出去。宋康王对左右近臣说："真算得上是雄辩了。他这一番话说服我了。"

周穆王

【题解】梦幻是本篇的主题，全篇以"穆王西游"开篇，通过八个寓言，再加上列子的"梦幻说"，论说了世界万物是虚妄不实的。在这八个寓言中，一幅幅与梦幻有关的瑰丽而奇异的画面逐一展开。列子以世界物质本体为前提提出了"梦幻说"，认为觉醒与幻变二者之间，既是相同的又是不同的，他认为人们的形体与精神与外界有了接触，便导致了觉醒时行为的发生与梦境的产生，即"神遇为梦，形接为事"；而事则是梦的根源，即"昼想夜梦，神形所遇"，人的生理与心理综合活动就会产生梦。

本篇宣扬浮生若梦，得失哀乐皆为虚妄的思想，然而在现实生活中，人们往往"惑于是非，昏于利害"，而很容易为过眼云烟所扰乱，却忽略了惯常恒久的实际存在，只有彻悟"感变之所起者"，才能保持虚静坦荡的心怀，并以此来面对纷纭变幻的外部世界。而且，事物之间是可以转化的，因此更是不能强求与强留。

　　周穆王时①，西极之国有化人来②，入水火，贯金石；反山川, 移城邑; 乘虚不坠, 触实不硋③。千变万化, 不可穷极。既已变物之形, 又且易人之虑。穆王敬之若神, 事之若君。推路寝以居之④, 引三牲以进之, 选女乐以娱之。化人以为王之宫室卑陋而不可处, 王之厨馔腥蝼而不可飨⑤, 王之嫔御膻恶而不可亲⑥。穆王乃为之改筑。土木之功, 赭垩之色⑦, 无遗巧焉。五府为虚⑧, 而台始成。其高千仞, 临终南之上⑨, 号曰中天之台。

【注释】①周穆王(?—前922): 姬姓, 名满, 西周第五位君主, 周昭王之子, 公元前976—前922年在位。②西极之国: 西方极远的国家。古代对玉门关(今甘肃敦煌西北)以西地区的泛称。化人: 掌握幻术的方术之人或修为极高的人, 已入化境之人。③硋〔ài〕: 阻碍。④路寝: 古代君王处理政务的宫室。⑤厨馔〔zhuàn〕: 食物。腥蝼: 类似蝼蛄的臭味。飨〔xiǎng〕: 通"享", 享用。⑥嫔御: 嫔妃。⑦赭〔zhě〕: 本指红土, 这里指红褐色。垩〔è〕: 本指白土, 这里引申为白色。⑧五府: 指太府、玉府、内府、外府、膳府, 古代国家收藏财货的五个府库。⑨终南: 即终南山, 位于今陕西省西安市西南。

【译文】周穆王时, 从遥远的西方某个国家来了一个懂得幻术的人, 他可以潜身入水火, 在金石中穿行; 可以颠倒山河, 能够移动城池; 脚踩虚空也不会坠落, 触及到实物也不会被阻碍。他的千变万化, 没有穷尽。他可以改变物体的形态, 还可以控制他人的想法。周穆王像敬重神灵一样敬重他, 像侍奉君主一样侍奉他。穆王让出最豪华的宫室来给他居住, 拿出祭祀用的三牲来供他享用, 挑选能歌善舞的美女供他娱乐。但是这位幻术师却并不满意, 他认为穆王的宫殿卑微简陋无法居住, 穆王的食物腥臭腐败不能食用, 穆王的嫔妃更是膻臭丑陋不得亲近。于是穆王又为他重新建造新的宫殿。新宫殿有精工细做的土木雕刻，有五彩斑斓的装饰粉刷，其巧妙程度无与伦比。为此耗尽了国库，这楼台才得以建成。这个楼台高耸千仞，倚邻终南山的山峰，号称中天之台。

简郑、卫之处子娥媌靡曼者①，施芳泽②，正娥眉，设笄珥③，衣阿锡④，曳齐纨⑤，粉白黛黑，佩玉环，杂芷若以满之⑥，奏《承云》《六莹》《九韶》《晨露》以乐之⑦。月月献玉衣，旦旦荐玉食。化人犹不舍然⑧，不得已而临之。

【注释】①简：挑选。郑：古国名。卫：古国名。娥媌〔miáo〕：美丽，妖艳。靡曼：柔弱。②芳泽：化妆用的脂粉香膏。③笄〔jī〕：古代束发用的簪子。珥：用珠子或玉石做的耳饰。④阿：东阿，在今山东省聊城市东阿县。锡：细软的布。⑤齐纨：齐地出产的白色细绢。⑥芷若：白芷与杜若，都为香草的名字。⑦《承云》《六莹》《九韶》《晨露》：都是传说中的古乐曲名。⑧舍然：舍，通"释"，释然。

【译文】挑选了郑国、卫国妖艳柔媚的年轻女子，让她们浓施脂粉、淡扫蛾眉，给她们头上戴上金簪，耳上坠上珠饰，穿上来自东阿的轻软丝裙，腰上系上产自齐地的细致绢带，脸上是莹白蜜粉，眉是清朗黛眉，再戴上精美的玉环，因为佩戴白芷、杜若一类的香草，她们的身上也散发出来香气，同时又演奏《承云》《六莹》《九韶》《晨露》等古曲，穆王希望通过这些来取悦幻术师。不仅如此，穆王还每个月都要向他进献玉衣，天天都用美食来供奉。但幻术师依旧不觉得满足，只是不得已才去了中天之台居住。

居亡几何，谒王同游。王执化人之祛①，腾而上者，中天乃止。暨及化人之宫。化人之宫，构以金银，络以珠玉；出云雨之上而不知下之据，望之若屯云焉②。耳目所观听，鼻口所纳尝，皆非人间之有。王实以为清都、紫薇、钧天、广乐③，帝之所居。王俯而视之，其宫榭若累块积苏焉④。王自以居数十年不思其国也。化人复谒王同游，所及之处，仰不见日月，俯不见河海。光影所照，王目眩不能得视；音响所来，王耳乱不能得听。百骸六藏⑤，悸而不凝。意迷精丧，请化人求还。化人移之，王若殒虚焉⑥。既寤，所坐犹向者之处，侍御犹向者之人。视其前，则酒未清，肴未晞⑦。王问所从来。左右曰："王默存耳。"

【注释】①祛：衣袖。②屯云：积聚的云气。③清都、紫薇：传说中天帝居住的地方。钧天、广乐：传说中上天的音乐。这里指弦乐弹奏的地方。④累块：堆积的土块。积苏：堆放的柴草。⑤百骸：人的所有骨节。六藏：藏，通"脏"。即六脏。⑥殒虚：从虚空中坠落。⑦晞〔fēi〕：曝晒，这里引申为晒干。

【译文】没过多久，幻术师邀请穆王一起去游玩。穆王牵着他的衣袖，腾空而起，直到飞到半空中才停止。到了幻术师的宫殿，只见这里以金银构筑而成，以珍珠宝玉做装饰；宫殿耸立在云雨层之上，其下不知有什么作依靠，远远望去就好像是堆积起来的云层。在这里，周穆王耳闻、目见、鼻嗅、口尝，都不是人间所能有的东西。

穆王确信这里就是天帝所居住的清都紫薇宫，这里就是奏着钧天广乐曲的仙居。穆王再俯视自己的宫殿，那些亭台楼阁就像是堆叠的土块与堆积的乱草，他认为自己就算在这里住上几十年也不会思念自己的国家。后来幻术师又邀请穆王一起游玩，所到的地方，抬头看不见日月，俯身看不见河海。光影交错，让穆王眼花缭乱无法直视；音响回荡，让穆王耳内杂乱无法听清。他全身上下的骨节、五脏六腑都因为惊悸而不能控制，整个人也变得无法专注。穆王心智迷乱且精神颓丧，只得请求幻术师带他回去。幻术师将他一推，穆王就像从虚空中掉落一般。醒来之后，穆王发现自己还是坐在原来的位置上，两边侍奉的依然是原来的人。再看看面前，酒水尚在，饭菜还有余温。穆王询问自己是从哪里来的，左右侍从回答说："大王您只是默默地神游了一会儿。"

由此穆王自失者三月而复。更问化人。化人曰："吾与王神游也，形奚动哉？且曩之所居，奚异王之宫？曩之所游，奚异王之圃？王闲恒有，疑暂亡①。变化之极，徐疾之间，可尽模哉②？"王大悦。不恤国事，不乐臣妾，肆意远游。命驾八骏之乘③，右服骅骝而左绿耳④，右骖赤骥而左白㸳⑤，主车则造父为御⑥，离窝为右⑦；次车之乘，右服渠黄而左逾轮，左骖盗骊而右山子，柏夭主车⑧，参百为御，奔戎为右。驰驱千里，至于巨蒐氏之国⑨。

【注释】①暂〔zàn〕：通"暂"，暂时。②模：揣测、捉摸。③八骏：周穆王的八匹名马，即下文所提到的：骅骝、绿耳、赤骥、白㹱〔yì〕、渠黄、逾轮、盗骊、山子。④服：古代一车驾四马，中间的两匹马为"服"。⑤骖〔cān〕：一车四马中两旁的马为"骖"。⑥造父：人名，传说中善于驾御马车的人。⑦离腼〔tài bǐng〕：人名，也是善于驾御马车的人。⑧柏夭：传说为上古善御者，周穆王的护从。⑨巨蒐〔qú sōu〕氏之国：即"渠搜"，西戎国名。

【译文】从那之后，穆王有些茫然若失，三个月后才复原。穆王再去问幻术师，幻术师说："我和大王是在梦中神游，身体哪里动过呢？而且先前居住的地方，和大王您的宫殿又有什么不同呢？先前游览的地方，又和大王您自己的园圃有什么不同呢？大王对恒久的实际存在已经习惯了，对于暂时出现的虚无心有疑虑。事物变化的极致，事物之间的极致变化都不过是转瞬之间，怎么可能全部透彻把握呢？"穆王听了大为喜悦。他不再关心国家的政务，也不再迷恋臣民仆从甚至是姬妾，而是开始肆意地去远方巡游。他命令侍从驾驶八匹骏马拉的两辆车。主车以右骅骝、左绿耳为中间的两匹服马，右赤骥、左白㹱为两旁的两匹骖马，穆王乘坐这辆车，由造父为驾车人，离腼右坐。次车由右渠黄、左逾轮为服马，左盗骊、右山子为两匹骖马，柏夭主乘，参百为驾车人，奔戎右坐。两辆车奔驰了千里，来到了巨蒐氏之国。

巨蒐氏乃献白鹄之血饮王①，具牛马之湩以洗王之足②，及二乘之人。已饮而行，遂宿于昆仑之阿③，赤水之阳④。别日升于昆仑之丘，以观黄帝之宫，而封之以诒后世⑤。遂宾于西王母⑥，觞于瑶池之上⑦。西王母为王谣⑧，王和之，其辞哀焉。

西观之所入，一日行万里。王乃叹曰："於乎! 予一人不盈于德而谐于乐，后世其追数吾过乎! "

穆王几神人哉! 能穷当身之乐，犹百年乃徂⑨，世以为登假焉。

【注释】①白鹄：白天鹅。②湩〔dòng〕：乳汁。③昆仑：即昆仑山，西起帕米尔高原东部，横贯新疆、西藏之间，延伸至青海境内。阿：曲隅，此处指山脚下的曲折处。④赤水：源于昆仑山的水流。阳：通常指山的南面，水的北岸。⑤封：堆积。诒〔yí〕：遗留。⑥西王母：古代神话中女仙的首领，是掌管不死药、罚恶、预警灾厉的长生女神。⑦觞〔shāng〕：饮酒。瑶池：神话传说中昆仑山上的池名，为西王母所居住。⑧谣：不配乐的歌。⑨徂〔cú〕：死亡。

【译文】巨蒐氏献上了白天鹅的鲜血供穆王饮用，备好牛马的乳汁侍奉穆王洗脚，主车与副车的随从也都受到了款待。宴饮之后，穆王继续出发，并在昆仑山麓、赤水北岸住宿。第二天穆王登上昆仑山，参观了昔日黄帝的宫殿，并堆起土堆作为标记，以传留后世。之后，他还去了西王母的住处做客，在瑶池上与西王母畅饮。西王母为穆王吟诵歌谣，穆王随之唱和，词调哀婉而动人。后来他又向西观看太阳落山的地方，一天就走了万里之遥。于是穆王感叹道："呜呼，我这个人的道德并不完满，却还在自在地享乐，后世大概会责备我的过错了! "

周穆王几乎就是神人啊! 他在世时能够享尽欢乐，活到了一百多岁才去世，世人都认为他是登天成仙了。

老成子学幻于尹文先生①，三年不告。老成子请其过而求退。

　　尹文先生揖而进之于室，屏左右而与之言曰："昔老聃之徂西也^②，顾而告予曰：有生之气，有形之状，尽幻也。造化之所始，阴阳之所变者，谓之生，谓之死。穷数达变，因形移易者，谓之化，谓之幻。造物者其巧妙，其功深，固难穷难终。因形者其巧显，其功浅，故随起随灭。知幻化之不异生死也，始可与学幻矣。吾与汝亦幻也，奚须学哉？"

　　老成子归，用尹文先生之言深思三月，遂能存亡自在，幡校四时^③：冬起雷，夏造冰；飞者走，走者飞。终身不箸其术，故世莫传焉。

　　子列子曰："善为化者，其道密庸^④，其功同人。五帝之德^⑤，三王之功^⑥，未必尽智勇之力，或由化而成。孰测之哉？"

　　【注释】①老成子：战国时期宋国人。尹文：战国时期齐国人。②徂：去，往。③幡〔fān〕：通"翻"，翻转，颠倒。校〔jiào〕：亦作"交"，交错。④庸：作用。⑤五帝：指黄帝、颛顼、帝喾、唐尧、虞舜。⑥三王：指夏禹、商汤、周文王。

　　【译文】老成子跟着尹文先生学习幻术，可是过了三年都没有得到尹文先生的传授。老成子向尹文先生请示，希望他能指出自己的过错，并表示要退学回家。

　　尹文先生拱手作揖，将老成子请进内室，屏退了旁人这才对他说："以前老聃去往西方的时候，回头跟我说：富于生机的气息，具有形状的事物，都是虚幻的。天地的开端，阴阳的变化，这就是生，这就是死。穷究自然之道，通达变化之本，随着事物形体转移而变易，就叫做化，叫做幻。创造万物的自然，拥有巧妙的天机，拥有深远的功德，本来就难以穷尽终结。随着形体来变化的东西，机巧明显，功效浅薄，所以随时产生，随时幻灭。懂得了幻化与生死之间原本没有差异，才能开始学习幻术。我和你的存在也都不过是一场虚幻而已，还有什么需要学习的呢？"

老成子回到家，好好思考尹文先生说的话，三个月之后，他便能自在地掌握存亡的规律，变换四季的运转；冬天可以唤出雷鸣，夏天也可以造出冰雪；让那些天上飞的在地上行走，让那些地上行走的转而到天空飞翔。老成子终身都不炫耀自己的幻术，所以也没有留传后世。

列子说："善于幻化的人，其道法总是会暗暗地发挥作用，如平常人一样不显露功绩。五帝的美德，三王的功业，不一定都是靠着智慧与勇猛的力量获得的，也可能是凭借幻化的作用而成就的。谁又能猜得准呢？"

觉有八征，梦有六候。奚谓八征？一曰故，二曰为，三曰得，四曰丧，五曰哀，六曰乐，七曰生，八曰死。此者八征，形所接也。奚谓六候？一曰正梦，二曰蘁梦[①]，三曰思梦，四曰寤梦，五曰喜梦，六曰惧梦。此六者，神所交也。

不识感变之所起者，事至则惑其所由然；识感变之所起者，事至则知其所由然。知其所由然，则无所怵[②]。一体之盈虚消息，皆通于天地，应于物类。故阴气壮，则梦涉大水而恐惧；阳气壮，则梦涉大火而燔焫③；阴阳俱壮，则梦生杀。甚饱则梦与，甚饥则梦取。是以以浮虚为疾者，则梦扬；以沉实为疾者，则梦溺。藉带而寝④，则梦蛇；飞鸟衔发，则梦飞。将阴梦火，将疾梦食。饮酒者忧，歌舞者哭。

子列子曰："神遇为梦，形接为事。故昼想夜梦，神形所遇。故神凝者想梦自消。信觉不语，信梦不达，物化之往来者也⑤。古之真人，其觉自忘，其寝不梦，几虚语哉？"

【注释】①蘁〔è〕梦：蘁通"噩"，即噩梦。②怛〔dá〕：恐惧，惊疑。③燔〔fán〕：烧。焫〔ruò〕：烧灼。④藉：坐卧其上。⑤物化：事物的彼此同化。

【译文】觉醒有八种情况，做梦有六种占验。什么是八种情况？一是事故，二是作为，三是获得，四是丧失，五是悲哀，六是欢乐，七是生存，八是死亡。这八种情况，是因为形体与外界相接触而产生的。什么是六种占验？一是由日常生活而做的梦，二是受到惊吓而做的梦，三是心有所想而做的梦，四是醒来依旧出神而做的梦，五是喜乐欢愉而做的梦，六是心生恐惧而做的梦。这六种占验，是精神与外界相互沟通而产生的。

不了解感应变化的发生发展，事情一旦发生就会疑惑其由来；了解了感应变化的发生发展，事情一旦发生自然会明白其发生的缘由。理解了事情的由来就不会感到惊忧恐惧了。人体质的充盈或亏虚，衰弱或成长，都与天地相通，与外界的事物相互呼应。因此阴气旺盛，就会梦见涉足大水而感到恐惧；阳气旺盛，就会梦见徒步过大火被烧灼；阴阳之气都旺盛，则会梦到生死格斗；吃得太饱，会梦到慷慨付出给予；肚子饥饿，则会梦到索取掠夺。所以，脉象虚浮而得病的人会梦到自己的身体飞扬到天空之上；血气沉实而得病的人会梦到自己溺水。压着衣带睡觉，则会梦到蛇；飞鸟来衔起头发，会梦见飞翔。气血要转为阴症，会梦见烤火，即将生病则会梦见进食。饮酒的人将会做忧愁的梦，欢歌跳舞的人则会梦见哭泣。

列子说："精神与客观存在的外界相通就会出现梦，形体与万事万物相接触就会产生事情。所以日有所思，夜有所梦，不过就是精神形体与外界相接触的结果。精神凝静的人，各种想法与各种梦境都是不会存在的。真正的清醒无须用语言表达，真正的梦幻无法以常情晓之，这都不过是万物自然交互变化的自然结果而已。古代那些修得真道的人，觉醒时会忘却自身存在，睡眠时又不会受梦境干扰，这难道是假话吗？"

西极之南隅有国焉，不知境界之所接，名古莽之国①。阴阳之气所不交，故寒暑亡辨；日月之光所不照，故昼夜亡辨。其民不食不衣而多眠。五旬一觉，以梦中所为者实，觉之所见者妄。

四海之齐②，谓中央之国，跨河南北，越岱东西③，万有余里。其阴阳之审度④，故一寒一暑；昏明之分察，故一昼一夜。其民有智有愚。万物滋殖，才艺多方。有君臣相临，礼法相持。其所云为不可称计⑤。一觉一寐，以为觉之所为者实，梦之所见者妄。

东极之北隅有国，曰阜落之国。其土气常燠^⑥，日月余光之照，其土不生嘉苗。其民食草根木实，不知火食，性刚悍，强弱相藉^⑦，贵胜而不尚义；多驰步，少休息，常觉而不眠。

【注释】①古莽之国：虚构的国名。②四海：这里指天下或全国。齐：通"脐"，中央。中央之国：指居于世界中央的国家。③岱：泰山。④审度：这里作"明确无误"讲，俞樾《诸子平议》："审度二字传写误倒，本作'阴阳之度审'"。⑤云为：言行。⑥燠〔yù〕：暖，热。⑦藉：欺凌。

【译文】遥远的西方南部边隅有一个国家，不知道其国境边界与何处相接，名为古莽之国。这个国家阴阳之气不交合，因此没有寒暑之分；日月的光亮也照射不到，所以也没有白天黑夜。那里的人们不吃不穿总是在睡觉。每五十天人们醒来一次，会将梦境中的作为当成是真实的，而将醒来后所见到的当成是虚假的。

四海正中央有一个中央之国，地域跨越黄河南北，超越泰山东西，有一万多里。那里阴阳分明，因此一年之中有寒也有暑；黑暗与光明也分界明显，因此一天之中有白昼也有黑夜。那里的人们，有的有智慧，有的也显得很愚笨。在那里万物可以很好地滋生繁衍，人们也拥有包罗万象的才能技艺。那里有君主和臣下临朝执政，一起治理国家，也有礼仪和法制帮助维持统治。人们的言论行为，多得难以列举计数。人们每天一醒一睡，认为醒着的时候所做的都是真实的，梦中所见到的才是虚妄的。

遥远的东方北边角落有一个国家，名为阜落之国。那里土地与气候常年干旱燥热，日月之光昼夜照耀大地，田地里长不出好禾苗，人们只能吃草根与果实，不知道用火将食物烧熟。那里的人天性刚强而彪悍，强者与弱者之间会相互欺凌，只注重自己的胜利但并不崇尚仁义；很多时候都在四处奔走，极少休息，经常醒着而不睡觉。

周之尹氏大治产，其下趣役者侵晨昏而弗息①。有老役夫，筋力竭矣，而使之弥勤。昼则呻呼而即事，夜则昏惫而熟寐。精神荒散，昔昔梦为国君②。居人民之上，总一国之事，游燕宫观③，恣意所欲，其乐无比。觉则复役。人有慰喻其勤者④，役夫曰："人生百年，昼夜各分。吾昼为仆虏，苦则苦矣；夜为人君，其乐无比。何所怨哉？"

尹氏心营世事，虑钟家业，心形俱疲，夜亦昏惫而寐。昔昔梦为人仆，趋走作役，无不为也；数骂杖挞，无不至也。眠中嚘咿呻呼⑤，彻旦息焉。尹氏病之，以访其友。友曰："若位足荣身，资财有余，胜人远矣。夜梦为仆，苦逸之复，数之常也。若欲觉梦兼之，岂可得邪？"尹氏闻其友言，宽其役夫之程，减己思虑之事，疾并少间⑥。

【注释】①趣：奔走。侵：迫近。②昔：通"夕"，夜。③燕：通"宴"，宴饮。④勤〔qín〕：通"勤"，劳苦。⑤嚘咿〔ān yì〕：说梦话。⑥疾：此处为痛苦，忧虑。少：稍微。间：间歇。这里是缓解的意思。

【译文】周国有一个姓尹的人大规模地经营产业，在他手下奔走服役的人，从早忙到晚都不得休息。其中有一个老年仆役，尽管累得筋疲力尽，但却被更频繁地使唤。老仆役白天累得直呻吟却还要卖力干活，晚上就在昏沉疲惫中入睡。睡梦中精神恍惚散漫，夜夜都梦见自己成为一国之君。位居百姓之上，总揽一国政事。在宫殿楼观中游玩宴饮，恣意寻欢，想做什么就做什么，其中的快乐无可比拟。醒来之后，他又成为了别人的仆役。有人曾经因为老仆役的辛劳而劝慰开导他，但他却说："人生至多活百年，白天黑夜各占一半。我白天做仆人受奴役，的确是够辛苦的；可我夜晚却能做国君，快乐无比。既然如此，还有什么可抱怨的呢？"

而尹氏自己整天都钻营世事，为整个家业操劳思虑，不管是精神上还是身体上都万分疲惫，晚上也同样在劳累中入睡。可他的梦中，却总是梦见自己变成别人的仆役，每天奔走服役，没有不做的事情，经常受到数落责骂，甚至是杖责鞭打。睡梦中他经常呻吟哀呼，直到天亮醒来才得以平息。尹氏为此困扰不已，便去拜访朋友请求帮助。朋友说："你的地位足以让你享受荣耀了，你还有绰绰有余的资产，已经比平常人强许多了。夜里你梦到自己做了仆人，劳苦与逸乐相互交换反复，这也是自然的规律。想要清醒时和做梦时都无比快乐，这哪里可能实现呢？"听了朋友的话，尹氏便放宽了仆人劳作的限度，也减少了自己对世事的思虑，于是大家的痛苦忧虑都得到了缓解。

郑人有薪于野者①，遇骇鹿②，御而击之③，毙之。恐人见之也，遽而藏诸隍中④，覆之以蕉⑤，不胜其喜。俄而遗其所藏之处，遂以为梦焉。顺途而咏其事。傍人有闻者，用其言而取之。既归，告其室人曰⑥："向薪者梦得鹿而不知其处；吾今得之，彼直真梦矣。"室人曰："若将是梦见薪者之得鹿邪？诅有薪者邪？今真得鹿，是若之梦真邪？"夫曰："吾据得鹿，何用知彼梦我梦邪？"薪者之归，不厌失鹿⑦，其夜真梦藏之之处，又梦得之之主。爽旦⑧，案所梦而寻得之。遂讼而争之，归之士师。

士师曰："若初真得鹿，妄谓之梦；真梦得鹿，妄谓之实。彼真取若鹿，而与若争鹿。室人又谓梦认人鹿，无人得鹿。今据有此鹿，请二分之。"

以闻郑君。郑君曰："嘻！士师将复梦分人鹿乎？"访之国相。国相曰："梦与不梦，臣所不能辨也。欲辨觉梦，唯黄帝、孔丘。今亡黄帝、孔丘，孰辨之哉？且恂士师之言可也⑨。"

【注释】①薪：砍柴草。②骇鹿：受惊的鹿。③御〔yà〕：迎。《列子释文》："御音伢，迎也。"④隍：没有水的护城壕，这里指干涸的水沟。⑤蕉〔qiáo〕：通"樵"，柴草。⑥室人：妻子。⑦厌：安心，甘心。⑧爽旦：爽，明。意为天亮。⑨恂〔xún〕：相信，顺从。

【译文】郑国有一个樵夫在野外砍柴，遇上一头受惊的鹿，樵夫迎头追击杀死了它。他怕被人看见，便将死鹿藏在了干涸的水沟中，上面盖上柴草，他感到很开心。但没过多久，樵夫就忘记了藏鹿的地方，便自以为是自己做了一场梦。回家的路上，他嘴里一直在嘟囔着这件事。旁边有人听见了他的话，按照他所说的果然找到了鹿，并将其拿回了家。拿到鹿的人回家之后告诉妻子说："刚才有个樵夫说梦见自己得到一头鹿，但又忘记藏哪里了；我现在得到了这头鹿，他真是做了一个真实的梦啊!"妻子说:"你大概是梦见樵夫得到了鹿吧? 真的有那个樵夫吗? 现在真的得到这头鹿,才是你自己做了个真实的梦吧?"丈夫说:"我都根据他说的话得到鹿了,何必再去追究到底是他做梦还是我做梦呢?"樵夫回到家之后,也并不甘心就这么丢了鹿,当天夜里他果然梦到了藏鹿的地方,还梦见了拿走鹿的人。第二天一早,樵夫按照梦中的情境,果然找到了得鹿的人。两人又为了鹿的归属争执起来,结果闹到了士师那里。

士师对樵夫说:"你当初真的得到了那头鹿,却说是自己做的梦;真的梦见得到了鹿,又说这是事实。而他真的拿走了你的鹿,你又来和他争鹿。他妻子说是他梦中取得了别人的鹿,可见并没有人真的得到这头鹿。现在既然有一头鹿,那你们各自分一半好了。"

这件事传到了郑国国君那里,国君说:"嘻,士师大概也是在梦中替人分鹿的吧。"为了这件事,国君又去拜访国相。国相说:"做梦与不做梦,我并不能分辨清楚。如果想要辨别到底是清醒还是做梦,恐怕只有黄帝、孔丘能做到了。现在他们并不存在于这世界上,谁还能分辨得清楚呢? 姑且就按照士师的话去办吧。"

宋阳里华子中年病忘①,朝取而夕忘,夕与而朝忘;在途则忘行,在室则忘坐;今不识先,后不识今。阖室毒之②。谒史而卜之,弗占;谒巫而祷之,弗禁;谒医而攻之,弗已。

鲁有儒生自媒能治之③,华子之妻子以居产之半请其方。儒生曰:"此固非卦兆之所占,非祈请之所祷,非药石之所攻。吾试化其心,变其虑,庶几其瘳乎④!"于是试露之,而求衣；饥之，而求食；幽之，而求明。儒生欣然告其子曰："疾可已也。然吾之方密，传世不以告人。试屏左右，独与居室七日。"从之。莫知其所施为也，而积年之疾一朝都除。

华子既悟，乃大怒，黜妻罚子⑤，操戈逐儒生。宋人执而问其以。华子曰："曩吾忘也，荡荡然不觉天地之有无⑥。今顿识既往，数十年来存亡、得失、哀乐、好恶，扰扰万绪起矣⑦。吾恐将来之存亡、得失、哀乐、好恶之乱吾心如此也，须臾之忘，可复得乎？"

子贡闻而怪之，以告孔子。孔子曰："此非汝所及乎！"顾谓颜回纪之。

【注释】①阳里：地名。华子：人名。病忘：患上了健忘症。②毒：苦，指被他害得很苦。③自媒：自我推荐。④瘳〔chōu〕：病愈。⑤黜〔chù〕：贬斥，训骂。⑥荡荡然：渺茫空旷高远的样子。⑦扰扰：纷乱的样子。

【译文】宋国阳里有一个名叫华子的人，中年时得了健忘症，早上拿的东西晚上就忘记了，晚上给的东西早上又忘记了；在路上他记不得行走，在屋里又忘记要坐下；不知道先后，不知道过去与未来。全家都被他拖累苦了。家人请祭祀史官替他占卜，却一点都不灵验；又请巫师替他祈祷，也无法禁止他的遗忘；还请来医师为他治疗，同样毫无起色。

鲁国有一个儒生，向华子的家人自我推荐，说他能治好华子的病。华子的家人拿出了家资的一半来向他求取药方。儒生说："这个病本来就不是靠占卜就有起效的，也不是靠祈祷就能起作用的，同样靠药石也不能诊治。我试着感化他的心灵，让他的思想发生变化，差不多就能让他病愈了吧。"于是，儒生试着让华子赤裸身体，一感到寒冷，他就会要衣服穿；又试着让华子挨饿，一感到饥饿他也会要吃饭；又试着将华子关进幽闭的暗室之中，感到昏暗时，华子便要求要有光明。儒生高兴地对华子的儿子说："这病有救了。但我的方术是保密的，不能外传，所以请屏退左右服侍的人，我要与他单独在屋里待上七天。"华子的儿子同意了他的要求，没有人知道儒生在屋子里施展了什么法术，但是华子常年积累的健忘症居然真的彻底被治愈了。

但从病中醒悟过来的华子，却勃然大怒。他叱骂妻子，责罚儿子，又拿起戈来驱赶儒生。邻居们拦住他，问他为什么要这样做。华子说："从前我健忘，渺茫空荡不觉得天地是否存在，现在突然懂得了过去的一切，数十年来的生死存亡、荣辱得失、喜怒哀乐、好恶喜厌，这纷乱的千头万绪一起涌上心头。我恐怕将来的生死存亡、荣辱得失、喜怒哀乐、好恶喜厌就会像现在一样扰乱我的心灵，那时候若是想要有片刻的忘却，还有可能吗？"

子贡听了这件事，觉得非常奇怪，就禀告了孔子。孔子说："这不是你所能理解的！"于是回过头来让颜回将这件事记录了下来。

秦人逢氏有子，少而惠^①，及壮而有迷罔之疾^②。闻歌以为哭，视白以为黑，飨香以为朽^③，尝甘以为苦，行非以为是：意之所之，天地、四方，水火、寒暑，无不倒错者焉。

杨氏告其父曰："鲁之君子多术艺，将能已乎。汝奚不访焉?"

其父之鲁。过陈，遇老聃，因告其子之证④。

老聃曰："汝庸知汝子之迷乎⑤？今天下之人皆惑于是非，昏于利害。同疾者多，固莫有觉者。且一身之迷不足倾一家，一家之迷不足倾一乡，一乡之迷不足倾一国，一国之迷不足倾天下。天下尽迷，孰倾之哉？向使天下之人其心尽如汝子，汝则反迷矣。哀乐、声色、臭味、是非，孰能正之？且吾之言未必非迷，而况鲁之君子迷之邮者⑥，焉能解人之迷哉？荣汝之粮⑦，不若遄归也⑧。"

【注释】①惠：通"慧"，聪慧。②迷罔：指精神错乱失常。③朽：臭味。④证：同"症"，疾病的症候。⑤庸：何以，怎么。⑥邮：通"尤"，甚，尤其。⑦荣：负担。⑧遄〔chuán〕：迅速。

【译文】秦国逢家有一个儿子，小时候还非常聪慧，但是长大之后却得了精神错乱的疾病。他听见歌声以为是在哭泣，看见白色以为是黑色，闻到香气以为是臭味，尝到甘甜以为是苦涩，做了错事认为是正确的；只要是他意念所涉及的，天地、四方，水火、寒暑，就没有不颠倒错乱的。

有一个姓杨的人告诉他父亲说："鲁国的君子懂得很多道术技艺，或许能够治愈你儿子，你何不去拜访他们一下呢？"

父亲便赶去鲁国，途径陈国时遇到了老子，便将儿子的病症说给了老子听。

老子说："你又怎么知道你儿子的精神是迷乱的呢？现在普天

下的人都分不清是非，被利害关系都弄得混乱糊涂。患上同一种病的人多了，就没有人能察觉得到这种病症了。况且一个人的迷乱不足以倾覆一个家庭，一个家庭的迷乱不足以倾覆一个乡村，一个乡村的迷乱不足以倾覆一个国家，一个国家的迷乱不足以倾覆整个天下。如果天下人都精神错乱了，还有什么可倾覆的呢？假如天下人的心思都和你的儿子一样，你反倒是成了精神错乱的人了。悲哀欢乐、声音美色、臭气香味、是非对错，谁又能给予一个正确的判断标准呢？而且我的这番话未必就不是错乱之语，更何况是鲁国那些君子的精神尤其错乱，又怎么能给别人解除错乱迷惑呢？背上你的粮食，不如早些回家去吧。"

燕人生于燕，长于楚，及老而还本国。

过晋国，同行者诳之，指城曰："此燕国之城。"其人愀然变容①。指社曰②："此若里之社。"乃喟然而叹。指舍曰："此若先人之庐。"乃涓然而泣③。指垄曰："此若先人之冢。"其人哭不自禁。同行者哑然大笑④，曰："予昔绐若⑤，此晋国耳。"其人大惭。

及至燕，真见燕国之城社，真见先人之庐冢，悲心更微。

【注释】①愀〔qiǎo〕然：悲伤的样子。②社：祭祀社神的地方，俗称"土地庙"。③涓然：慢慢流泪的样子。④哑〔è〕然：形容笑声。⑤绐〔dài〕：哄骗。

【译文】有一个燕国人在燕国出生，在楚国成长，等到年老时他便从楚国要回到燕国。

路过晋国时，同行的人诳骗他，指着城墙说："这是燕国的城墙。"那个人听了，脸上便显出了凄怆的表情。同行的人又指着土地庙说："这是你家乡的土地庙。"他开始感慨长叹。同行的人又指着房舍说："这是你祖先的房子。"他开始潸然泪下。同行的人又指着坟墓说："这是你祖宗的坟冢。"那人已经忍不住嚎啕大哭起来。同行的人都开始笑了起来，说道："我们刚才骗你呢，这才刚到了晋国而已。"那个人听了感觉自己之前的表现很惭愧。

等到真到了燕国，真的见到了燕国的城池与土地庙，真见到了先人的房舍与坟冢时，这个人的悲哀情绪反而减弱了。

仲 尼

【题解】本篇又称为《极智》，借用孔子的形象和言论，来阐述如何遵循道德本性来认识世界，其中还兼述了养生体道方面的内容。全篇分为十五个自然段，由三段议论与十二个故事组合而成。

本篇以孔子与子贡的谈话开篇，引出"无乐无知，是真乐真知"的观点。文中提到，只有内心保持虚静，才能泰然应对纷繁莫测的时局，还提出了对圣人的判断标准。其中的种种言行，也都体现了养生体道的内修功夫。文中借助故事与议论，论述道与常理的无处不在。并在后半部分讲到不管是处事还是治国，都要遵循道，都不能任意妄为。篇末以尹喜论道结尾，不仅是对前面内容的总结概括，也提出了"物自违道，道不违物"的观点，指出人只有无为才是体道。

孔子本为儒家先贤，但当时"君臣日失其序，仁义益衰，情性益薄"，儒家诗书礼乐失去原先济世治乱作用，此时便需要"体神而独运，忘情而任理"的道家思想来帮助那些迷惘的贤臣士子们的心态安定下来。不过，"默而得之而性成之"的圣人还是与那些庸碌无为的无能之辈有区别的，圣人即便无为也能惠及天下，无能之辈的无为也不过是人世间转瞬即逝的浮光掠影而已。

仲尼闲居，子贡入侍①，而有犹色。子贡不敢问，出告颜回。

颜回援琴而歌。孔子闻之，果召回入，问曰："若奚独乐？"

回曰："夫子奚独忧？"

孔子曰："先言尔志。"

曰："吾昔闻之夫子曰'乐天知命故不忧'，回所以乐也。"

孔子愀然有间曰②："有是言哉？汝之意失矣。此吾昔日之言尔，请以今言为正也。汝徒知乐天知命之无忧，未知乐天知命有忧之大也。今告若其实：修一身，任穷达，知去来之非我，亡变乱于心虑，尔之所谓乐天知命之无忧也。曩吾修诗书③，正礼乐④，将以治天下，遗来世；非但修一身，治鲁国而已。而鲁之君臣日失其序，仁义益衰，情性益薄。此道不行一国与当年⑤，其如天下与来世矣？吾始知诗书、礼乐无救于治乱，而未知所以革之之方。此乐天知命者之所忧。虽然，吾得之矣。夫乐而知者，非古人之所谓乐知也。无乐无知，是真乐真知；故无所不乐，无所不知，无所不忧，无所不为。诗书、礼乐，何弃之有？革之何为？"

颜回北面拜手⑥，曰："回亦得之矣。"

出告子贡。子贡茫然自失，归家淫思七日^⑦，不寝不食，以至骨立^⑧。颜回重往喻之，乃反丘门，弦歌诵书，终身不辍。

【注释】①子贡：复姓端木，名赐，字子贡，孔子的弟子。②有间〔jiàn〕：一会儿。③诗：《诗经》的简称，编于春秋时期，共三百零五篇，为中国最早的诗歌总集，是儒家经典之一。书：《尚书》的简称，儒家的经典之一，为中国上古历史文献和部分追述古代事迹著作的汇编，相传为孔子编选而成。④礼：《周礼》的简称，由周公制作，为儒家经典之一。旨在维护等级秩序和宗法关系，建立社会规范和道德规范。乐：《乐经》的简称，是关于乐理的著作，儒家经典之一，现已失传。⑤当年：毕生。⑥北面拜手：古代学生的敬师之礼。老师坐北朝南而坐，学生便要向北叩拜。拜手，古代男子的一种跪拜礼，两膝跪地，两手拱合，俯头至手与心平却不至地。⑦淫思：深思。⑧骨立：骨头突出来，形容人极度消瘦。

【译文】孔子独自闲坐，子贡进屋侍奉时，看见孔子面带愁容。但是子贡没敢直接询问缘由，而是出门将这一情况告诉了颜回。

颜回便取过琴来，边抚边唱。孔子听见了，果然招呼他进去，问道："你为什么独自快乐？"

颜回则说："那先生为什么要独自忧愁？"

孔子说："先说说你的心思吧。"

颜回说："以前我听先生说'安于天道，知守命运，就不会感到忧愁'，这就是我快乐的原因。"

孔子凄然变了脸色，过了好一会儿才说："有这样的话吗？你的理解错了。这只不过是我以往说过的话而已，让我用现在的话来进行修正吧。你只知道了乐天知命无忧的一面，却并不知道即便是乐天知命也同样饱含着巨大的忧愁。现在我来告诉你其中的道理：修养自己的身心，不管是遭遇穷困还是人生显达，人生的发展与变迁都不由自己来决定，内心也不因外界纷扰而变得错失迷乱，这就是你所说的乐天知命所带来的无忧。从前我修编《诗》与《书》，订正《礼》与《乐》，就是要用其来好好治理天下，并且流传后世的；不仅是为了修养自身，也不仅是为了治理鲁国。而鲁国的君王与臣民却日渐丧失了应有的尊卑等级秩序，仁义道德也在社会上日渐消退，人性与真情更是日渐淡薄。这样的政治主张，在一个国家，在我的有生之年尚且不能实现，那又如何能在全天下乃至于后世去推行呢？我这时候才明白，《诗》《书》《礼》《乐》对于治理社会混乱并没有助力，但同时我又找不到可以改变甚至根治这种混乱局面的良方。这正是乐天知命的人所担忧的。即便如此，我也已经有所领悟。现在的乐与知，并不是古人所说的乐与知。无乐无知，才是真正的乐与知；所以无所不乐，无所不知，无所不忧，无所不为。做到这一步，就没有必要丢弃《诗》《书》《礼》《乐》了，也就没有必要去改变了。"

颜回向北下跪叩拜说："我也领悟了。"

他随即出门，将这些话告诉子贡，但是子贡茫然不解。后来，子贡回家之后不睡不吃反复琢磨了七天，弄得自己都瘦骨嶙峋了。颜回再次为子贡进行了开导，子贡才又回到了孔子的门下，弹奏歌吟，诵读诗书，一生不辍。

陈大夫聘鲁[1]，私见叔孙氏[2]。

叔孙氏曰："吾国有圣人。"

曰："非孔丘邪？"

曰："是也。"

"何以知其圣乎？"

叔孙氏曰："吾尝闻之颜回，曰：'孔丘能废心而用形。'"

陈大夫曰："吾国亦有圣人，子弗知乎？"

曰："圣人孰谓？"

曰："老聃之弟子有亢仓子者③，得聃之道，能以耳视而目听。"

鲁侯闻之大惊，使上卿厚礼而致之。亢仓子应聘而至。鲁侯卑辞请问之④。

亢仓子曰："传之者妄。我能视听不用耳目，不能易耳目之用。"

鲁侯曰："此增异矣。其道奈何？寡人终愿闻之。"

亢仓子曰："我体合于心，心合于气，气合于神，神合于无。其有介然之有⑤，唯然之音⑥，虽远在八荒之外，近在眉睫之内，来干我者，我必知之。乃不知是我七孔四支之所觉⑦，心腹六藏之所知⑧，其自知而已矣。"

鲁侯大悦。他日以告仲尼，仲尼笑而不答。

【注释】①聘：古代国家与国家之间遣使互访。②叔孙氏：春秋战国时期，鲁国的卿家贵族。③亢仓子：春秋时期陈国人，道教祖师之一，老子的弟子，又名亢桑子、庚桑子。④卑辞：谦卑的言语。⑤介然：介，通"芥"，微小的样子。⑥唯然：微弱貌，形容声音轻微。⑦四支：即四肢。⑧六藏：《列子释文》讲："肾有两藏：其左为肾，右为命门。"因此六藏就是五脏"心、肺、肝、脾、肾"加上"命门"。

【译文】陈国大夫到鲁国出访，私下与叔孙氏会面。

叔孙氏说："我国有一位圣人。"

陈国大夫说："难不成你说的是孔丘。"

叔孙氏说："没错。"

陈国大夫说："你怎么知道他就是圣人呢？"

叔孙氏说："我经常听颜回说：'孔子在处世接物时，可以舍弃心智，只用形迹。'"

陈国大夫说："我国也有一位圣人，您不知道吗？"

叔孙氏说："这位圣人是谁？"

陈国大夫说："老聃的弟子中有一个名叫亢仓子的人，他掌握了老聃的道术，可以用耳朵看东西，用眼睛听声音。"

鲁侯听说了这件事之后感到很是震惊，便派遣上卿带着丰厚的礼物去邀请亢仓子。亢仓子应邀而至，鲁侯谦卑地进行言辞请教。

亢仓子说："传话的人都不过是误解，我只是能做到不用眼睛看东西，不用耳朵听声音，并不能交换耳朵与眼睛原本的功能。"

鲁侯说："这就更加神奇了！到底是什么样的道术呢？我还是想要听一听。"

亢仓子说："我的形体契合于心智，心智契合于元气，元气契合于精神，精神契合于虚空。那些极细微的小东西，极轻微的响动，即使远在八方蛮荒之地以外，或是近迫于眉睫之内，只要对我有干扰，我必定都能明了。不知道是我的七窍、四肢察觉到的，还是五脏六腑察觉到的，自然而然知道罢了。"

鲁侯非常高兴，之后将这件事告诉孔子，孔子听了，笑而不答。

商太宰见孔子^①，曰："丘圣者哉？"

孔子曰："圣则丘何敢，然则丘博学多识者也。"

商太宰曰："三王圣者欤？"

孔子曰："三王善任智勇者，圣则丘弗知。"

曰："五帝圣者欤？"

孔子曰："五帝善任仁义者，圣则丘弗知。"

曰："三皇圣者欤^②？"

孔子曰："三皇善任因时者，圣则丘弗知。"

商太宰大骇，曰："然则孰者谓圣？"

孔子动容有间，曰："西方之人有圣者焉，不治而不乱，不言而自信，不化而自行，荡荡乎民无能名焉^③。丘疑其为圣。弗知真为圣欤？真不圣欤？"

商太宰嘿然心计曰^④："孔丘欺我哉！"

【注释】①商：即宋国。宋人是商人的后裔，相传商人始祖契居于商丘，周朝时，宋国的都城为商丘，所以有将"宋"称为"商"的。太宰：古代官名，西周时开始设置，职责为辅助国君处理政事。②三皇：传说中的三位古帝王。一说为天皇、地皇、泰皇；一说为天皇、地皇、人皇；一说为伏羲、女娲、神农；一说为伏羲、神农、祝融；一说为伏羲、神农、黄帝；一说为燧人、伏羲、神农。③名：指称，称呼。④嘿〔mò〕然：沉默的样子。心计：心里盘算思忖。

【译文】宋国的太宰见到孔子，问："孔子你是圣人吗？"

孔子说："我怎么敢当圣人，不过我是一个博学多识的人。"

太宰问："三王是圣人吗？"

孔子说："三王善于任用智慧勇敢的人，至于是不是圣人我可不知道。"

太宰问："五帝是圣人吗？"

孔子说："五帝善于任用推行仁义的人，至于是不是圣人我可不知道。"

太宰问："三皇是圣人吗？"

孔子说："三皇善于任用顺应时势的人，至于是不是圣人我可不知道。"

宋国太宰大为惊异，问："那谁才是圣人呢？"

孔子神色有些改变，过了一会儿才说："西方有位圣人，不治理国家但国家却并不混乱，不发表言论却能自然而然地得到信任，不实行教化而教化自然地流行开来，人们无法用言辞来赞颂他的伟大。我猜测他就是圣人。不知道真的是圣人还是不是圣人。"

宋国太宰听了，默默思考："孔丘在欺骗我吧！"

子夏问孔子曰："颜回之为人奚若^①？"

子曰："回之仁贤于丘也。"

曰："子贡为人奚若？"

子曰:"赐之辩贤于丘也。"

曰:"子路之为人奚若^②?"

子曰:"由之勇贤于丘也。"

曰:"子张之为人奚若^③?"

子曰:"师之庄贤于丘也。"

子夏避席而问曰^④:"然则四子者何为事夫子?"

曰:"居!吾语汝。夫回能仁而不能反^⑤,赐能辩而不能讷,由能勇而不能怯^⑥,师能庄而不能同^⑦。兼四子之有以易吾,吾弗许也。此其所以事吾而不贰也^⑧。"

【注释】①颜回:鲁国人,字子渊。孔子的学生,好学而又有仁德。②子路:仲氏,名由,字子路,为孔子的弟子。③子张:复姓颛孙,名师,字子张,孔子的弟子。④避席:古人席地而坐,避席就是离开坐着的席子起立,表示敬意。⑤反:变通。⑥怯:胆小,畏缩,此处指在必要时会退让。⑦同:随和,合群。⑧贰:怀疑,变心。

【译文】子夏问孔子:"颜回的为人如何?"

孔子说:"颜回的仁德要胜于我。"

子夏问:"子贡的为人如何?"

孔子说:"端木赐的辩才胜于我。"

子夏问:"子路的为人如何?"

孔子说:"仲由的英勇胜于我。"

子夏问:"子张的为人如何?"

孔子说:"颛孙师的庄重胜于我。"

子夏站起身离开坐席，恭敬地问："既然如此，为什么这四个人还要来侍奉先生，拜您为师呢？"

孔子说："坐下！我来告诉你。颜回虽然仁爱但却不会适时变通，端木赐虽然巧辩却做不到缄默内敛，仲由虽然勇敢却不懂得适时退让，颛孙师虽然庄重却显得不那么谦逊合群。将他们四个人的优点集合在一起来与我交换，我也不会答应的。这也就是他们侍奉我而从不三心二意的缘故。"

子列子既师壶丘子林，友伯昏瞀人，乃居南郭①。从之处者，日数而不及。虽然，子列子亦微焉②。朝朝相与辩，无不闻。而与南郭子连墙二十年，不相谒请；相遇于道，目若不相见者。门之徒役以为子列子与南郭子有敌不疑③。

有自楚来者，问子列子曰："先生与南郭子奚敌？"

子列子曰："南郭子貌充心虚，耳无闻，目无见，口无言，心无知，形无惕④。往将奚为？虽然，试与汝偕往。"

阅弟子四十人同行⑤。见南郭子，果若欺魄焉⑥，而不可与接。顾视子列子，形神不相偶，而不可与群。南郭子俄而指子列子之弟子末行者与言，衎衎然若专直而在雄者⑦。子列子之徒骇之。反舍，咸有疑色。

子列子曰："得意者无言，进知者亦无言⑧。用无言为言亦言，无知为知亦知。无言与不言，无知与不知，亦言亦知。亦无所不言，亦无所不知；亦无所言，亦无所知。如斯而已。汝奚妄骇哉?"

【注释】①南郭: 南边的外城。郭, 古代在城的外围加筑的一道城墙。②微: 精微, 精妙。③徒役: 门徒弟子。役, 也指门徒从者。敌: 仇。④惕〔tì〕: 变易。⑤阅: 挑选。⑥欺魄: 古代用以求雨的土偶。⑦衎衎〔kàn〕: 刚直。专直: 专断直率。在雄: 争雄求胜。⑧进知: 进, 通"尽"。什么都知道。

【译文】列子拜壶丘子林为老师, 与伯昏瞀人结为挚友, 从此便在南边外城居住下来。追随列子并与他相处的人, 每天数都数不过来。即便如此, 列子拥有精微奇妙的道术, 每天都与那些人互相辩论, 远近闻名。但是, 与列子隔墙而居的有一个叫南郭子的人, 他和列子已经做了二十年的邻居, 两人却相互没有交往, 路上相遇也好像没有看见对方一样。列子的门徒弟子认定列子与南郭子之间有仇。

有一个从楚国来的弟子, 问列子:"先生与南郭子为什么有仇怨呢?"

列子说:"南郭子形容坚实丰满, 内心虚怀沉静, 耳不听闻, 目不看视, 口不言说, 心不思虑, 形骸也没有变动。就算我去找他, 又能干什么呢? 不过, 可以试一试, 带你们一起去看看。"

列子挑选了四十个弟子一起去。见到了南郭子, 他果然就像是土雕泥塑, 没办法与他进行接触交流。南郭子回过头来看看列子, 形骸与心神似乎已经分离, 根本不可能合群共处。过了一会儿, 南郭子指着列子弟子队伍中最后一个人, 与他攀谈起来, 那形容从容果断, 好像专一地想要争个胜负一样。列子的门徒弟子都感到惊骇不已, 回到列子的家之后, 他们依然面有疑惧。

列子说:"领会真意的人无须言说, 通晓事理的人也不用多讲。

将无言当成是一种表述，也算是一种言说；将无知当成知道，也算是一种有知。而将无言当成是不加表述，以无知作为不知道，也是一种言说与有知。所以也没有什么不能说的，也没有什么是不可知的；也就没有什么可以说的，没有什么需要知道的了。不过如此而已，你们为什么还要无端惊惧呢？"

子列子学也①，三年之后，心不敢念是非，口不敢言利害，始得老商一眄而已。五年之后，心更念是非，口更言利害，老商始一解颜而笑。七年之后，从心之所念，更无是非；从口之所言，更无利害，夫子始一引吾并席而坐。九年之后，横心之所念，横口之所言，亦不知我之是非厉害欤，亦不知彼之是非厉害欤，外内进矣。而后眼如耳，耳如鼻，鼻如口，口无不同②。心凝形释，骨肉都融；不觉形之所倚，足之所履，心之所念，言之所藏。如斯而已。则理无所隐矣。

【注释】①子列子学也：本段内容亦见《黄帝》，已有注释。②口：当为衍文。

【译文】列子学习道术，三年后，心里不敢存念是非，口中不敢言说利害，才博得老商氏斜看了一眼。五年之后，心中更加不敢存念是非，口中更加不敢讲说利害，老商氏才对他开颜一笑。七年之后，任由心里如何思考，都更加没有是非；任凭口中怎样去说，也更加没有利害，先生这才开始引得列子与自己并席而坐。九年之后，即便放纵心思去思考，放纵嘴巴去言说，也不知道自己的是非厉害，也不知道别人的是非厉害，身心内外都与大道完全融合在了一起。从那以后，眼睛的功用与耳朵一样，耳朵的功用与鼻子一样，鼻子的功用与嘴巴一样，互相之间的作用没有不同的。心思凝结，形体消释，骨肉全部相互融合；感觉不到形体有所倚赖，双脚有所践踏，心中有所牵挂，言语有所包藏。不过就是这种情况罢了，于是一切道理也就明明白白的了。

初，子列子好游。

壶丘子曰："御寇好游，游何所好？"

列子曰："游之乐所玩无故①。人之游也，观其所见；我之游也，观其所变。游乎游乎！未有能辨其游者。"

壶丘子曰："御寇之游固与人同欤，而曰固与人异欤？凡所见，亦恒见其变。玩彼物之无故，不知我亦无故。务外游，不知务内观。外游者，求备于物；内观者②，取足于身。取足于身，游之至也；求备于物，游之不至也。"

于是列子终身不出，自以为不知游。

壶丘子曰："游其至乎！至游者，不知所适；至观者，不知所眂③。物物皆游矣，物物皆观矣，是我之所谓游，是我之所谓观也。故曰：游其至矣乎！游其至矣乎！"

【注释】①故：旧。②内观：对自身的审视、观察。③眂〔shì〕：古"视"字。

【译文】早些时候，列子很喜欢外出四处游览。

壶丘子问他："御寇啊，你这么喜欢游览，这游览有什么值得喜好的呢？"

列子回答说："游览的乐趣，在于所赏玩的事物没有陈旧不变的。别人游览，是有什么就看什么；我的游览，则是注意观看事物的运动变化。游览啊游览！还没有谁能够辨别出这两种不同的游览来。"

壶丘子说："御寇，你的游览本来和别人是一样的，为什么却说与别人不同呢？凡是观赏事物，都能经常从中看见它们的变化。你只知道赏玩那些外物的更新变化，却不知道自身也在更新变化。致力于游览外部的世界，却不懂得观察自己的内心。观赏外物，就会追求外物的完备；观察内心，才能从自身获取充实完美。从自身获取完美，才是游览的最高境界；向外物要求完美，游览就不可能达到理想境界。"

从此之后，列子再也不外出，终身在家，自以为并不懂得游览的道理。

壶丘子说："这才是游览的最高境界啊！最高深的游览，就是不知道要去什么地方；最神妙的观赏，就是不知道要看的是什么。所有的事物都游览了，所有的事物都观赏了，这才是我所说的游览，这才是我所说的观赏。所以说：这样的游览才达到理想境界了！这样的游览才达到最高境界了啊！"

龙叔谓文挚曰①："子之术微矣。吾有疾，子能已乎？"
文挚曰："唯命所听。然先言子所病之证②。"

龙叔曰:"吾乡誉不以为荣,国毁不以为辱;得而不喜,失而弗忧;视生如死;视富如贫;视人如豕;视吾如人。处吾之家,如逆旅之舍③;观吾之乡,如戎蛮之国④。凡此众疾,爵赏不能劝,刑罚不能威,盛衰、利害不能易,哀乐不能移。固不可事国君,交亲友,御妻子⑤,制仆隶。此奚疾哉?奚方能已之乎?"

文挚乃命龙叔背明而立,文挚自后向明而望之,既而曰:"嘻!吾见子之心矣:方寸之地虚矣⑥。几圣人也!子心六孔流通,一孔不达。今以圣智为疾者,或由此乎!非吾浅术所能已也。"

【注释】①龙叔:人名,相传为春秋宋国人。文挚:战国时期名医,宋国商丘人,曾经治好齐闵王的病,却为他所杀。②证:同"症",症候。③逆旅:逆,迎。客舍,旅店。④戎蛮之国:泛指落后的蛮荒的偏远国家。⑤御:主宰。⑥方寸之地:指人心。虚:指世俗的名利情欲都已经消除。

【译文】龙叔对文挚说:"您的医术精微高明。我身患疾病,您能治愈吗?"

文挚说:"一切听从您的吩咐。不过,需要您先讲讲您的病症。"

龙叔说:"我受到家乡人给的赞誉不觉得荣幸,受到举国诋毁也不觉得耻辱;有所得时不觉得欢喜,有所失时也不觉得忧愁;看待生死如同死亡;看待富贵如同贫贱;看待人如同猪;看待自己如同他人。住在自己家,却好像住在旅馆之中;看待我的家乡,就好像偏远的蛮荒之国。所有这些病症,封赐爵位鼓励不能,严酷刑罚威逼无效,盛衰利害无法变更,痛苦欢乐也不能改变其分毫。如此一来我便不能服务于国君,不能与亲戚朋友结交,没法约束掌控妻子儿女,更不能管制仆役奴隶。这是什么病呢?有什么药方可以治愈它吗?"

文挚让龙叔背光而站立,他则从后面对着光亮观望,过了一会儿才说:"嘻!我见到您的心了:您的心已经虚空沉静,差不多是得道的圣人了!您的心窍已经六窍流通,只剩一个窍还没有通达。现在您将圣人的心智当作疾病来治疗,大约就是这个缘故吧!您的病,不是我这种医术浅陋的人可以治愈的。"

无所由常生者,道也。由生而生,故虽终而不亡,常也。由生而亡,不幸也。有所由而常死者,亦道也。由死而死,故虽未终而自亡者,亦常也。由死而生,幸也。故无用而生谓之道,用道得终谓之常;有所用而死者亦谓之道,用道而得死者亦谓之常。

季梁之死[①],杨朱望其门而歌。随梧之死[②],杨朱抚其尸而哭。隶人之生[③],隶人之死,众人且歌,众人且哭。

【注释】①季梁:春秋末魏国人,与杨朱友善。②随梧:人名,事迹不详。③隶人:这里泛指俗人、众人等一般人。

【译文】没有任何凭借而永恒存在的,就是道。按照生存之道而生存,因此即便生命终结了,为生之道也不会灭亡,这就是常理。按照生存之道应该活着但却死了的,是不幸。有所凭借但最终死去了,这也是道。按照死亡之道而死去,即便是生命没有终结但却自行消亡,这也是常理。按照死亡之道应该死去的却还活着，这就是侥幸。因此无所依凭但却生存的称为道，按照道生存至终结的叫做常理；有所依凭但却死去的也称为是道，按照道而死去的也称之为常理。

季梁死去时，杨朱遥望他的家门歌唱。随梧死去时，杨朱抚着他的尸体痛哭。普通人的诞生，普通人的死去，人们有时候歌唱，有时候则哭泣。

目将眇者^①，先睹秋毫^②；耳将聋者，先闻蚋飞^③；口将爽者^④，先辨淄、渑^⑤；鼻将窒者^⑥，先觉焦朽；体将僵者，先亟犇佚^⑦；心将迷者，先识是非；故物不至者则不反。

【注释】①眇〔miǎo〕：失明。②秋毫：秋天鸟兽身上新长的细毛，后来用来比喻极其细微的事物。③蚋〔ruì〕：蚊子。《列子解》："秦呼蚊为蚋。"④爽：差。⑤淄：水名，位于山东省。渑〔shéng〕：古水名，在今山东省淄博市一带。⑥焦朽：烧焦，腐朽。⑦亟〔jí〕：亟待，急切。犇佚〔bēn yì〕：也作"奔逸"，轻松地奔跑疾驰。

【译文】眼睛即将失明的人，反而先能看清细微的毫毛；耳朵即将失聪的人，反而先能听见蚊虫飞舞的声音；口舌即将要失去味觉的人，反而可以先分辨淄水与渑水的滋味差异；鼻子即将要失去嗅觉的人，反而能先察觉到焦烂腐朽的味道；身体将要僵硬的人，反而先能轻快地奔逸；心智将要迷乱的人，反而先能识别是非：所以事物如果不能发展到一定的极限程度，就不会走到它的反面。

郑之圃泽多贤^①，东里多才^②。

圃泽之役有伯丰子者^③，行过东里，遇邓析^④。

邓析顾其徒而笑曰："为若舞彼来者^⑤，奚若？"

其徒曰："所愿知也。"

邓析谓伯丰子曰："汝知养养之义乎？受人养而不能自养者，犬豕之类也；养物而物为我用者，人之力也。使汝之徒食而饱，衣而息，执政之功也。长幼群聚而为牢藉庖厨之物^⑥，奚异犬豕之类乎？"

伯丰子不应。

伯丰子之从者越次而进曰^⑦："大夫不闻齐鲁之多机乎^⑧？有善治土木者，有善治金革者，有善治声乐者，有善治书数者，有善治军旅者，有善治宗庙者，群才备也。而无相位者，无能相使者。而位之者无知，使之者无能，而知之与能为之使焉。执政者，乃吾之所使，子奚矜焉？"

邓析无以应，目其徒而退。

【注释】①圃泽：地名，同《天瑞》中的"郑圃"。②东里：地名，位于今河南省新郑城内。③伯丰子：郑国人，列子门徒，又作"百丰"。④邓析：郑国大夫，春秋末期思想家，"名辩之学"创始人。⑤舞：通"侮"，侮慢，侮弄，嘲弄。⑥牢：关牲畜的栏圈。藉：竹木做的栅栏。⑦越次：越过尊卑秩序。⑧机：机巧，机智。

【译文】郑国的圃泽有许多有贤德人士，东里有许多有才智的人士。

圃泽的弟子中有一个叫伯丰子的，路过东里，遇见邓析。

邓析回头对弟子们笑着说："我为你们嘲弄一番那个过来的人，如何？"

弟子们说："这正是我们愿意看到的。"

邓析对伯丰子说："你知道受人供养与自食其力的含义吗？受人供养而不能自食其力的，等于与猪狗同类；豢养他物，并使得他物为我所用的，这才是人的能力。让你们这些人吃得饱、穿得暖、睡得好，这是执政者的功劳。你们这老少群聚在一起，就好像住在牛羊圈中，吃着厨房里的饭菜，和狗猪一类的牲畜又有什么差别呢？"

伯丰子没有搭理他。

但是伯丰子的弟子却越过尊卑秩序，上前对邓析说："大夫没听说过齐鲁之邦有众多机智的人吗？有擅长设计土木工程的，有擅长制造兵器铠甲的，有擅长谱曲奏乐的，有擅长书写算术的，有擅长指挥军队的，有擅长主持宗庙仪式的，各种各样的人才相当齐备。但是，他们中间却没有居于相应高位的人，也没有谁能支使谁。而那些居于高位的人，却都是没有知识的，支使指挥他们的人也没有能力，这些有知识有才能的人却反被这样的人使唤与制约。您所谓的'执政者'，正是被我们这样的人所使唤的，您还有什么可得意的呢？"

邓析无言以对，以眼神示意弟子们，转身退去了。

公仪伯以力闻诸侯①，堂谿公言之于周宣王②，王备礼以聘之。公仪伯至，观形，懦夫也。宣王心惑而疑曰："女之力何如？"

公仪伯曰:"臣之力能折春螽之股③,堪秋蝉之翼④。"

王作色曰⑤:"吾之力能裂犀兕之革⑥,曳九牛之尾,犹憾其弱。女折春螽之股,堪秋蝉之翼,而力闻天下,何也?"

公仪伯长息退席,曰:"善哉王之问也!臣敢以实对。臣之师有商丘子者,力无敌于天下,而六亲不知;以未尝用其力故也。臣以死事之。乃告臣曰:'人欲见其所不见,视人所不窥;欲得其所不得,修人所不为。故学视者先见舆薪,学听者先闻撞钟。夫有易于内者无难于外。于外无难,故名不出其一家。'今臣之名闻于诸侯,是臣违师之教,显臣之能者也。然则臣之名不以负其力者也,以能用其力者也;不犹愈于负其力者乎?"

【注释】①公仪伯:西周时贤士。②堂谿〔xī〕公:西周时贤士。③春螽〔zhōng〕:昆虫,又名"螽斯",身体绿色或褐色,触角呈丝状,有的种类没有翅膀。《列子释文》:春螽,"一曰蝗也"。股:"这里指腿脚。"④堪:胜任。一说,通"戡",刺破。⑤作色:变脸色。⑥兕〔sì〕:古代犀牛一类的兽名。

【译文】公仪伯以力气大而闻名于各个诸侯国,堂谿公将这件事告诉给了周宣王,周宣王便准备了厚礼去聘请公仪伯。公仪伯来了之后,周宣王发现他看上去懦弱无力的样子,宣王心生疑惑,便问他:"你的力气是个什么情况?"

公仪伯说:"我的力气可以折断春螽的大腿,可以刺破秋蝉的翅膀。"

周宣王脸色一变说:"我的力气都可以撕裂犀咒的皮革,还可以拖住九头牛的尾巴,就这样我都在遗憾自己的力气太小。你只能折断春螽的大腿,刺破秋蝉的翅膀,为什么又能以力气大而闻名于天下呢?"

公仪伯长叹一声离开座位,郑重地说:"大王问得好啊!我就如实地和您说吧。我的老师名叫商丘子,力气之大,天下无敌,但他的父母兄弟妻子却对此一概不知;因为他从来都没有运用过自己的力量。我心甘情愿地侍奉他,他才对我说:'一个人要看见别人看不见的事物,观察别人毫无察觉的地方;要得到别人得不到的东西,修习别人做不到的事情。所以练习眼力的人,要先去观察车上的柴草;练习听力的人,要先去聆听撞钟的声音。内心觉得容易了,在外实施起来也就不难了。在外表现出来得不困难,所以名声也就不会传出去,只限于在家里面。'现在,我的名声在各个诸侯国之间传播,是我违背了师傅的教导,显示出了我的能耐所导致的。但我的名声却并不是靠力气获得的,而是因为能够恰当地使用力气获得的;这与那些仅凭力气就获得名声比起来,岂不是要好得多吗?"

中山公子牟者①,魏国之贤公子也。好与贤人游,不恤国事,而悦赵人公孙龙②。乐正子舆之徒笑之③。

公子牟曰:"子何笑牟之悦公孙龙也?"

子舆曰:"公孙龙为人也,行无师,学无友,佞给而不中④,漫衍而无家⑤,好怪而妄言。欲惑人之心,屈人之口,与韩檀等肆之⑥。"

公子牟变容曰："何子状公孙龙之过欤^⑦? 请闻其实。"

【注释】①中山公子牟：魏牟，战国时期魏国人，名牟，因为封于中山，是中山国的王子，故而又叫"中山公子牟"。②公孙龙：字子秉，出生于赵国，先秦名家代表人物，提出"白马非马""离坚白"等论点。③乐正子舆：姓乐正，名子舆。其人无考。④佞给：巧言善辩。不中：不合常理。⑤漫衍：思想散漫不受拘束。⑥韩檀：即桓团，姓桓，名团，战国时期赵国人，辩士。肄：研习。⑦状：陈述，申诉，这里有列数罪过的意思。

【译文】中山公子牟，是魏国的贤公子。很喜欢交往贤人，并不关心国家政事，对赵国人公孙龙非常欣赏。乐正子舆这一帮人总是嘲笑他。

公子牟问乐正子舆："你们为什么嘲笑我对公孙龙的欣赏呢？"

子舆回答说："公孙龙这个人，行为上没有老师的教导指点，学习上也没有朋友一起切磋提携，为人巧言善辩又不合事理，表现得散漫荒诞又不专注某个流派，喜欢标新立异且又胡说八道。总想着要迷惑他人的心智，用口舌来使他人折服，专门与韩檀这样的人一起研究一些歪门邪道。"

公子牟听了神色一变，说道："你对公孙龙的描述与指责为什么如此过分呢？请说出来具体根据让我听一听。"

子舆曰："吾笑龙之诒孔穿^①，言'善射者能令后镞中前括^②，发发相及，矢矢相属^③；前矢造准而无绝落^④，后矢之括犹衔弦，视之若一焉。'孔穿骇之。龙曰：'此未其妙者。逢蒙之弟子曰鸿超⑤，怒其妻而怖之。引乌号之弓⑥，綦卫之箭⑦，射其目。矢来注眸子而眶不睫⑧，矢隧地而尘不扬⑨。'是岂智者之言与？"

公子牟曰："智者之言固非愚者之所晓。后镞中前括，钧后于前。矢注眸子而眶不睫，尽矢之势也。子何疑焉？"

【注释】①诒〔dài〕：《列子释文》："诒，音待，欺也。"这里作欺骗讲。孔穿：字子高，战国时期鲁国人，孔箕之子，孔子的六世孙。②镞〔zú〕：箭头。括：通"栝"，箭的末端。③相属〔zhǔ〕：属，连缀，连续。相连。④造准：射中箭靶。绝落：断落。⑤逢蒙：也作"逢门"，夏朝擅长射箭的人。传说他曾经跟后羿学射箭。鸿超：逢蒙的弟子。⑥乌号之弓：古代的良弓，相传为黄帝所有。⑦綦〔qí〕卫：古代綦地出产的利箭。⑧矢来：来应为"末"，箭尖头。睫：眨眼。⑨隧：通"坠"，掉落。

【译文】子舆说："我笑话公孙龙欺骗孔穿时的情形，他说'善于射箭的人，可以让后面一支箭的箭头射中前面一支箭的箭尾，每一发箭都能紧跟着，每一只箭都能相连接；最前面的箭射中靶心，中间的箭也不会掉落，而最后一支箭的箭尾则正好搭在弓弦上，远望过去就好像是一支长箭似的。'孔穿惊讶不已。公孙龙说：'这还不是最奇妙的，逢蒙有一个名叫鸿超的弟子，对妻子发怒的时候就吓唬她，对着她的眼睛拉弓射箭。箭飞到她眼前，她连眼皮都不曾眨一下，箭落在地上，也不见扬起一丁点尘土。'听听，这难道是智者应该说的话吗？"

公子牟说："智者的言谈当然不能为愚人所知晓了。后一支箭的箭头射中前一支箭的箭尾，是因为用力均衡，且瞄准点也保持不变。

箭射到眼前而眼睛都不眨一下，是因为箭势刚好耗尽。你还有什么可怀疑的呢？"

乐正子舆曰："子，龙之徒，焉得不饰其阙？吾又言其尤者。龙诳魏王曰：'有意不心。有指不至。有物不尽。有影不移①。发引千钧②。白马非马③。孤犊未尝有母④。'其负类反伦⑤，不可胜言也。"

公子牟曰："子不谕至言而以为尤也，尤其在子矣。夫无意则心同。无指则皆至。尽物者常有。影不移者，说在改也。发引千钧，势至等也。白马非马，形离名也。孤犊未尝有母，非孤犊也。"

乐正子舆曰："子以公孙龙之鸣皆条也。设令发于馀窍⑥，子亦将承之。"

公子牟默然良久，告退，曰："请待馀日，更谒子论。"

【注释】①有影不移：指影子从来不移动。物体运动时，影子时时改换，前影并非后影，连续的影子是由无数的一现即灭的影子构成的，每一个一现即灭的影子都可看成是固定不动的。②发引千钧：一根头发丝可以悬吊起千钧的重物。事物之所以会断裂必定是有薄弱环节，如果处处能力均等，哪怕是细如发丝，也能悬起重物而不断裂。③白马非马：意思是"白马"不是"马"。"白"是命"色"，"马"是命"形"，形色并不相干，因此"白马"就是"白马"，不能省去"白"，也不能省去"马"。因此才说，"白马非马"。④孤犊未尝有母：意思是说孤牛犊从来不曾有过母亲。既然是"孤"，那自然是没有母亲了。

这个命题割裂了时间的前后联系，其实应该说"孤犊尝有母，今无母"。⑤负类：无类比附，违反逻辑。反伦：违反常理。⑥余窍：指肛门。

【译文】乐正子舆说："你和公孙龙是一伙的，怎么能不帮着他掩饰缺陷与错误？那我就再说说他更加荒谬的地方。公孙龙诓骗魏王说：'意念并非人的本心。有所指称的也并非具体事物的本质。物体永远分割不尽。影子是不会移动的。头发丝可以悬吊起千钧重物。白马不是马。孤牛犊不曾有过母亲。'他净说些背离类比的常规，违反公认的常理，这样的例子数不胜数。"

公子牟说："你因为不理解这些至理名言，才将它们看成是荒谬的话，其实恰恰是你自己荒谬。消除了意念，就能与本心相同。取消了指称，就能得到万物的实质。物体分割到最后，依然会有物体剩余下来。影子不移动，是因为它处在不断的变化改动之中。头发丝可以悬掉千钧重物，是因为整根头发丝受力均匀。白马不是马，是将具体事物与名称分开来看。孤牛犊不曾有母亲，是因为有了母亲就不能算是孤牛犊了。"

乐正子舆说："你把公孙龙的那些奇葩学说都当成是真理。要是他放个屁，你估计也会去奉承吧。"

公子牟沉默许久，告辞说："请等上几天，我再来找你辩论。"

尧治天下五十年，不知天下治欤，不治欤？不知亿兆之愿戴己欤①，不愿戴己欤？顾问左右，左右不知。问外朝，外朝不知。问在野，在野不知。

尧乃微服游于康衢②，闻儿童谣曰："立我蒸民③，莫匪尔极④。不识不知，顺帝之则⑤。"尧喜问曰："谁教尔为此言？"
童儿曰："我闻之大夫。"问大夫。大夫曰："古诗也。"

尧还宫，召舜，因禅以天下。舜不辞而受之。

【注释】①亿兆：泛指天下的黎民百姓。戴：拥戴。②康衢：四通八达
的大路。③立：通"粒"，即谷粒，这里指种粮食养人。蒸民：蒸，通"烝"，
众。蒸民即老百姓。④匪：同"非"。极：中正的准则。⑤则：榜样，准则。

【译文】尧治理天下五十年，不知道这天下是治理好了还是没
好，也不知道天下的黎民百姓是愿意拥戴自己，还是不愿意？他环顾
左右，询问大臣们，可大臣们都无法回答。他询问外朝的官员，外朝的
官员们也没法给出答案。他又询问民间的贤人，这些贤人也同样不
知道。

于是，尧便微服私访，在四通八达的大路上他听见有儿童唱歌
谣："种粮养我百姓，莫非美德中正。无知无识无智慧，顺帝法则则
成。"尧高兴地问："谁教你们唱这首歌的？"孩子们说："我们从大
夫那里听来的。"尧随即又去问大夫，大夫则说："这是古诗啊。"

回到宫里，尧召见舜，将天下禅让给他。舜没有推辞就接受了。

关尹喜曰："在己无居①，形物其箸②。其动若水，其静若
镜，其应若响。故其道若物者也。物自违道，道不违物。善若
道者，亦不用耳，亦不用目，亦不用力，亦不用心。欲若道而用
视听形智以求之，弗当矣。瞻之在前，忽焉在后；用之弥满六
虚③，废之莫知其所④。亦非有心者所能得远，亦非无心者所

能得近。唯默而得之而性成之者得之。知而亡情，能而不为，真知真能也。发无知，何能情？发不能，何能为？聚块也，积尘也，虽无为而非理也。"

【注释】①在己：对于自己。居：固执，偏见。②箸：同"著"，显明。③六虚：六合，即东、南、西、北、上、下。④废：通"发"。

【译文】关尹喜说："自己内心没有偏执，对外界的事理也就能理解得显明。它动起来像流水，安静的时候仿佛是镜子，回应着一切就如同有回音。所以说，道是顺应物的。只有物违背了道，而道却从来不会违背物。善于感悟道的人，可以不用耳朵、眼睛，也可以不用力量、心智。想要体悟道却又用视觉、听力、形躯、心智来追求它，那就是不恰当的。看见它在前方，可是倏忽间它又去了后面；它发生作用的时候，各个方向都能充盈起来，不起作用的时候又不知道它身在何处。这也不是有心求道的人所能够疏远的，也不是无心求道的人所能亲近的。只有那些沉静默然地体察到其本性的人才能够得到它。知道事理而泯灭情感，十分能干却又表现得无为，这才是真正的懂得道，真正的能干。从无知出发，怎么能动情？从无能出发，又怎么能有作为？那些聚集的土块，堆积的灰尘，虽然没有作为但却并非是无为的真谛。"

汤 问

【题解】本篇讲述了诸多旷古奇谈，皆以寓言故事的形式出现，以期突破世人仅限于眼前周围的浅陋常识。全篇以殷汤与夏革的对话开篇，开篇便讲述了一个远超于人眼界的世界，提醒人们应该用科学的思维来认识宇宙万物，并表达了"天地亦物"的宇宙观。

全篇有诸多奇幻故事，愚公移山、夸父逐日的故事，论证了凡事不应急功近利，而应该顺势且"无心而为功"。大禹迷途于"终北国"，普天之下不同国家的异地风俗，来丹杀仇用的剑，西戎进献给周穆王的锟铻剑与火浣布，无不讲述着世界之大无奇不有。而汤问中占据相当大一部分篇幅的内容，则是关于学习的，技艺是没有至高点的，"人外有人、天外有天"的道理，在这一系列的故事中尽显无疑。不管是讲述神奇的换心之术，还是穆王西巡得来的伎艺人，都是极致精巧的技艺。而詹何钓鱼、匏巴鼓琴、余音绕梁、伯牙子期、飞卫与纪昌、造父学御，则无不是在点明学习技艺要不断精益求精。

万事万物是不能凭借有限的耳闻目看来臆断的，其是非有无自有其通达的大道理，否则也就不会有孔子尚且不能处理两小儿辩日这样的为难境地了。为人处世应该保有一种平衡的心态，要遵循于道，才能更深刻体会这天地的广阔无垠与万物的繁荣驳杂。

殷汤问于夏革^①，曰："古初有物乎？"

夏革曰："古初无物，今恶得物？后之人将谓今之无物，可乎？"

殷汤曰："然则物无先后乎？"

夏革曰："物之终始，初无极已。始或为终，终或为始，恶知其纪^②？然自物之外，自事之先，朕所不知也。"

殷汤曰："然则上下八方有极尽乎？"

革曰："不知也。"

汤固问。

革曰："无则无极，有则有尽^③；朕何以知之？然无极之外复无无极，无尽之中复无无尽。无极复无无极，无尽复无无尽。朕以是知其无极无尽也，而不知其有极有尽也。"

汤又问曰："四海之外奚有？"

革曰："犹齐州也^④。"

汤曰："汝奚以实之？"

革曰："朕东行至营^⑤，人民犹是也。问营之东，复犹营也。西行至豳^⑥，人民犹是也。问豳之西，复犹豳也。朕以是知四海、四荒、四极之不异是也^⑦。故大小相含，无穷极也。含万物者，亦如含天地。含万物也故不穷，含天地也故无极。朕亦焉知天地之表不有大天地者乎? 亦吾所不知也。然则天地亦物也。物有不足,故昔者女娲氏练五色石以补其阙;断鳌之足以立四极⑧。"

【注释】①殷汤: 又被称为成汤,帝喾之子契的十四世孙, 姓子, 名履, 又名天乙。原为商族部落领袖,后来经历十一次出征, 依据攻灭夏桀, 建立起了商朝。夏革〔jí〕: 字子棘,为汤大夫。②纪: 头绪。③有则有尽: 应为"有则无尽"。据《列子集释》引陶鸿庆曰:"'有则有尽'下'有'字亦当作'无'。……今本误作'有尽',则非其旨矣。"有,这里指存在的"物"。④齐州: 齐通"脐",意思是中央。齐州即中央之州,泛指中国。⑤营: 营州, 古十二州之一,位于今辽宁省一带。⑥豳〔bīn〕: 古邑名,位于今陕西省旬邑县西南。⑦四海: 泛指全国各地。四荒: 泛指四方边荒之地。四极: 泛指四方极远之地。《尔雅》:"九夷、八狄、七戎、六蛮谓之四海。觚竹、北户、西王母、日下谓之四荒。东泰远、西邠国、南濮铅、北祝栗谓之四极。"⑧鳌〔áo〕: 传说中海里的大龟或大鳖。

【译文】殷汤问夏革:"远古之初有物的存在吗?"

夏革回答说:"如果远古之初没有物,那么现在又怎么会有物呢? 未来的人们如果说我们现在是没有物的存在,可以吗?"

殷汤问:"那么事物的产生就没有先后吗?"

夏革回答:"事物的终结与开始,本来是没有什么界定的。开始或许就是终结,终结也可能就是开始,又怎么搞清楚其中的头绪呢? 至于说这个'物'之外、这件'事'之先的情况,确实是我所不知道的。"

殷汤问:"那么天地八方有尽头吗?"

夏革回答："不知道。"

殷汤坚持问下去。

夏革回答说："虚空自然是没有极限的，实际存在的'物'也不会穷尽，这些复杂的情形我怎么能知道呢？不过，没有极限之外不会再有'没有极限'，不会穷尽之中也不会再有'不会穷尽'。没有极限没有'没有极限'，没有穷尽没有'没有穷尽'。我因此而知道它们是没有极限、没有穷尽的，并不知道它们是有极限、有穷尽的。"

殷汤又问："四海之外还存在着什么？"

夏革回答："就像中央之国一样。"

殷汤问："你如何能证明它们的存在呢？"

夏革说："我往东方走到营州，看见那里的人们和这里的人们一样。问他们营州东边是一个什么样的情况，他们说也和营州没什么两样。我向西边走到豳州，看见那里的人们也和这里的人们一样，问他们豳州西边如何，说也和豳州一样。我因此知道四海之内、四方边荒，以及世界的尽头，都和这里没什么两样。所以大小事物彼此包含，没有尽头也没有极限。对万物的包含，就像是对天地的包含。正因为包含万物所以没有穷尽，正因为包含天地所以没有极限。我又怎么能知道天地之外没有比天地更大的存在呢？这也是我所不知道的。但是天地也不过是物，是物就必然会有不足之处，所以从前女娲氏采炼五色石来弥补天空的缺口；斩断大龟的四肢来支撑四方。"

"其后共工氏与颛顼争为帝①，怒而触不周之山②，折天

柱③，绝地维④；故天倾西北，日月星辰就焉；地不满东南，故
百川水潦归焉⑤。"

汤又问："物有巨细乎？有修短乎？有同异乎？"

革曰："渤海之东不知几亿万里，有大壑焉⑥，实惟无底
之谷，其下无底，名曰归墟⑦。八纮九野之水⑧，天汉之流⑨，莫
不注之，而无增无减焉。"

【注释】①共工氏：传说中古代部族的首领，姜姓，炎帝的后裔。
颛顼〔zhuān xū〕：传说中上古部落联盟的首领，号高阳氏，黄帝之孙。
②不周之山：中国古代神话传说中的山名，相传是人界能够到达天界
的唯一路径。③天柱：古代神话中的支天之柱。④地维：维系大地的绳
子。古人认为天圆地方，天有九柱支撑，地有四角系缀。所以也指地的
四角。⑤潦〔lǎo〕：积水。⑥大壑：指大海。⑦归墟：传说为海中无底
之谷，谓众水汇聚之处。⑧八纮〔hóng〕：八方极远之地，泛指天下。
九野：大之八方中央。⑨天汉：天河，即银河。传说中天河与海相通。

【译文】"那之后，共工氏与颛顼争夺帝位，共工氏失败了，他恼
羞成怒，一头撞在不周山上，撞塌了撑天的柱子，弄断了维系大地的绳
子；因此天空向西北方向倾斜，日月星辰也跟着向西北方向偏移；而
大地则在东南方向塌陷，大小河流、百川积水都向那个方向汇集。"

殷汤又问："事物有大小之分吗？有长短之别吗？有同与异的分
辨吗？"

夏革回答："渤海东面不知道几亿万里远的地方，有一片浩瀚的
海洋，其实是一个无底的深谷，深不见底，名为归墟。天上地下所有
地方的滔滔流水，银河的滚滚波浪，没有不向其中流灌的，而归墟的

水位却并不会因此有增减变化。"

"其中有五山焉：一曰岱舆^①，二曰员峤^②，三曰方壶^③，四曰瀛洲^④，五曰蓬莱^⑤。其山高下周旋三万里，其顶平处九千里。山之中间相去七万里，以为邻居焉。其上台观皆金玉，其上禽兽皆纯缟^⑥。珠玕之树皆丛生^⑦，华实皆有滋味，食之皆不老不死。所居之人皆仙圣之种；一日一夕飞相往来者，不可数焉。而五山之根无所连箸^⑧，常随波上下往还，不得蹔峙焉^⑨。"

【注释】①岱舆：先秦神话中东海外仙山。②员峤：古代传说中海外仙山之一。③方壶：古代传说中的海外仙山，一称"方丈"。④瀛洲：古代传说中的东海仙山。⑤蓬莱：传说中东海外的仙山，为一片黑色冥海所包围。⑥纯缟：纯白色。⑦玕〔gān〕：像珠玉一样的美石。⑧箸：同"着"，着落。⑨蹔〔zàn〕峙：短暂停留。蹔：通"暂"。

【译文】"浩瀚的海洋中矗立着五座大山：第一座叫岱舆，第二座叫员峤，第三座叫方壶，第四座叫瀛洲，第五座叫蓬莱。每座山高低方圆都达到三万里，山顶有九千里的平地。每两座山之间距离有七万里，相邻分布在海上。山上的亭台楼阁都是金玉构建的，在上面生活的飞禽走兽都拥有着纯白的皮毛。珍珠宝玉般的树木遍布山间，山上的花儿和结出来的果实都滋味鲜美，吃了可以让人长生不老。山上住着的都是神仙、圣人，他们朝朝暮暮在天上飞来飞去，互相交往，络绎不绝，无法计数。但是，这五座山的根基没有维系着落，经常随着海流上下颠簸漂流，没有一刻的安定。"

　　"仙圣毒之^①，诉之于帝。帝恐流于西极，失群仙圣之居，乃命禺疆使巨鳌十五举首而戴之^②。迭为三番，六万岁一交焉。五山始峙而不动。而龙伯之国有大人^③，举足不盈数步而暨五山之所，一钓而连六鳌，合负而趣^④，归其国，灼其骨以数焉^⑤。于是岱舆、员峤二山流于北极，沉于大海，仙圣之播迁者巨亿计^⑥。帝凭怒^⑦，侵减龙伯之国使阨^⑧，侵小龙伯之民使短。至伏羲神农时，其国人犹数十丈。"

【注释】 ①毒：烦恼。②禺疆：古代中国传说中的海神、风神和瘟神。③龙伯之国：古代传说中的大人国。④趣：赶路。⑤数：占卜。⑥播迁：迁移。⑦凭〔píng〕：愤懑。凭：同"凭"。⑧侵减：逐渐减少。阨：通"隘"，狭小。

【译文】 "神仙圣人们为此很是苦恼，便向天帝诉说此事。天帝担心这五座山会漂流到西极去，导致众多神仙、圣人无处居住，于是就命令禺疆指挥十五只大鳌昂头顶住仙山。禺疆将十五头大鳌分为三批，每六万年交接一次。这才让五座大山安顿下来不再漂流。但是龙伯之国的巨人，抬脚没几步就能走到五座山，一次垂钓，他们钓走了六只大鳌，并将它们背在肩上赶路，很快回到了他们自己的国家，他们将大鳌的甲骨经过烧灼用来占卜。而没有了大鳌的支撑，岱舆、员峤两座山失去了依托，很快就漂流到北极，沉到大海中去了。因此而变得流离失所不得不迁徙的神仙、圣人不计其数。天帝勃然大怒，逐步削减了龙伯之国的版图，让国家的区域变得狭小，又渐渐缩短了龙伯之国人的身高,让他们也不再那么高大。即便如此,到了伏羲、神农的时代,他们国家的人还有数十丈的身高。"

"从中州以东四十万里得僬侥国①,人长一尺五寸。东北极有人名曰诤人②,长九寸,荆之南有冥灵者③,以五百岁为春,五百岁为秋。上古有大椿者④,以八千岁为春,八千岁为秋。朽壤之上有菌芝者⑤,生于朝,死于晦。春夏之月有蠓蚋者⑥,因雨而生,见阳而死。终北之北有溟海者⑦,天池也。有鱼焉,其广数千里,其长称焉⑧,其名为鲲⑨。"

【注释】①僬侥〔jiāo yáo〕国:古代传说中的矮人国。《史记》云:僬侥氏三尺,短之至也。韦昭曰:僬侥,西南蛮之名也。案《括地志》,在大秦国西北。②诤〔zhèng〕人:古代传说中的小人。③荆:荆州,古代九州之一。冥灵:木名,生长于江南,以叶生为春,叶落为秋。④大椿:传说中的神树,以八千年为春,八千年为秋。⑤朽壤:腐败植物构成的土壤。菌芝:野生的菌类。⑥蠓蚋:小飞虫。⑦终北:传说中的古国名,位于极北处。溟海:传说中极北处的大海,水黑色。⑧称:相称。⑨鲲:传说中的大鱼。

【译文】"从中州往东四十万里,有一个僬侥国,那里人们的身高只有一尺五寸高。东北远方有一种人名为诤人,他们的身高只有九寸。荆州南边有一种冥灵树,以五百年作为一个春天,以五百年作为一个秋天。上古有名为大椿的树木,则以八千年作为一个春天,以八千年作为一个秋天。腐朽的植物堆积而成的土壤上生长有一种菌芝,早晨开始生长,晚上便已枯萎。春夏时节有名为蠓蚋的小飞虫,每到下雨就出生,一见到太阳就死去。终北国的北边有一片黑色的海水，名为天池。那里有一种鱼，其身体宽广达数千里，长度与宽度差不多，名为鲲。"

"有鸟焉，其名为鹏①，翼若垂天之云，其体称焉。世岂知有此物哉？大禹行而见之，伯益知而名之②，夷坚闻而志之③。江浦之间生麽虫④，其名曰焦螟⑤，群飞而集于蚊睫，弗相触也。栖宿去来，蚊弗觉也。离朱、子羽方昼拭眦扬眉而望之⑥，弗见其形；魑俞、师旷方夜擿耳俛首而听之⑦，弗闻其声。唯黄帝与容成子居空峒之上⑧，同斋三月，心死形废；徐以神视，块然见之，若嵩山之阿；徐以气听，硿然闻之，若雷霆之声。"

【注释】①鹏：传说中的大鸟。②伯益：亦称"大费"，古代嬴姓各族的祖先。传说中善于畜牧和狩猎，被舜任命为虞，掌管草木鸟兽，供应鲜食。③夷坚：古代传说中博闻多见的人。④江浦：水滨，江边。麽〔mó〕：细小。⑤焦螟：古代传说中极小的虫子。⑥离朱：中国上古时期神话传说人物，视力非常好，可以在百步之外看见秋毫之末。子羽：传说中的明目者。⑦魑〔zhì〕俞：古代传说中听力极好的人。师旷：字子野，生而无目，博学多才，尤其精通音乐，拥有极强的辩音能力。擿〔zhì〕：搔抓。俛〔fǔ〕："俯"的异体字，低头。⑧容成子：又名容成公，黄帝的老师、重臣，传说中的得道之人。空峒：山名，即崆峒山，位于今甘肃省平凉市。

【译文】"那里有一种名为鹏的鸟，它的翅膀就好像垂挂在天空中的无边的云彩，与之相称的身体也很大。世人哪里知道有这些东西呢？大禹巡行的时候看见了它们，伯益给它们起了名字，夷坚便将它们记录下来。江边附近生长着一种小虫，名为焦螟，它们成群飞舞，然后在蚊子的睫毛上聚集，彼此之间不会互相碰触到。这些虫子在那里栖息停留，蚊子丝毫没有察觉。离朱、子羽在明亮的白天擦亮双眼、睁大眼睛去观察，也看不到它们的任何形状；听力超人的鯱俞、师旷在寂静的深夜里低下头竖起耳朵听，也听不见它们的声音。只有居住在空峒山上的黄帝与容成子，斋戒三月，达到了心如死灰形同朽木的境地，慢慢地凝聚精神来观察，焦螟的形体才渐渐显现出来，在他们眼中，小虫子的身体就仿佛有嵩山的丘陵一般大；然后再慢慢地凝聚元气倾听，才听到它们砰然作响，就仿佛上天的雷电轰鸣。"

"吴楚之国有大木焉，其名为櫾①，碧树而冬生，实丹而味酸；食其皮汁，已愤厥之疾②。齐州珍之，渡淮而北而化为枳焉③。鹳鹆不逾济④，貉逾汶则死矣⑤；地气然也。虽然，形气异也，性钧已，无相易已。生皆全已，分皆足已。吾何以识其巨细？何以识其修短？何以识其同异哉？"

【注释】①櫾〔yòu〕：通"柚"，柚子树。②愤厥：由于体内之气郁结而导致的痉挛昏厥。③淮：淮河。枳〔zhǐ〕：又称枸橘，果肉少而味酸苦。④鹳鹆〔qú yù〕：即八哥。济：济水。鹳：古同"鸲"。⑤貉〔hé〕：兽名，俗称"狗獾"。汶：当为四川省的岷江。

【译文】"吴国和楚国有一种大树，名为柚，满树碧绿，冬夏常青，果实朱红，但是味道却是酸的；如果吃下果实的外皮和汁水，可以治好因为体内气的郁结而引发的痉挛与昏厥。中原一带对这种树很珍视，但是这种树一旦种到了淮河北岸，原本的柚就变成了酸涩难以入口的枳。八哥这种鸟不能飞越济水，狗獾渡过岷江就要死亡；这都是各地水土气候不同所导致的。尽管万物的形体气质存在差异，而习性相对于自己的生长环境而言是平衡均等的，彼此之间不可能互相更换。各种"物"的存在条件都十分完备，先天条件也很充足。我又如何识别它们的大小？怎么分辨它们的长短？怎样辨别它们的同异呢？"

太形、王屋二山①，方七百里，高万仞；本在冀州之南②，河阳之北③。

北山愚公者④，年且九十，面山而居，惩山北之塞⑤，出入之迂也，聚室而谋，曰："吾与汝毕力平险，指通豫南⑥，达于汉阴⑦，可乎？"杂然相许。其妻献疑曰⑧："以君之力，曾不能损魁父之丘⑨，如太形、王屋何？且焉置土石？"

【注释】①太形：即太行山，位于今山西高原与河北平原之间。王屋：山名，位于山西省晋城市阳城县。②冀州：古地名，九州之一，在今河北、山西、河南的黄河以北和辽宁的辽河以西地区。③河阳：古县名，位于今河南省孟县西。山之南、水之北称为阳。④愚公：虚构的人物。⑤惩：原意为"戒"，引申为苦于。⑥指通：直通。豫南：豫州南部，位于今黄河以南的河南一带。⑦汉阴：汉水南岸。山之北、水之南称为阴。⑧献疑：提出疑问。⑨魁父：小山名。

【译文】太行、王屋两座大山，方圆七百里，高达一万仞，原本位于冀州的南面, 河阳的北面。

北山有一个名为愚公的老人, 已经将近九十岁了, 家就对着大山。愚公苦于山北道路堵塞, 每次进出总要绕许多弯路, 便召集了家人一起商量, 说道:"我想要和你们一起竭尽全力削平险阻, 直通一条到豫州南边的大路, 达到汉水之南, 行吗?"大家都表示赞同。他的妻子提出了疑问:"就凭你的力量, 连魁父这样的小山都没法对付, 还想要搬走太行、王屋这样的大山? 况且, 那些挖出来的泥土、石块, 又能运到哪里去呢?"

杂曰:"投诸渤海之尾^①, 隐土之北^②。"遂率子孙荷担者三夫, 叩石垦壤, 箕畚运于渤海之尾。邻人京城氏之孀妻有遗男^③, 始龀^④, 跳往助之。寒暑易节, 始一反焉。

河曲智叟笑而止之^⑤, 曰:"甚矣汝之不惠^⑥! 以残年馀力, 曾不能毁山之一毛; 其如土石何?"北山愚公长息曰:"汝心之固, 固不可彻, 曾不若孀妻弱子。虽我之死, 有子存焉; 子又生孙, 孙又生子; 子又有子, 子又有孙; 子子孙孙, 无穷匮也, 而山不加增, 何苦而不平?"河曲智叟亡以应。

【注释】①渤海之尾:渤海的边上。②隐土:古代传说中的地名。③京城:姓氏。孀妻:寡妇。遗男:遗腹子。④龀〔chèn〕:同"齔", 小孩子换牙。⑤河曲:地名。智叟:虚构的人物, 有智慧的老人。⑥惠:通"慧", 聪明, 明智。

【译文】大家纷纷表态说:"可以把那些土石扔到渤海边上, 扔到隐土的北边去。"就这样，愚公带领着儿孙中可以挑担子的三个人，敲击石头、翻挖泥土，用箕畚装土，运到渤海边上。邻居京城氏家里有一个刚到换牙年纪的遗腹子，也蹦跳着来帮忙。寒来暑往，一年忙到头，才能往返一趟。

河曲有一个叫智叟的老人，人人都认为他有智慧。智叟笑着劝阻愚公说："你也太不明智了！你已经风烛残年，凭你剩下的那点可怜力气，就连山上的一株小草恐怕都动不了；还能拿那些大块的泥土、石块怎么样呢？"愚公长叹一声说："你的思想太顽固了，顽固得都不开窍了，还不如人家寡妇家的孩子。就算我死了，我还有儿子可以继续做下去，儿子还会有孙子，孙子又会有儿子；孙子的儿子又有他的儿子，儿子又会生孙子；如此子子孙孙一直繁衍，是没有穷尽的。但是山却是不会再增高的，土也不会再增多，还愁挖不平吗？"听了这话，智叟无言以对。

操蛇之神闻之①，惧其不已也，告之于帝。帝感其诚，命夸娥氏二子负二山②，一厝朔东③，一厝雍南④。自此，冀之南、汉之阴无陇断焉⑤。

【注释】①操蛇之神：传说之中手拿着蛇的山神。②夸娥氏：古代传说中的大力神。③厝〔cuò〕：放置。朔：朔方，位于今山西省北部、内蒙古一带。④雍：雍州，古九州之一，位于今山西、陕西一带。⑤陇：通"垄"，土丘。断：阻断，阻隔。

【译文】山神听说了这件事，生怕他们没完没了地挖下去，便禀告了天帝。天帝被愚公的精神所感动,便命令夸娥氏的两个儿子背走两座大山,一座安放在朔方的东边,一座放置在雍州的南边。从那之后,冀州南部一直到汉水的南面便再也没有什么可以阻隔交通了。

夸父不量力^①,欲追日影,逐之于隅谷之际^②。渴欲得饮,赴饮河、渭^③。河渭不足,将走北饮大泽^④。未至,道渴而死。弃其杖,尸膏肉所浸^⑤,生邓林^⑥。邓林弥广数千里焉。

【注释】①夸父:古代神话传说中的人物,巨人夸父族的首领。②隅谷:古代神话传说中太阳夜宿的地方,也作"禺谷"。③河:黄河。渭:渭河。④大泽:湖泊名。《山海经·海内西经》:"大泽方百里,群鸟所生及所解,在雁门北。"位于今山西省境内。⑤邓林:桃树林。

【译文】夸父很自不量力,想要追逐太阳的影子,他一直追赶到太阳落山的隅谷。因为口渴想要喝水,夸父就奔向了黄河、渭河。但是黄河、渭河的水不够喝,他想要跑到北面去喝大泽的水。但是还没等跑到大泽,中途他就渴死了。夸父的手杖被扔到了一边,他的尸体腐烂之后,脂膏血肉慢慢浸润着手杖,因此而生长出一片桃林来。这片桃林绵延弥漫,方圆好几千里。

大禹曰:"六合之间,四海之内,照之以日月,经之以星辰^①,纪之以四时^②,要之以太岁^③。神灵所生,其物异形;或夭或寿,唯圣人能通其道。"

夏革曰:"然则亦有不待神灵而生,不待阴阳而形,不待日月而明，不待杀戮而夭，不待将迎而寿④，不待五谷而食⑤，不待缯纩而衣⑥，不待舟车而行。其道自然，非圣人之所通也。"

【注释】①经：经纬，引申为布满。②纪：纪律，顺序。③要：约，规定。太岁：星宿名，俗称"岁星"，即木星。太岁每十二年绕太阳一周，古代将这一周分为十二等分，一等分为一年。④迎：迎接，这里引申为接养。⑤五谷：稻、黍、稷、麦、菽。⑥缯纩〔zēng kuàng〕：泛指丝绸。缯，古代对丝织品的总称。纩，丝绵。

【译文】大禹说："四方上下，四海之内，日月照耀，星辰漫天满布，四季秩序更替，又以太岁星的循环来规定纪年。神灵孕育生成万物，形态性质各不相同；有的转瞬即逝，有的持久长寿，只有圣人才能通晓其中的道理。"

夏革说："但是也有不依靠神灵的孕育而产生的，不需要阴阳交合而形成的，不依赖日月照耀而发光的，不因为杀戮而夭亡的，不特意调养就长寿的，不食用五谷就饱腹的，不穿着丝绵就温暖的，不驾驶车船就行走的。这一切都是自然而然的，并不是圣人所能够通晓的。"

禹之治水土也，迷而失涂①，谬之一国。滨北海之北②，不知距齐州几千万里，其国名曰终北③，不知际畔之所齐限④。无风雨霜露，不生鸟兽、虫鱼、草木之类。四方悉平，周以乔陟⑤。当国之中有山，山名壶领，状若甔甀⑥。顶有口，状若员环⑦，名曰滋穴。

【注释】①涂：同"途"，路途②滨：临近③终北：国名，也作"穷发"。《列子解》："终北者，言其极幽极微，玄默之地。"④际畔：边界。齐限：界限。⑤乔：高大。陟〔zhì〕：山势层叠。⑥甗〔dān〕：坛子一类的陶器。甀〔zhuì〕：小口瓮，可以盛装水浆。⑦员：同"圆"，圆环。

【译文】大禹治理水土，迷失了道路，错走进了一个国家。那个国家临近北海的北边，距离中国不知道有几千万里远，名叫终北国，也不知道它辽阔的边疆到哪儿才算是边界。这里终年都没有风霜雨露，也没有鸟兽、虫鱼、草木之类的动植物。那里的四境全是平原，周围还环绕着崇山峻岭。国土中央有一座山，名叫壶领，模样就像小口的陶罐。山顶上有一个洞口，形状则像一个圆环，名为滋穴。

有水涌出，名曰神瀵①，臭过兰椒②，味过醪醴③。一源分为四埒④，注于山下。经营一国⑤，亡不悉遍。土气和，亡札厉⑥。人性婉而从物，不竞不争；柔心而弱骨，不骄不忌；长幼侪居⑦，不君不臣；男女杂游，不媒不聘；缘水而居，不耕不稼；土气温适，不织不衣；百年而死，不夭不病。其民孳阜亡数⑧，有喜乐，亡衰老哀苦。其俗好声，相携而迭谣，终日不辍音。饥惓则饮神瀵⑨，力志和平。过则醉，经旬乃醒。沐浴神瀵，肤色脂泽，香气经旬乃歇。

【注释】①神瀵〔fèn〕：神水。②臭〔xiù〕：气味。③醪醴〔láo lǐ〕：原指药酒，这里指醇厚的美酒。④埒〔liè〕：山上水道。⑤经营：经过，往来环绕。⑥札厉: 瘟疫。⑦侪〔chái〕: 同辈。⑧孳: 繁殖。阜: 通"富",丰富,繁盛。⑨惓: 通"倦",疲倦。

【译文】滋穴里的水不断涌出,这股水名为神瀵,它拥有超过兰草、花椒味道的香气,也拥有比甘泉美酒还醇厚的美味。一股源头分为四道水流,顺流至山下,并在全国各地蜿蜒曲折,遍及到那里的各个角落。终北国拥有肥沃的土地,温和适宜的气候,也没有瘟疫等疾病危害。人们性格委婉和顺,随遇而安,不与人争,也不随意夺取;拥有柔美的内心,温和的气质,不骄躁,也不互相猜忌;老少同居,没有君臣之分;男女混杂游乐,也不用媒妁牵线搭桥,不需要聘礼嫁妆。大家沿着流水居住,不耕种土地,不收获庄稼;土质气候温润适宜,不用织布也不必穿衣服;人们活到长寿百年才死去,没有中途夭亡,也没有疾病痛苦。这里的人们繁衍无数,人丁兴旺,只有喜悦与欢乐,没有衰老与哀苦。这里的风俗爱好声乐,大家结伴而行轮番歌唱,一整天歌声都不会停歇。肚子饿了,感觉疲倦了,就喝一些神瀵的泉水,气力心神都能很快恢复如初。但是如果喝多了泉水也会醉倒,要睡十多天才会醒。如果用神瀵的水来洗澡,身上的皮肤会变得润滑而有光泽,浑身的香气也要过十多天才能消散。

周穆王北游过其国,三年忘归。既反周室,慕其国,惝然自失①。不进酒肉,不召嫔御者,数月乃复。

管仲勉齐桓公因游辽口②,俱之其国,几克举。隰朋谏曰③:"君舍齐国之广,人民之众,山川之观,殖物之阜④,礼义之盛,章服之美⑤,妖靡盈庭⑥,忠良满朝。肆咤则徒卒百万⑦，视㧑则诸侯从命⑧，亦奚羡于彼而弃齐国之社稷，从戎夷之国乎？此仲父之耄⑨，奈何从之？"桓公乃止，以隰朋之言告管仲。仲曰："此固非朋之所及也。臣恐彼国之不可知之也。齐国之富奚恋？隰朋之言奚顾？"

【注释】①惝〔chǎng〕然：失意的样子。惝：惝的异体字。②管仲：名夷吾，字仲，春秋时辅佐齐桓公称霸诸侯。齐桓公（？—前643）：姓吕，名小白，公元前685—前643年在位。辽口：地名，疑在今辽宁省境内，亦或为虚拟地名。③隰〔xí〕朋：齐国大夫，与管仲同为齐桓公的辅臣。④殖物：物产。殖，生殖，生产。⑤章服：古代以日、月、星辰、龙、蟒、鸟、兽等作为标志的礼服。⑥妖靡：妖艳美丽的女子。⑦肆咤：叱咤。⑧视㧑〔huī〕：指挥。视，通"指"。㧑，指挥。⑨耄：年老，心智昏乱。

【译文】周穆王去北方游历的时候曾经经过终北国，并在那里住了三年，流连忘返。即便回到自己的国家，也依然对那里思慕不已，以至于怅然若失，精神恍惚。连酒都不喝了，肉也不吃了，嫔妃侍女一概不见，过了好几个月才恢复正常。

齐桓公巡游辽口，管仲也劝他趁着这个机会去一次终北国，几乎就要成行了。但隰朋劝谏说："您舍弃的可是广袤的齐国，众多的百姓，秀丽的山川，丰富的物产，盛隆的礼义，华美的服饰，还有满后宫的妖艳美女，满朝廷的忠臣良将。您一声召唤，就可以召集百万雄师，一声令下，就能号令诸侯，为什么要美慕那里而抛弃齐国的江山社稷，跑到那么远的戎夷之国去呢？仲父现在老糊涂了，怎么可以听他的呢？"齐桓公因此而打消了这个念头，并将隰朋的话转告给了管仲。管仲说："这本来就不是隰朋所能理解的，我恐怕不能了解那个国家了。齐国的富饶又有什么值得留恋的？隰朋的话又有什么可顾忌的呢？"

南国之人祝发而裸①，北国之人鞨巾而裘②，中国之人冠冕而裳。九土所资③，或农或商，或田或渔；如冬裘夏葛④，水舟陆车，默而得之，性而成之。

越之东有辄沐之国⑤，其长子生，则鲜而食之⑥，谓之宜弟⑦。其大父死⑧，负其大母而弃之⑨，曰：鬼妻不可以同居处。

【注释】①祝发：剃去头发。②鞨〔mò〕巾：鞨，作动词用，裹的意思。鞨巾就是古代男子束发用的头巾。③九土：九州土地，泛指全国。④葛：葛衣，蚕丝织物。⑤越：越国。辄沐之国：古代传说中的国家，在今海南岛。⑥鲜：这里作"解剥"讲。⑦宜弟：多生儿子。⑧大父：祖父。⑨大母：祖母。

【译文】南方的人剃去头发赤裸身体，北方的人裹着头巾身穿皮裘，中原的人头戴帽子身穿衣裙。九州大地拥有各种资源，人们或是务农，或是经商，或是耕田，或是捕鱼；这就好比冬天穿皮裘，夏天穿丝衣，在水里就要坐船，在陆地就要行车一样，是在生活中潜移默化而得到的，也是遵从本性自然而然形成的。

越国东面有一个辄沐之国，那里的人生下头一胎子女，就将其开膛破肚吃掉，据说这样可以多生儿子。如果他们的祖父死了，他们会背上祖母将其抛弃在荒郊野外，说是：不能与鬼的妻子一同生活。

楚之南有炎人之国①，其亲戚死②，朽其肉而弃之③，然后埋其骨，乃成为孝子。

秦之西有仪渠之国者④，其亲戚死，聚柴积而焚之⑤。燻则烟上，谓之登遐⑥，然后成为孝子。

此上以为政，下以为俗，而未足为异也。

【注释】①炎人之国：炎人作"啖人"，古代传说中的国家，在今越南一带。②亲戚：这里专指父母。③朽〔guǎ〕：剔除肉。一说，发"朽"音，腐烂。④仪渠之国：古代传说中的国家，在今甘肃一带。⑤柴〔chái〕：同"柴"。⑥登遐：也作"登霞"，升天成仙。一说，因为火葬时烟雾缭绕，就好像登上云霞一般，故名。

【译文】楚国的南面有一个炎人之国，那里的人若是父母去世了，就会将尸体上的血肉剔除掉，然后将尸骨埋葬起来，这样才是孝顺的表现。

秦国的西面有一个仪渠之国，那里的人若是父母去世了，就会堆起柴草，焚烧尸体。烈焰与浓烟升腾直上，就认为是死者登天成仙了，这样才称得上是孝子。

这些做法在当地官府中已成为政事，在当地百姓中则已形成风俗，所以并不足以感到奇怪。

孔子东游，见两小儿辩斗。问其故。

一儿曰："我以日始出时去人近①，而日中时远也。"

一儿以日初出远,而日中时近也。

一儿曰:"日初出大如车盖②,及日中,则如盘盂:此不为远者小而近者大乎?"

一儿曰:"日初出沧沧凉凉,及其日中如探汤:此不为近者热而远者凉乎?"

孔子不能决也。

两小儿笑曰:"孰为汝多知乎③?"

【注释】①去:距离。②车盖:古代车子上的圆形伞盖,用来遮阳避雨。③为:通"谓",说。

【译文】孔子在东方游历,看见两个小孩在争论不休,便上前询问缘故。

其中一个小孩说:"我认为日出的时候离人近,到了中午的时候离人远。"

另一个小孩则认为,日出的时候离人远,中午的时候离人近。

前一个小孩说:"太阳刚升起来的时候就好像一个大车盖,到了中午的时候,就和盘子差不多大小了:这不正是因为离得远所以显得小,离得近就显得大吗?"

另一个小孩则说:"太阳刚升起来的时候,天气是凉飕飕的,到了中午就热得好像手伸到热锅里去一样:这难道不是离得近就热,离得远就凉的道理吗?"

孔子没法判断谁对谁错。

两个小孩笑着说:"谁说你见多识广、知识渊博呢?"

均，天下之至理也，连于形物亦然①。均发均县②，轻重而发绝，发不均也。均也，其绝也莫绝。人以为不然，自有知其然者也。

詹何以独茧丝为纶③，芒针为钩，荆筱为竿④，剖粒为饵，引盈车之鱼于百仞之渊、汩流之中⑤；纶不绝，钩不伸，竿不挠。楚王闻而异之，召问其故。

詹何曰："臣闻先大夫之言，蒲且子之弋也⑥，弱弓纤缴⑦，乘风振之，连双鸧于青云之际⑧。用心专，动手均也。臣因其事，放而学钓⑨。五年始尽其道。当臣之临河持竿，心无杂虑，唯鱼之念；投纶沉钩，手无轻重，物莫能乱。鱼见臣之钩饵，犹沉埃聚沫，吞之不疑。所以能以弱制强，以轻致重也。大王治国诚能若此，则天下可运于一握，将亦奚事哉？"

楚王曰："善。"

【注释】①连于：属于。②县：悬挂。③詹何：战国时期楚国人，哲学家，继承了杨朱的"为我"思想，思想接近于道家。纶：丝线，垂钓的丝线。④筱：小竹。⑤汩〔gǔ〕流：激流。⑥蒲且子：战国时期善于射箭的人。弋〔yì〕：将细绳系在箭上射。⑦缴〔zhuó〕：系在绳子上的生丝绳，射鸟用。⑧鸧〔cāng〕：黄鹂。⑨放：效仿。

【译文】均衡，是天底下最公正高深的道理，对于有形的具体事物也是如此。比如头发所承受的拉力均衡，那么悬挂的重物就不会跌落，如果拉力轻重不均衡，发丝就会断绝，这就是头发受力不均的缘故。如果受力均衡，原来断绝的也就不会断绝了。有的人并不这么认为，但自然有懂得这个道理的人。

詹何将单根丝线作为钓丝，用细如麦芒的针做钓钩，再用细小的荆竹做钓竿，剖开饭粒当成诱饵，从百仞深渊和滔滔激流之中，钓起可以装满一整车的鱼；而且钓线不断，钓钩不弯，钓竿不折。楚王听说了这件事，感到十分惊异，便召见詹何，询问其中的缘故。

詹何说：“我曾经听先父说过，蒲且子射鸟的时候，用最柔弱的弓箭，系上纤细的丝绳，顺着风拉弓发射，一箭就射中了两只在高空中飞翔的黄鹂。这正是因为他用心专一、用力均衡。我从中受到启发，效仿他射鸟的技巧来学习钓鱼。经过五年辛苦练习，才完全掌握其中的规律和道理。当我在河边拿起钓竿时，我的内心没有任何杂念，只是一心想着钓鱼的事；我投出掉线，坠下钓钩，手中用力轻重均衡，不受外界任何事物的干扰。水中的鱼看见我的钓饵，犹如看见落下的尘埃、聚集的泡沫，就会毫不犹豫地吞下去。所以我才能以柔克刚，用轻物招来重物。如果大王能以这样的道理来治理国家，那么整个天下也就可以掌控自如，还用得着再做其他事情吗？”

楚王说：“好。”

鲁公扈、赵齐婴二人有疾[①]，同请扁鹊求治[②]，扁鹊治之。既同愈。

谓公扈、齐婴曰：“汝曩之所疾，自外而干府藏者[③]，固药石之所已。今有偕生之疾，与体偕长；今为汝攻之，何如？”

二人曰：“愿先闻其验[④]。”

扁鹊谓公扈曰："汝志强而气弱，故足于谋而寡于断。齐婴志弱而气强，故少于虑而伤于专。若换汝之心，则均于善矣。"

扁鹊遂饮二人毒酒⑤，迷死三日，剖胸探心，易而置之；投以神药，既悟如初。二人辞归。

于是公扈反齐婴之室，而有其妻子；妻子弗识。齐婴亦反公扈之室，有其妻子；妻子亦弗识。二室因相与讼，求辨于扁鹊。扁鹊辨其所由，讼乃已。

【注释】①鲁公扈、赵齐婴：鲁国人公扈，赵国人齐婴。②扁鹊：姬姓，秦氏，名缓，字越人，春秋战国时期名医。③干：侵扰。府藏：腑脏。④验：征兆、症状。⑤毒酒：具有麻醉作用的药酒。

【译文】鲁国的公扈、赵国的齐婴两个人患病，一起去找名医扁鹊医治，扁鹊为他们治疗一番，不久病就好了。

扁鹊告诉两人："你们以往的疾病，是由于外界风邪侵扰腑脏导致的，本来用药物针石可以治愈。但是现在你们还有与生俱来的疾病，随着身体的生长而有所发展；现在我来帮你们根治，如何？"

公扈、齐婴两个人都说："我们想先听听这病的症状。"

扁鹊对公扈说："你心志坚强但是气质柔弱，所以善于谋略，但是缺乏决断。齐婴心志柔软但是气质刚强，所以欠缺谋略且过于专断。如果将你们两个人的心脏交换一下，大家就都能得到平衡，就都好了。"

于是，扁鹊让两人服下麻醉用的药酒，两人昏迷了三天，扁鹊剖开他们的胸腔，找到各自的心脏，然后交换安放；再对两人用上特效神药，两人很快便清醒如初了。他们向扁鹊告辞，回家去了。

公扈回到了齐婴家里，占有了齐婴的妻子孩子；齐婴的妻子和孩子都不认识他。齐婴回到了公扈家里，要占有了公扈的妻子孩子；公扈的老婆和孩子也不认识他。两家因此闹上了公堂，想要让扁鹊为他们辨明原委。扁鹊将整件事情的缘由讲述清楚，才平息了两家的争吵。

匏巴鼓琴而鸟舞鱼跃①，郑师文闻之②，弃家从师襄游③。柱指钧弦④，三年不成章。师襄曰："子可以归矣。"

师文舍其琴，叹曰："文非弦之不能钧，非章之不能成。文所存者不在弦，所志者不在声。内不得于心，外不应于器，故不敢发手而动弦。且小假之⑤，以观其后。"

无几何，复见师襄。

师襄曰："子之琴何如？"

师文曰："得之矣。请尝试之。"

【注释】①匏〔páo〕巴：古代传说中擅长鼓琴的人。②师文：春秋时期郑国乐师。③师襄：春秋时期鲁国乐官。④柱指：在琴的柱弦上用手指确定音位。钧弦：调谐琴弦。钧，通"均"，均衡，调谐。⑤小：通"少"，稍微。假：借，引申为凭借、借助。

【译文】相传匏巴弹琴，可以让飞鸟闻之起舞，让游鱼闻之欢腾跳跃。郑国的师文听说了这件事，便抛家弃业，跟着鲁国的乐官师襄游学。他定准音位，调整琴弦，学了三年还不能弹奏一首完整的乐曲。师襄说："你可以回家了。"

师文放下琴，叹气说："我不是不能调和琴弦，也不是不能奏出一整章乐曲。我的思虑不在琴弦上，我的志趣也不在于单纯地发出声音。现在我对内还不能很好地控制心境，对外也无法与乐器做到契合的适应，所以不敢贸然拨动琴弦。姑且稍微再给我一些时间，再看看我今后的表现吧。"

没过多久，师文又来拜见师襄。

师襄问他："你的琴弹得如何了？"

师文说："已经得心应手了，请让我为您试着弹奏一下吧。"

于是当春而叩商弦以召南吕[①]，凉风忽至，草木成实。及秋而叩角弦以激夹钟[②]，温风徐回，草木发荣。当夏而叩羽弦以召黄钟[③]，霜雪交下，川池暴冱[④]。及冬而叩徵弦以激蕤宾[⑤]，阳光炽烈，坚冰立散。将终，命宫而总四弦[⑥]，则景风翔[⑦]，庆云浮[⑧]，甘露降，澧泉涌[⑨]。

【注释】①商：中国传统音阶以宫、商、角、徵、羽为五个音阶。商音为五音中的秋音，属金，声音凄厉，传递出初秋清凉肃杀的感受。召：呼应，配合。南吕：古代乐律名，古代乐律用三分损一法将一个八度分为十二个不完全相同的半音的一种律制，阴阳各六，按照从低到高依次为：黄钟、大吕、太簇、夹钟、姑洗、中吕、蕤宾、林钟、夷则、南吕、无射、应钟。南吕是第十律，八月律，所以为秋声，与商弦呼应。②角：古代五音之一，春音，属木。夹钟：古代十二律之一，第四律，二月律。③羽：古代五音之一，冬音，属水。黄钟：古代十二律之一,首律,十一月律。④冱〔hù〕:冰冻。⑤徵〔zhǐ〕:古代五音之一,夏音,属火。蕤〔ruí〕宾:古代十二律之一,第七律,五月律。⑥宫:古代五音之一,五音之主,统帅众音。⑦景风:祥和之风。⑧庆云:彩云,古人认为彩云有祥瑞之气。⑨澧泉:即醴泉,甜美的泉水。

【译文】于是,正当春天的时候,师文叩动属于秋音的商弦,来呼应八月的南吕乐律,秋日的凉风飒飒吹来,花草树木都结出了丰硕的果实。到了秋天,他又叩动属于春音的角弦来激发二月的夹钟乐律,柔和的春风徐徐吹来,已经枯黄的草木又开始萌芽开花。等到盛夏,师文又叩动属于冬音的羽弦,来呼应十一月的黄钟乐律,顿时霜雪交加,河流与池塘也迅速冻结;待到寒冬,他又叩动属于夏音的徵弦,激发五月的蕤宾乐律,炽烈的阳光瞬间照耀大地,河中的坚冰也迅速消融。当乐曲进入尾声时,师文又换用宫调,合奏商、角、徵、羽四弦,祥和之风瞬间扑面而来,吉祥的彩云也浮现在空中,清新的甘露从天而降,甜美的泉水也源源不断地涌出。

师襄乃抚心高蹈曰:"微矣子之弹也!虽师旷之清角①,邹衍之吹律②,亡以加之。彼将挟琴执管而从子之后耳。"

【注释】①清角:用角音独奏的乐曲。②邹衍:齐国人,战国末期阴阳家。吹律:用管乐吹奏乐曲。

【译文】师襄听了,高兴地拍着胸口雀跃不已,说道:"你的琴声真是高明神妙啊!纵使是师旷演奏的清角乐曲,邹衍吹奏的管乐乐曲,也没法超越你。他们恐怕还要拿着弦琴、箫管跟在你后面讨教呢!"

薛谭学讴于秦青①，未穷青之技，自谓尽之，遂辞归。秦青弗止，饯于郊衢②。抚节悲歌③，声振林木，响遏行云④。薛谭乃谢求反，终身不敢言归。

秦青顾谓其友曰："昔韩娥东之齐⑤，匮粮，过雍门⑥，鬻歌假食⑦。既去而余音绕梁欐⑧，三日不绝，左右以其人弗去。"

【注释】①薛谭：战国时秦国人，善歌，嗓音甜美嘹亮。秦青：战国时秦国人，善歌，以教歌为业。②饯：饯行，送别。郊衢：城郊的大路。③抚：拍击。节：古代竹制乐器，上合下开，形状类似于箕，可以拍打成声，用作歌唱伴奏。④遏〔è〕：阻止。⑤韩娥：春秋早期韩国一个善于歌唱的女子。⑥雍门：春秋时期齐国的城门。⑦鬻歌：卖唱。假：借，这里的意思为交换。⑧欐〔lì〕：房屋的栋梁。

【译文】薛谭跟着秦青学习唱歌，还没有完全学会秦青的技艺，就自认为已经彻底掌握唱歌的技巧了，于是便向秦青请辞要离开。秦青并没有挽留，而是将他送到了郊外大路上，为他设宴饯行。酒席之间，秦青拍打着竹制乐器唱起了歌，那歌声慷慨激越，响声在林木之间震荡不已，甚至连天上的流云都被阻止了行程。薛谭听了，连忙道歉并谢罪，请求秦青能收留自己继续学习，并且从那之后终身都不敢再提学成回家的话了。

秦青回头对他的朋友说："从前韩娥向东去齐国，半路上粮食吃光了，在经过齐国城门雍门时，就通过卖唱来换取粮食。即便她已经离开了，卖唱的地方还残留着她歌声的袅袅余音，在屋梁上缠绕三日都不曾停歇，以至于附近的人以为她还没有走。"

"过逆旅，逆旅人辱之。韩娥因曼声而哭^①，一里老幼悲愁，垂涕相对，三日不食。遽而追之^②。娥还，复为曼声长歌，一里老幼喜跃抃舞^③，弗能自禁，忘向之悲也。乃厚赂发之^④。故雍门之人至今善歌哭，放娥之遗声。"

【注释】①曼声：长声。②遽：急速，仓促。③抃〔biàn〕舞：抃，两手拍击。因欢心而鼓掌舞蹈。④厚赂：赠送丰厚的财物。

【译文】"过旅店的时候，旅店里的人欺负韩娥，韩娥因此长声哀哭，结果全乡的老少都感到万分悲伤，彼此间泪眼相对，三天都吃不下饭。他们赶紧去追上韩娥，韩娥回来之后，又为他们放声长歌，全乡的老少都欢欣雀跃不已，手舞足蹈，无法自禁，一下子都忘却了往日的悲愁。于是大家赠给了韩娥丰厚的财物作为感谢。所以直到今天，雍门的人还很擅长唱歌与悲哭，就是效仿了当初韩娥留下来的歌声啊！"

伯牙善鼓琴^①，钟子期善听^②。伯牙鼓琴，志在登高山。钟子期曰："善哉！峨峨兮若泰山^③！"志在流水。钟子期曰："善哉！洋洋兮若江河^④！"伯牙所念，钟子期必得之。

伯牙游于泰山之阴，卒逢暴雨^⑤，止于岩下；心悲，乃援琴而鼓之。初为霖雨之操^⑥，更造崩山之音。曲每奏，钟子期辄穷其趣。伯牙乃舍琴而叹曰："善哉，善哉，子之听夫！志想象犹吾心也。吾于何逃声哉?"

【注释】①伯牙:春秋战国时期楚国人,任职于晋国,精通琴艺。②钟子期:古代传说中的善于知音的人。③峨峨:山体高大陡峭。④洋洋:形容浩大的样子。⑤卒:通"猝",突然。⑥霖雨:连绵大雨。操:琴曲的一种,曲调凄婉,一般为表达内心忧虑,处世困穷而作。

【译文】伯牙善于弹琴,钟子期善于聆听。伯牙弹琴,内心向往陡峭高山,钟子期听了就会说:"好啊!巍峨高大就好像泰山耸立!"伯牙内心若是向往滚滚流水,钟子期听了就说:"好啊!浩浩荡荡就如同江河奔流!"伯牙弹琴时所想的一切内容,钟子期都能从琴声中听出来。

有一次,伯牙在泰山北麓游玩,突然遇上暴雨,不得不在岩石下面躲避;他心里一时间起了悲伤的念头,便取出琴弹奏起来。最开始他弹的曲子就好像连绵大雨,接着又弹奏出了表现高山崩塌的壮烈之意。每当奏出一支乐曲,钟子期都能立刻领会其中的旨趣。伯牙放下琴感叹道:"好啊,好啊,您的这种欣赏力!您心里想的和我想的是一样的,我又该如何在琴声里隐藏自己的心声呢?"

周穆王西巡狩,越昆仑,不至弇山①。反还,未及中国,道有献工人名偃师②,穆王荐之③,问曰:"若有何能?"

偃师曰:"臣唯命所试。然臣已有所造,愿王先观之。"

穆王曰:"日以俱来④,吾与若俱观之。"

越日偃师谒见王。王荐之,曰:"若与偕来者何人耶?"

对曰："臣之所造能倡者⑤。"

穆王惊视之，趣步俯仰，信人也⑥。巧夫鍧其颐⑦，则歌合律；捧其手，则舞应节。千变万化，惟意所适。王以为实人也，与盛姬内御并观之⑧。技将终，倡者瞬其目而招王之左右侍妾⑨。王大怒，立欲诛偃师。

【注释】①不至弇〔yǎn〕山："不"字疑为衍文，当删。弇山，即崦嵫山，古代常用来指日落之地。位于今甘肃省天水市。②献工：献上技艺。偃师：古代传说中的能工巧匠，善于制造能歌善舞的人偶。③荐：接见。④日：改日。⑤倡：倡优，古代表演歌舞杂戏的艺人，这里当作动词用。⑥信人：真人。⑦鍧〔qīn〕：向下按。⑧盛姬：周穆王的宠姬。⑨瞬其目：眨眼睛。这里是指眉目传情。招：勾引。

【译文】周穆王西行视察，越过昆仑山，来到日落之处的弇山。返回的时候，还没有到达中国，就在半路上遇见了一名想要向他献艺的工匠，名叫偃师。穆王接见了偃师，询问道："你有什么本领？"

偃师回答："只要是大王您的命令，我都愿意尝试。不过我已经造好了一件东西，想要请大王先观赏一下。"

穆王说："改天把它带来，我和你一起观赏。"

第二天，偃师拜见穆王。穆王接见了他，并问他："和你一起来的那个人是谁？"

偃师说："那就是我制作的能歌善舞的艺人。"

穆王惊讶地看着这个艺人，不管是快跑、慢走还是低头、抬头，它的动作完全就是真人的模样。更巧妙的是，向下按动它的脸，它就会唱出合乎音律的歌；抬起它的手，它就能跟着节拍跳舞，千变万化已经达到了随心所欲的地步。穆王以为它就是一个真人，便招呼宠爱的盛姬和其他宫人一起观赏。这个艺人即将表演结束时，忽然对着穆王身边的侍妾眨动眼睛眉目传情，这个举动惹怒了周穆王，穆王当时就想要杀掉偃师。

偃师大慑，立剖散倡者以示王，皆傅会革、木、胶、漆、白、黑、丹、青之所为①。王谛料之②，内则肝、胆、心、肺、脾、肾、肠、胃，外则筋骨、支节、皮毛、齿发，皆假物也，而无不毕具者。合会复如初见。王试废其心，则口不能言；废其肝，则目不能视；废其肾，则足不能步。

穆王始悦而叹曰："人之巧乃可与造化者同功乎？"诏贰车载之以归③。

夫班输之云梯④，墨翟之飞鸢⑤，自谓能之极也。弟子东门贾、禽滑釐闻偃师之巧以告二子⑥，二子终身不敢语艺，而时执规矩。

【注释】①傅会：附会，凑合。②谛料：仔细检查。③贰车：副车，随从的车辆。④班输：即鲁班，春秋时期鲁国的能工巧匠。曾制造攻城的云梯。云梯：古代攻城时用来攀登城墙的长梯子。⑤墨翟：即墨子，春秋战国时期思想家，墨家学派创始人。飞鸢：老鹰，这里指墨子用木头制作的飞鹰。⑥东门贾〔gǔ〕：鲁班的弟子。禽滑〔gǔ〕釐〔lí〕：墨翟的弟子。最初受业于子夏，后跟着墨翟学习，尽传墨子气血，尤其精心钻研攻防城池的战术。

【译文】偃师大为恐惧，连忙拆散了艺人给穆王看，原来这个

"人"里面都是用皮革、木块、胶水、油漆和白垩、黑炭、丹砂、靛青等颜料汇合而成的。穆王又仔细进行审查，发现这个艺人体内有肝、胆、心、肺、脾、肾、肠、胃，体外也有筋骨、肢节、皮毛、牙齿和头发，虽然都是用其他东西做成的，但也一应俱全。将这些东西重新组装好之后，又是之前穆王见到的那个艺人了。穆王试着拿走它的心脏，它的嘴就不能说话了；试着拿走它的肝，它的眼睛就看不见了；试着拿走它的肾，它的脚又不会走路了。

穆王这时才高兴了，赞叹到："人的技巧竟然可以精致到与自然造化有同等功效的地步吗？"随后他下令，用副车载着这个艺人带回国去。

班输因为制造了云梯，墨翟因为制造了飞鸢，所以两人都认为制造方面的技能技巧已经登峰造极。但是班输的弟子东门贾、墨翟的弟子禽滑釐都听说了偃师制造精巧艺人的事情，便将这件事分别转告给了自己的老师。班输与墨翟二人自此终身不敢再谈论技艺，只是专心老实地守着自己做工用的规与矩。

甘蝇^①，古之善射者，彀弓而兽伏鸟下^②。弟子名飞卫^③，学射于甘蝇，而巧过其师。纪昌者^④，又学射于飞卫。

飞卫曰："尔先学不瞬，而后可言射矣。"

纪昌归，偃卧其妻之机下^⑤，以目承牵挺^⑥。二年之后，虽锥末倒眦^⑦，而不瞬也。以告飞卫。

飞卫曰："未也，必学视而后可。视小如大，视微如著，而后告我。"

【注释】①甘蝇：古代传说中擅长射箭的人。②彀〔gòu〕弓：拉满弓弦。③飞卫：古代传说中擅长射箭的人。④纪昌：古代传说中擅长射箭的人。⑤偃卧：仰卧。机：指织布机。⑥承：跟随。牵挺：织布机上的踏脚板。⑦倒：通"到"。

【译文】甘蝇是古代传说中擅长射箭的人，他只要拉满弓弦，野兽就会伏地而倒，飞鸟也会应声而落。他收了一名弟子名为飞卫，飞卫跟着甘蝇学习射箭，最后飞卫的技艺超过了老师。一个名叫纪昌的人，又跟着飞卫学习射箭。

飞卫说："你先学会不眨眼，然后再来跟我讨论射箭的事。"

纪昌回家之后，便在妻子的织布机下面仰卧，眼睛注视着一上一下的踏板。两年之后，就算是锥子尖刺到眼眶边，纪昌的眼睛也不会眨一下。于是，他又去禀告飞卫。

飞卫说："还是不行，一定要练好眼力才能学习射箭，等你看小东西就好像看大东西一样，看细微的东西就像看明显的东西一样时，再来告诉我。"

昌以氂悬虱于牖^①，南面而望之。旬日之间，浸大也^②；三年之后，如车轮焉。以睹馀物，皆丘山也。乃以燕角之弧^③，朔蓬之簳射之^④，贯虱之心，而悬不绝。以告飞卫。

飞卫高蹈拊膺曰^⑤："汝得之矣！"

纪昌既尽卫之术，计天下之敌己者，一人而已；乃谋杀飞卫。相遇于野，二人交射；中路矢锋相触，而坠于地，而尘不

扬。飞卫之矢先穷。纪昌遗一矢；既发，飞卫以棘刺之端扞
之⑥，而无差焉。于是二子泣而投弓，相拜于涂，请为父子。尅
臂以誓⑦，不得告术于人。

【注释】①氂〔máo〕：牛毛。②寖〔jìn〕：渐渐地。③燕角之弧：用
燕国的牛角做成的弓。④朔蓬之簳〔gǎn〕：用楚国的蓬草茎秆做成的箭。
⑤高蹈：高兴地跳起来。拊膺：拊，拍击。拍击着胸膛。⑥扞〔hàn〕：捍
卫，防卫。⑦尅〔kè〕：通"刻"。

【译文】纪昌就用牛毛拴上一只虱子，挂在窗口，面向南注视它。
十来天之后，在纪昌的眼中，虱子越来越大；三年之后，在纪昌看来
那虱子就大得如车轮一样了。再去看其他的东西，都像山丘那么大
了。于是纪昌操起燕国牛角做成的弓，搭上楚国蓬草茎秆做成的箭，
向虱子射过去，一箭射穿了虱子的心，而悬吊虱子的牛毛却没有被射
断。于是，他又跑去告诉了飞卫。

飞卫听了，高兴地跳起来，拍着胸脯说："你掌握了剟箭的奥秘
了。"

既然学到了飞卫的射箭之术，纪昌便觉得这天下能和自己射箭
技能相媲美的，不过只有飞卫一个人了。于是他便图谋杀死飞卫。有
一次，两人在郊外相遇，便张弓对射；箭飞到半路，两支箭的箭锋便
相互碰撞，掉在了地上，一点尘土都没有扬起来。飞卫的箭先射完
了，纪昌还剩下最后一支箭；纪昌射出这一支箭，飞卫竟然用荆棘刺
的尖端来抵御，竟然毫无差错失误。

于是，两人都激动得热泪盈眶，纷纷丢掉了手中的弓箭，在路上

就对拜起来，请求结成父子。他们在手臂上刻下标记，发誓绝对不将射箭的技巧告诉别人。

造父之师曰泰豆氏①。造父之始从习御也，执礼甚卑，泰豆三年不告。造父执礼愈谨，乃告之曰："古诗言：'良弓之子，必先为箕②；良冶之子③，必先为裘。'汝先观吾趣咮。趣如吾，然后六辔可持④，六马可御⑤。"

造父曰："唯命所从。"

泰豆乃立木为涂，仅可容足；计步而置，履之而行。趣走往还，无跌失也。

造父学之，三日尽其巧。

泰豆叹曰："子何其敏也？得之捷乎！凡所御者，亦如此也。曩汝之行，得之于足，应之于心。推之于御也，齐辑乎辔衔之际⑥，而急缓乎唇吻之和，正度乎胸臆之中，而执节乎掌握之间。内得于中心，而外合于马志，是故能进退履绳而旋曲中规矩⑦，取道致远而气力有馀，诚得其术也。"

【注释】①造父、泰豆氏：皆为古代传说中擅长于御马的人。②箕：竹器，编簸箕。③良冶：善于铸造金属器具的人。④六辔〔pèi〕：辔，缰绳。古代一般一车四马，共有八辔，但外侧两骖马的内辔是拴在车身上的，所以驾车人手中持有六根辔。⑤六马：古代天子的大驾，以六马驭车。⑥齐：协调。辑：车舆，这里引申为驾车的马匹。⑦履绳：指循着准绳。绳，直，正。

【译文】造父的老师名为泰豆氏，造父最开始跟着他学习驾御之术时，便表现出极为谦恭的礼数，但泰豆氏三年都没有向他传授一点技术。造父越发恭谨地对待泰豆氏，这时泰豆氏才告诉他："古诗说：'制作弓箭的能手的儿子，必须先学习编制簸箕等竹器；打铁良匠的儿子，必须先学习缝纫皮衣。'你先观察我如何疾步快走，等到可以像我一样疾步快走的时候，就可以手持六条缰绳，驾御六匹骏马了。"

造父说："一切都听从老师您的安排。"

泰豆氏便立起一排木桩作为道路，每根木桩上都仅能容下一只脚；他计算好了步幅来放置这些木桩，然后踩着木桩一路行走。只见他快速地走来走去，却从来不曾跌下来，也没有任何闪失。

造父学着他的样子，三天后就完全掌握了这种技巧。

泰豆氏赞叹道："你怎么这么聪明啊？掌握得如此迅速！驾御之术，都是这个道理。刚才你在木桩上行走，落脚得当，与内心相呼应。推理扩展到驾驭马车上，就要在缰绳与嚼子之间协调好马匹，并通过或轻或重的吆喝来掌握马匹奔跑的快慢速度。内心有这样的想法，外在表现又合乎马群的意愿，所以才能进退如同踩着准绳，而盘旋迂回都遵循于规矩，即便跑到遥远的地方，马匹的气力也不会被耗尽，这才算是掌握了驾驭之术。"

"得之于衔，应之于辔；得之于辔，应之于手；得之于手，应之于心。则不以目视，不以策驱[①]；心闲体正，六辔不乱，而二十四蹄所投无差[②]；回旋进退，莫不中节[③]。然后舆轮之外可使无馀辙，马蹄之外可使无馀地。未尝觉山谷之险，原隰之夷④，视之一也。吾术穷矣。汝其识之！"

【注释】①策：马鞭。②二十四蹄：造父习御，以天子六驭为准，因此有二十四蹄之说。③中节：合于节度。④夷：平坦。

【译文】"掌握好了马嚼子，就能很好地控制马缰绳；掌握好了马缰绳，执掌缰绳的手就能与之相应；手处置得当了，内心就能与之相呼应。这样就可以不用眼睛看，不用马鞭驱赶；心神安静祥和，身体端正，六根缰绳也丝毫不乱，而六匹马的二十四只蹄子起落也不会有差错；驾着马车迂回盘旋、前进后退，都能合乎于节度。然后就能在车轮之外不留下其他的车辙；马蹄之外也不用更多的落脚地方。根本不会感觉得出来山谷是险峻的，原野洼地是平坦的，会将它们都当成是同一回事。我的驾御术都在这里了。你好好记住吧！"

魏黑卵以暱嫌杀丘邴章①，丘邴章之子来丹谋报父之仇。

丹气甚猛，形甚露②，计粒而食，顺风而趋。虽怒，不能称兵以报之③。耻假力于人，誓手剑以屠黑卵。黑卵悍志绝众，力抗百夫。筋骨皮肉，非人类也。延颈承刀，披胸受矢，铓锷摧屈④，而体无痕挞⑤。负其材力，视来丹犹雏鷇也⑥。

来丹之友申他曰⑦："子怨黑卵至矣，黑卵之易子过矣⑧，将奚谋焉？"

来丹垂涕曰："愿子为我谋。"

【注释】①黑卵、丘邴章：人名，事迹不详。暖嫌：私仇。②露：赢弱。③称兵：提起兵器。④铓〔máng〕：刀剑等的尖峰。锷〔è〕：剑刃。⑤痕挞：伤痕。⑥雏鷇〔kòu〕：待哺的雏鸟。⑦申他〔tuó〕：人名，又作"申佗""申抱"。⑧易：轻视。

【译文】魏国的黑卵因为私仇而杀死了丘邴章，丘邴章的儿子来丹想要报杀父之仇。

来丹拥有勇猛的胆气，身体却很赢弱，吃饭也要数着饭粒吃，顺着风行走而才不会跌倒。虽然有满腔的怒火，但是他却没有提起兵器的能力去报仇。而且他耻于求助他人的力量，发誓一定要亲手用剑杀死黑卵。黑卵凶悍而勇猛，拥有超常的力量，一个人就可以抵挡百人。就连他的筋骨皮肉都和普通人不一样。他若是伸长脖子承受刀斧，袒露胸膛迎接箭射，竟然可以让刀口卷曲，让箭锋折断，而身上却没有一丝伤痕。黑卵就仰仗着自己的体质气力，将来丹看成是一只待哺的幼鸟，根本不放在眼里。

来丹的朋友申他说："你对黑卵仇恨到了极点，而黑卵对你显然太过轻视，你打算怎么办？"

来丹流着眼泪说："希望你能帮我出个好主意。"

申他曰："吾闻卫孔周其祖得殷帝之宝剑①，一童子服之②，却三军之众③，奚不请焉？"

来丹遂适卫，见孔周，执仆御之礼④，请先纳妻子⑤，后言所欲。

孔周曰："吾有三剑，唯子所择；皆不能杀人，且先言其状。一曰含光，视之不可见，运之不知有。其所触也，泯然无际，经物而物不觉。二曰承影，将旦昧爽之交⑥，日夕昏明之际，北面而察之，淡淡焉若有物存，莫识其状。其所触也，窃窃然有声，经物而物不疾也。三曰宵练，方昼则见影而不见光，方夜见光而不见形。其触物也，騞然而过⑦，随过随合，觉疾而不血刃焉。此三宝者，传之十三世矣，而无施于事。匣而藏之，未尝启封。"

来丹曰："虽然，吾必请其下者。"

孔周乃归其妻子，与斋七日。晏阴之间⑧，跪而授其下剑，来丹再拜受之以归。

【注释】①孔周：人名，事迹不详。殷帝：商代帝王。这里指成汤。②服：佩戴。③三军：春秋时，大国多设立左军、中军、右军三军。④仆御之礼：仆役、马夫等下等人所应该遵守的礼节，这里指最谦恭的礼节。⑤纳：接纳，这里的意思指抵押。⑥昧：昏倒。爽：明亮。⑦騞〔huō〕然：快速的样子。⑧晏：晴朗。

【译文】申他说："我听说卫国的孔周其祖先得到了商代帝王的宝剑，哪怕是一个小孩子将其佩戴在身，也能吓退三军的将士，你为什么不去向他求助呢？"

于是来丹便去了卫国，拜见孔周，行最为谦恭的礼节，请求孔周先接纳自己的妻子儿女作为抵押，然后才向他说出了自己的请求。

孔周说："我有三把剑，任凭你随意选择；但是，它们都不能将人杀死，我姑且先给你讲讲它们的情况。第一把剑叫含光，它不见形状，挥动时也察觉不到它的存在。剑锋经过的地方，一丝缝隙都不存在，即便刺过人的身体，人也不会有所察觉。第二把剑叫承影，在天光似亮非亮的黎明，或者在光线半明半暗的傍晚，对着北面观察这柄剑，隐隐约约地可以感觉到好像有什么存在，但是也不能辨认它的形状。它的剑锋经过时，会发出轻微的声响，刺入人的身体，人也感觉不到疼痛。第三把剑叫宵练，白天时，这把剑只看见影子而看不到光芒，夜晚时只看得到光芒而看不到它的影子。剑锋若是接触到，迅速划过之后，伤口也会随着划痕而迅速愈合，虽然疼痛，但剑上却不会沾染血迹。这三把宝剑，从祖上到现在已经传了十三世，但却从来没有被使用过。一直在匣子里珍藏，从来不曾开启过。"

来丹说："即便如此，我也一定要借用最下等的那一把。"

孔周归还了来丹的妻子和儿女，与他一起斋戒了七天，在天气半晴半阴的时候，孔周跪着向来丹授予了下等宝剑，来丹又拜了两次，然后接受了剑离开了。

来丹遂执剑从黑卵。时黑卵之醉偃于牖下，自颈至腰三斩之。黑卵不觉。来丹以黑卵之死，趣而退。遇黑卵之子于门，击之三下，如投虚。黑卵之子方笑曰："汝何蚩而三招予[①]？"来丹知剑之不能杀人也，叹而归。

黑卵既醒，怒其妻曰："醉而露我，使我嗌疾而腰急[②]。"

其子曰："畴昔来丹之来，遇我于门，三招我，亦使我体疾而支强③, 彼其厌我哉④!"

【注释】①蚩: 通"嗤"嘲笑, 戏弄。②嗌〔yì〕: 咽喉。急: 疼痛。③支强: 支, 通"肢"。肢体僵硬。④厌〔yā〕: 即厌胜, 古代方士的一种巫术, 据说可以诅咒制伏人或物。

【译文】来丹便提着宝剑跟踪黑卵, 等到他喝醉了仰躺在窗下时, 来丹才进去, 从黑卵的头颈到腰部连着砍了三剑。黑卵并没有察觉, 而来丹则以为黑卵死了, 也急忙退了出来。在门口, 来丹遇到了黑卵的儿子, 也挥剑砍了他三下, 但就好像砍在虚空中一样。黑卵的儿子笑着说:"你为什么戏弄我向我招三次手?"来丹知道这剑终究杀不死人, 便叹息着回去了。

黑卵睡醒之后, 对着妻子发怒说:"我喝醉了, 你却让我就这么露天睡着, 让我喉咙也痛, 腰也痛。"

黑卵的儿子则说:"刚才来丹过来了, 在门口遇见我, 却对着我招了三次手, 也让我身体疼痛、四肢僵硬, 他大概是对我们施了巫术吧。"

周穆王大征西戎①, 西戎献锟铻之剑、火浣之布②。其剑长尺有咫, 练钢赤刃③, 用之切玉如切泥焉。火浣之布, 浣之必投于火; 布则火色, 垢则布色; 出火而振之, 皓然疑乎雪。

皇子以为无此物④, 传之者妄。

萧叔曰⑤:"皇子果于自信, 果于诬理哉!"

【注释】①西戎：古代西北戎族的总称。②锟铻〔kūn wú〕：也作"昆吾"，古剑名。火浣之布：石棉布的古称，因为可以用火烧的方法去除布上的污渍，故名。③钢：通"刚"，锋利。赤刃：钢质真纯的刀锋，不含任何杂质。④皇子：人名，姓皇，子为尊称。一说，为皇太子。⑤萧叔：人名，事迹不详。

【译文】周穆王大举征讨西戎部族，西戎向穆王敬献了锟铻剑与火浣布。锟铻剑长一尺八寸，由纯钢锻制而成，剑锋锋利无比，切玉石就好像切泥土一样容易。火浣布清洗的时候一定要扔进火中；布色就如同火的颜色一般，而污垢则呈现出布的颜色；从火里取出来之后抖动几下，布就会变得光洁如新，洁白如雪。

皇子认为这世界上并没有这样的东西，只不过是人们的胡言乱语罢了。

萧叔则说："皇子太过于自信，太过于怀疑实际了。"

力 命

【题解】本篇用十三个议论段，集中反映了《列子》命定论的思想。列子的命定论属于道家的天道自然命定论，将起决定命运作用的主宰定位于天道，他认为是自然之道决定了每一个人的命运。

本篇以人力与天命的辩论开篇，论证人们的寿夭、穷达、贵贱、贫富都是由天命决定的，并不因为道德的厚薄、才能的有无、大脑的智愚来左右。并指出天命本身并不具有判断是非、主持公正的独立意志，也不会有任何赏善罚恶的目的，所以它"不知所以然而然"，这也是诸多颠倒社会现象出现的原因。而对于人的生死，列子则认为天道决定生死，所以只能逆来顺受，"生生死死，非物非我，皆命也"。通过管鲍之交、子产杀邓析来将因果归于"不得不为之"的天命，以季梁看病、东门吴不哭子来提醒人们只有领悟了"至人居若死，动若械"的道理。

本篇强调"死生自命也，贫穷自时也"，让人们在命运之前要"知命安时"，这才是人在命运之前所采取的积极的态度，知时知势，事在人为。

力谓命曰："若之功奚若我哉？"

命曰："汝奚功于物而欲比朕？"

力曰："寿夭、穷达、贵贱、贫富，我力之所能也。"

命曰："彭祖之智不出尧、舜之上[1]，而寿八百；颜渊之才不出众人之下，而寿十八。仲尼之德不出诸侯之下，而困于陈、蔡；殷纣之行不出三仁之上[2]，而居君位。季札无爵于吴[3]，田恒专有齐国[4]。夷、齐饿于首阳[5]，季氏富于展禽[6]。若是汝力之所能，奈何寿彼而夭此，穷圣而达逆，贱贤而贵愚，贫善而富恶邪？"

力曰："若如若言，我固无功于物，而物若此邪，此则若之所制邪？"

命曰："既谓之命，奈何有制之者邪？朕直而推之，曲而任之。自寿自夭，自穷自达，自贵自贱，自富自贫，朕岂能识之哉？朕岂能识之哉？"

【注释】①彭祖：古代传说中的长寿者。②三仁：典出《论语·微子》，指微子、箕子、比干三位古代仁者。③季札：又称"公子札"，春秋时吴王诸樊的弟弟，有贤德，让位于后继者，后封于延陵，故号曰"延陵季子"。④田恒：田成子，又称陈成子，春秋时齐国大臣。名恒，一作"常"。齐国田氏家族第八任首领，继续推行田氏争取民众的办法，以"大斗借贷，小斗收进"之法争取民心。后杀死齐简公，拥立齐平公，自任相国，从此齐国由田氏专权。⑤夷、齐：即伯夷与叔齐，商末孤竹君的两个儿子。孤竹君死后，两人谦让王位，弃政赴周。武王灭商，二人又逃到了首阳山，最终不食周粟而死。⑥季

氏：即季孙氏，春秋后期掌控鲁国政权的贵族。展禽：即柳下惠，展氏，名
获，字禽。春秋时期鲁国大夫，以善于讲究贵族礼节的"坐怀不乱"而著称。

【译文】人力对天命说："你的功劳如何能比得上我呢？"

天命说："你对万物又有什么功劳？还想要来和我作比较？"

人力说："人们的长寿或短命、困顿或显达、尊贵或卑贱、贫穷
或富有，都是我人力所能决定的。"

天命说："彭祖的智力不及尧舜，但他却活了八百年；颜渊拥有
超越众人的才华，可只活了十八岁。孔子的仁德远超诸侯，但却在
陈、蔡两国的荒野受困；殷纣王的品行远不如微子、箕子、比干，可他
却高高坐在君王的位子上。贤者季札在吴国连封爵都没有，而富于心
计的田恒却在齐国享有专权。伯夷、叔齐饿死在首阳山，鲁国的季孙
氏却比柳下惠富有得多。假如这就是你人力所能决定的，为什么要
让彭祖长寿而让颜渊短命，让圣人困顿而让恶人显达，让贤者卑贱
而让愚人尊贵，让好人贫穷而让坏人富有呢？"

人力说："就算像你说的这样，我对于万物本是没有什么功劳
的，可是万物为何如此这般，这难道就是你主宰的吗？"

天命说："既然称为天命，怎么还会有主宰者呢？遇上正直的事
情，我就推动它发展；遇上扭曲的事情，我就放任它自流。世间的一
切都自然地长寿、自然地短命，自然地困顿、自然地显达，自然地尊
贵、自然地卑贱，自然地富有、自然地贫穷，我又怎么能明了这其中的
道理呢？我又怎么能够知晓这其中的道理呢？"

北宫子谓西门子曰①："朕与子并世也，而人子达②；并族

也，而人子敬；并貌也，而人子爱；并言也，而人子庸③；并行也，而人子诚；并仕也，而人子贵；并农也，而人子富；并商也，而人子利。朕衣则裋褐④，食则粢粝⑤，居则蓬室⑥，出则徒行。子衣则文锦，食则粱肉，居则连欐⑦，出则结驷⑧。"

【注释】①北宫子、西门子：都是虚构的人物。②人子达：这里是动宾倒置的结构，人们给你显贵的地位。③庸：用。这里的意思是，用其言。④裋〔shù〕褐：粗陋的衣服，古代多为贱者所穿。⑤粢粝〔zī lì〕：粢，稻饼。一说，粗舂粟麦做的饭团。粝，粗米。这个词的意思就是粗糙的饭食。⑥蓬室：蓬，飞蓬，草类。就是草房。⑦连欐：高楼大厦。欐，屋栋。⑧结驷〔sì〕：四匹马组合牵引的车辆。

【译文】北宫子对西门子说："我和你同生一世，但是人们却给了你显贵的地位；我与你同为一族，而人们对你却尊敬有加；我们容貌相差无几，可人们却喜爱你；你我言谈相似，但人们却重用你的意见；两人行事一样，而人们却只相信你；同样为官，可人们却只认为你高贵；同样务农，人们却让你富裕；同样经商，人们也只让你得利。而我却穿的是下等人才穿的粗陋的衣服，吃的也是糙米粗粮，住在茅草屋子乱草棚里，出门也只能靠步行。你则穿锦衣披绣缎，吃细粮尝美味，住高楼享华屋，出门则有四驾的马车。"

"在家熙然有弃朕之心①，在朝谔然有敖朕之色②。请谒不及相③，遨游不同行，固有年矣。子自以德过朕邪？"

西门子曰："予无以知其实。汝造事而穷，予造事而达，此厚薄之验欤^④? 而皆谓与予并, 汝之颜厚矣。"

北宫子无以应, 自失而归。

中途遇东郭先生。先生曰: "汝奚往而反, 偊偊而步^⑤, 有深愧之色邪? "北宫子言其状。东郭先生曰: "吾将舍汝之愧, 与汝更之西门氏而问之。"

曰: "汝奚辱北宫子之深乎? 固且言之。"

西门子曰: "北宫子言世族、年貌、言行与予并, 而贱贵、贫富与予异。予语之曰: '予无以知其实。汝造事而穷, 予造事而达, 此将厚薄之验欤? 而皆谓与予并, 汝之颜厚矣。'"

东郭先生曰: "汝之言厚薄不过言才德之差, 吾之言厚薄异于是矣。夫北宫子厚于德, 薄于命; 汝厚于命, 薄于德。汝之达, 非智得也; 北宫子之穷, 非愚失也。皆天也, 非人也。而汝以命厚自矜, 北宫子以德厚自愧, 皆不识夫固然之理矣。"

西门子曰: "先生止矣! 予不敢复言。"

北宫子既归, 衣其裋褐, 有狐貉之温^⑥; 进其茙菽^⑦, 有稻粱之味; 庇其蓬室, 若广厦之荫; 乘其筚辂^⑧, 若文轩之饰。终身逌然^⑨, 不知荣辱之在彼也, 在我也。

东郭先生闻之曰: "北宫子之寐久矣, 一言而能寤, 易悟也哉! "

【注释】①熙然: 和乐欢笑的样子。弃: 指故意冷落。②谔〔è〕然: 直言争辩, 无所顾忌。敖: 通"傲", 轻慢。③请谒〔yè〕: 拜访。④厚薄: 这里的意思是人德行的好坏。验: 应验, 报应。⑤偊偊〔yǔ〕: 通"踽踽",独行的样子。⑥貉:指貉皮制成的衣服。⑦莪菽〔róng shū〕:大豆。⑧筚辂〔bì lù〕:筚,篱笆,也泛指荆竹树枝编成的门、车等。又作"筚路",柴车。⑨逌〔yóu〕然:舒适自得的样子。

【译文】"在家的时候你和乐欢笑,故意冷落我;在朝廷的时候你侃侃而谈,对我傲慢而神气。你我之间互不往来,也不一起游玩,如此这般已经好几个年头了,你是自认为自己的德行超过我吗?"

西门子说:"我并不知道这其中的缘故。你遇事总是困难重重,而我则总是能顺利通达,想必这就是德行好坏的验证吧?但你认为什么都与我一样,你的脸皮也太厚啦!"

北宫子无言以答,神情恍惚地向家走去。

走到半路,他遇见了东郭先生,东郭先生问他:"你从哪里回来,怎么这么神情恍惚地孤身一人行走,看起来神色还如此羞愧呢?"北宫子便将情况如实讲述了一遍,东郭先生说:"我帮你解除这种羞愧吧,和你一起去找西门子再说个明白。"

于是东郭先生见到西门子后便问:"你为什么如此过分地侮辱北宫子呢?姑且讲讲这其中的道理吧。"

西门子说:"北宫子说他的辈分、宗族、年龄、相貌、言行举止都与我一样,但是贵贱贫富的经历却与我不同。我告诉他:'我并不知道这其中的缘故。你遇事总是困难重重,而我则总是能顺利通达,想必这就是德行好坏的验证吧?但你认为什么都与我一样,你的脸皮也太厚啦!'"

东郭先生说:"你说的好坏也不过是才性德行的差别罢了,而我说的好坏却并不与此相同。北宫子拥有崇高的道德,但命运低贱;

而你虽然命运显达，可德行却如此低下。你的显达，并不是凭借智慧得来的，而北宫子的穷困，也并不因为他愚笨才有了这样的过失。这些都源自于天命，并不是人力所能控制的。但你却凭借自己的好命运就在那里自鸣得意，北宫子则因为自己高尚的品德而羞愧不已，这都是没有认识到自然的道理啊！"

西门子说："先生请不要再说啦！我再也不敢说那样的话了。"

北宫子回家之后，即便穿着和以前一样的粗布陋服，也感觉像穿着狐裘貉袍一样的温暖；即便吃着粗粮豆类，也觉得如米饭细粮那样香甜；就算依旧住着简陋的茅屋，可也像在高楼大厦中一般享受自在；坐在柴车上，就犹如坐在华丽的马车上一般。他一辈子都过得怡然自得，不理会自身或他人是荣还是辱。

东郭先生听说北宫子的表现之后说："北宫子糊涂了这么久，听我说了一句话就能让他醒悟过来，也算是容易觉悟啊！"

管夷吾、鲍叔牙二人相友甚戚^①，同处于齐。管夷吾事公子纠^②，鲍叔牙事公子小白^③。

齐公族多宠^④，嫡庶并行^⑤。国人惧乱。管仲与召忽奉公子纠奔鲁^⑥，鲍叔奉公子小白奔莒^⑦。既而公孙无知作乱^⑧，齐无君，二公子争入。管夷吾与小白战于莒，道射中小白带钩^⑨。

【注释】①管夷吾：即管仲，名夷吾，字仲。春秋时期法家代表人物，中国古代著名的经济学家、哲学家、政治家、军事家，被誉为"法学先驱""圣人之师""华夏文明的保护者""华夏第一相"，辅佐齐桓公九合诸侯，礼让天下开法家先驱。鲍叔牙：春秋时期齐国大夫，以知人善用著称。②公子纠：姓吕，名纠，齐襄公之弟，齐桓公之兄。③公子小白：即齐桓公。姓吕，名小白，齐襄公及公子纠的弟弟。④公族：诸侯的同族。⑤嫡庶并行：嫡，宗法制度下家庭的正支。庶，宗法制度下家庭的旁支。这里指齐僖公宠爱母弟夷仲年的儿子公孙无知，令其礼秩与太子同，从而导致礼法混乱。⑥召〔shào〕忽：齐国大臣。⑦莒〔jǔ〕：古国名，位于今山东省安丘市、诸城市一带。⑧公孙无知：齐僖公母弟夷仲年之子。齐襄公废除公孙无知秩服，无知便杀襄公而自立，后背渠丘大夫雍林所杀。⑨带钩：衣服上的金属小钩。

【译文】管夷吾和鲍叔牙二人是好朋友，关系密切，一同住在齐国。管夷吾侍奉于公子纠，鲍叔牙侍奉于公子小白。

当时齐国公族的子弟大多受到齐僖公的喜爱，不管是嫡系还是旁支都能享受到同等的待遇。齐国百姓忧心并恐惧，生怕齐国会因此发生叛乱。管仲和召忽陪着公子纠向鲁国逃往，鲍叔牙则陪着公子小白逃往莒国。不久，公孙无知作乱杀死了齐襄公，齐国一时间没有了君主，两位公子便为谁先入齐国为王而争。管夷吾和公子小白在莒国交战，交战中，管夷吾的箭射中了公子小白的带钩。

小白既立，胁鲁杀子纠，召忽死之，管夷吾被囚。

鲍叔牙谓桓公曰："管夷吾能，可以治国。"

桓公曰："我仇也，愿杀之。"

鲍叔牙曰："吾闻贤君无私怨，且人能为其主，亦必能为人君。如欲霸王，非夷吾其弗可。君必舍之①！"遂召管仲。

鲁归之齐，鲍叔牙郊迎，释其囚。桓公礼之，而位于高、国之上②，鲍叔牙以身下之，任以国政，号曰仲父。桓公遂霸。

管仲尝叹曰："吾少时穷困，尝与鲍叔贾③，分财多自与；鲍叔不以我为贪，知我贫也。吾尝为鲍叔谋事而大穷困，鲍叔不以我为愚，知时有利不利也。吾尝三仕，三见逐于君，鲍叔不以我为不肖，知我不遭时也。吾尝三战三北④，鲍叔不以我为怯，知我有老母也。公子纠败，召忽死之，吾幽囚受辱；鲍叔不以我为无耻，知我不羞小节而耻名不显于天下也。生我者父母，知我者鲍叔也！"

此世称管、鲍交者，小白善用能者。

然实无善交，实无用能也。实无善交实无用能者，非更有善交，更有善用能也。召忽非能死，不得不死；鲍叔非能举贤，不得不举；小白非能用仇，不得不用。

及管夷吾有病，小白问之，曰："仲父之病病矣⑤，可不讳。云至于大病⑥，则寡人恶乎属国而可⑦？"

夷吾曰："公谁欲欤？"

小白曰："鲍叔牙可。"

曰："不可。其为人也，洁廉善士也。其于不己若者不比之人⑧，一闻人之过，终身不忘。使之理国，上且钩乎君⑨，下且逆乎民。其得罪于君也，将弗久矣。"

【注释】①舍：通"释"，释放，赦免。②高、国：皆为齐国世族。③贾〔gǔ〕：做买卖，经商。④北：败北。⑤病病：后一个"病"作动词，指病情加重。⑥大病：这里是"死"的委婉表达。⑦属〔zhǔ〕：嘱托，托付。⑧人：没有意义，疑为衍文。⑨钩：违逆。

【译文】最终小白被立为齐桓公，并胁迫鲁国杀死了公子纠，召忽殉主而死，管夷吾则被囚禁。

鲍叔牙对齐桓公说："管夷吾拥有卓越的才能，你可以用他来治理国家。"

桓公说："他是我的仇人，我应该要杀死他。"

鲍叔牙说："我听说，贤明的君主是不会在意自己的一己仇怨的，况且一个人可以为他的主人效力至此，那么相信他也一定可以为王您效力。如果想要成就称霸天下的宏图霸业，您就非得要管夷吾的辅佐不可。还请国君一定要赦免他。"于是，齐桓公便召回了管仲。

鲁国将管仲归还给了齐国，鲍叔牙亲自到城郊去迎接，并将他的桎梏解除下来。桓公也以隆重的礼节接待了管仲，给予了他超越高、国两家世族的地位，甚至连鲍叔牙也身居他地位之下，同时齐桓公也将国政交于他来打理，并称他为仲父。齐桓公自此逐渐成为天下霸主。

管仲曾经感慨地说："我年轻的时候穷苦而贫寒，曾经和鲍叔牙一起做买卖，每次分配钱财我都多拿一些，但鲍叔牙从来不因此而觉得我贪婪，因为他知道我真的很穷困。我曾经为鲍叔牙谋划事业，但却遭遇了重大的挫折，但鲍叔牙也并不因此认为我是愚笨的，因为他知道时机总是有好坏之分。我曾经三次做官，但却三次被君王驱逐，鲍叔牙也并不因此认为我没出息，因为他知道我是没有遇到好时机。我也曾经三次作战却三次战败并落荒而逃，可鲍叔牙也不因此认为我是懦弱无勇的，因为他知道我家中还有老母亲需要我去尽孝。公子纠倒台, 召忽殉主, 我则被囚禁在牢中吃尽苦头; 鲍叔牙并不因此认为我是毫无廉耻之心的, 因为他知道我并不因小节而羞, 只是唯恐自己的名声不能于天下显赫。父母生养了我, 但是最了解我的人却是鲍叔牙啊! "

这就是为世人所称道的管鲍之交, 小白善用贤能的故事。

但是, 事实上并没有所谓的善于交友, 也并没有所谓的善于任用贤能。事实上并无所谓善于交友, 也无所谓的善用贤能的缘故, 是因为没有更值得结交的人, 也没有更值得任用的贤能。召忽并非殉主而死, 而是当时的情况让他不得不死; 鲍叔牙也并非可以举荐贤能之才, 而是当时的情形下不得不举荐; 小白也并不是能够任用仇人, 而是当时的情况之下不得不任用罢了。

管仲病入膏肓, 小白去探望, 问他: "您的病已经非常严重了, 我也不再避讳什么了。如果您就如此一病而不起, 那么我又该将国政托付给谁呢? "

管仲反问: "您想托付给谁呢? "

小白说: "鲍叔牙应该可以吧。"

管仲却说: "不可以。鲍叔牙这个人, 为人洁身自好、廉洁奉公, 的确算得上是一个贤良之士。但是他不能亲近那些德行才能不如自己的人, 对他人的过失总是牢记终身。若是让他来治理国政, 对上则可能忤逆君主, 对下则可能违背民心。那么他得罪君王的日子, 应该就不远了。"

小白曰: "然则孰可? "

对曰："勿已，则隰朋可。其为人也，上忘而下不叛^①，愧其不若黄帝而哀不己若者。以德分人谓之圣人，以财分人谓之贤人。以贤临人，未有得人者也；以贤下人者，未有不得人者也。其于国有不闻也^②，其于家有不见也^③。勿已，则隰朋可。"

然则管夷吾非薄鲍叔也，不得不薄；非厚隰朋也，不得不厚。厚之于始，或薄之于终；薄之于终，或厚之于始。厚薄之去来，弗由我也。

【注释】①上忘：在上则忘记自己身处高位。下不叛：叛，跋扈的意思，对下则不骄横跋扈。②国：指国事。③家：指家事。

【译文】小白问："那谁才可以被委以重任呢？"

管仲说："如果我的病真的好不了，那就让隰朋来接任。这个人可以让在上位的人忘记自己，也能让在下的人不叛离自己。他认为自己的德行才能比不上黄帝，并因此而感到羞愧，而对那些不如自己的人则深表同情。以仁德来感化他人的人被称为圣人，以财物来接济他人的人被称为贤人。因为贤能而盛气凌人的人，不会得人心；有贤能却能谦逊待人的人，不可能不得人心。他对于国政不会过分干预，对于家务也不过分渴求。我假如真是一病不起，那就让隰朋来接替我执政吧。"

事实上管仲并不是有意鄙薄鲍叔牙，而是在当时的情势之下不得不鄙薄他；也不是有意厚待于隰朋，而是在当时的情势下不得不厚待。开始厚待的，也许到头来反而变成了薄待；而最终薄待的，或许一开始本来是厚待。厚待与薄待之间的转化，并不是一个人的意志所能决定的。

邓析操两可之说①，设无穷之辞，当子产执政②，作《竹刑》③。郑国用之，数难子产之治。子产屈之，子产执而戮之④，俄而诛之。

然则子产非能用《竹刑》，不得不用；邓析非能屈子产，不得不屈；子产非能诛邓析，不得不诛也。

【注释】①邓析：郑国大夫，春秋末期思想家，"名辩之学"倡始人，名家学派的先驱人物。②子产：春秋时期郑国人，杰出的政治家、思想家。③《竹刑》：邓析私自编定的一部适应新型地主阶级要求的刑法，因被写在竹简上而被称为《竹刑》，最开始并没有法律效力，后来邓析被杀，这部《竹刑》被确认为了国家法律。④戮〔lù〕：羞辱。

【译文】邓析以自己那种模棱两可的学说，创设出一套巧辩的辞令，在子产当政的时候，制定出一部《竹刑》。郑国采用了《竹刑》，却不想这其中的种种规矩阻碍了子产对国家的治理。子产的执政之路因此变得很困难，他便逮捕了邓析，并对之进行羞辱，不久后邓析便被子产杀掉了。

然而，子产并非乐意采用《竹刑》，而是在当时的情势之下，不得不使用；邓析也不是非要让子产感觉委屈，而是在当时的情势下不得不让他理屈；子产也并非有意要杀死邓析，而是当时的形势之下不得不杀掉他。

可以生而生，天福也；可以死而死，天福也。可以生而不生，天罚也；可以死而不死，天罚也。可以生，可以死，得生得死有矣；不可以生^①，不可以死^②，或死或生，有矣。然而生生死死，非物非我，皆命也。智之所无奈何。故曰，窈然无际^③，天道自会；漠然无分^④，天道自运。天地不能犯，圣智不能干，鬼魅不能欺。自然者，默之成之，平之宁之，将之迎之。

【注释】①不可以生：应为"可以生"。②不可以死：应为"可以死"。两"不"字衍文，否则便同上句重复。③窈〔yǎo〕然：幽远的样子。④漠然无分：漠，寂静无声。指寂静无声，没有分别的样子。

【译文】应当生存也生存下去了，这是上天赐予的福分；应当死去也正常死去了，这也是上天赐予的福分。应当生存但却不能生存下去，这是上天给予的惩罚；应当死去却并没有死去，这也是上天给予的惩罚。应该生存而生存下来，应该死亡而真的死去，这种情况是存在的；应该生存却不得不死亡，应该死亡却不得不生存，这种情况也是有的。但是不管是生还是死，都不是听凭外物，也不能顺遂自己的意愿，这都是天命所主宰的。人类的智力对其无可奈何。所以说，那深奥而又幽远且没有边际的天道都是自行变通的；那寂静无声且没有边界的自然规律也是自行运动的。天地也不能违反它，圣人智者不能干预它，鬼神幽灵也不能欺瞒它。自然的天道规律，安静沉稳安然成形，平常而安宁，时而消失，时而出现。

杨朱之友曰季梁。季梁得病，七日大渐①。其子环而泣之，请医。季梁谓杨朱曰："吾子不肖如此之甚，汝奚不为我歌以晓之？"

杨朱歌曰："天其弗识②，人胡能觉？匪祐自天，弗孽由人。我乎汝乎！其弗知乎！医乎巫乎！其知之乎？"

其子弗晓，终谒三医③。一曰矫氏，二曰俞氏，三曰卢氏，诊其所疾。

矫氏谓季梁曰："汝寒温不节，虚实失度④，病由饥饱色欲。精虑烦散，非天非鬼。虽渐，可攻也。"

季梁曰："众医也⑤。亟屏之⑥！"

俞氏曰："汝始则胎气不足，乳湩有馀⑦。病非一朝一夕之故，其所由来渐矣，弗可已也。"

季梁曰："良医也。且食之！"

卢氏曰："汝疾不由天，亦不由人，亦不由鬼。禀生受形，既有制之者矣，亦有知之者矣。药石其如汝何？"

季梁曰："神医也。重贶遣之⑧！"

俄而季梁之疾自瘳⑨。

【注释】①渐：加剧，恶化。②其：表语气，难道。③终：到处，周遍。④虚实：这里是中医学名词，邪气盛为实证，正气衰为虚症。⑤众医：庸医。⑥屏：驱逐，赶走。⑦湩〔dòng〕：乳汁。⑧贶〔kuàng〕：赏赐，赠送。⑨瘳〔chōu〕：病愈。

【译文】杨朱有一个名叫季梁的朋友。季梁生了病，七天之后急剧恶化。季梁的孩子们围着床哭，请求为他聘请医生诊治。季梁对杨朱说："我的这些孩子怎么都这么不明事理，你何不帮我唱首歌来开导他们？"

于是杨朱便唱道："上天不知道，凡人怎明了？福分非天赐，罪孽非人造。我也罢，你也好，尚且不知道！医生也罢，巫师也好，谁又能分晓？"

季梁的孩子们并不明白其中的含义，只是到处寻访，找来了三位医生。一位姓矫，一位姓俞，一位姓卢，都来为季梁进行诊治。

矫医生对季梁说："你的身体冷热失调，体内虚实不平衡，你的病是由于饥饱不均再加上色欲无度导致的。思虑烦忧，精神涣散，并不是上天也不是鬼神所导致的。不过虽然你的病情严重，但还是可以治好的。"

季梁一听便说："这是个庸医！赶快把他赶出去！"

俞医生说："你先天胎气不足，母乳喝得太多，这种病并不是一朝一夕出现的，是逐渐发展形成并不断加深的，没法治愈。"

季梁说："真是良医啊！姑且留他吃顿饭。"

卢医生说："你这病，既不是上天所致，也不是人力所为，更不是鬼怪作乱。一个人自从自然那里获得了生命，产生了形骸，就已经可以制宰、知晓它的存在了。那药物、针石又能对你有什么用呢？"

季梁说："神医啊！重重地奖赏他，以礼送他回去。"

没过多久，季梁的病就痊愈了。

生非贵之所能存，身非爱之所能厚；生亦非贱之所能夭，身亦非轻之所能薄。故贵之或不生，贱之或不死；爱之或不厚，轻之或不薄。此似反也，非反也；此自生自死，自厚自薄。或贵之而生，或贱之而死；或爱之而厚，或轻之而薄。此似顺也，非顺也；此亦自生自死，自厚自薄。

鬻熊语文王曰："自长非所增，自短非所损。算之所亡若何①？"老聃语关尹曰："天之所恶，孰知其故？"言迎天意②，揣利害，不如其已。

【注释】①算：谋划，推测，引申为智谋。若何：奈何。②迎：推测未来。

【译文】生命并非因为珍惜而能长久，身体也不是越爱护就越强壮；生命并不是因为轻贱就容易早夭，身体也并不会因为被轻视就变虚弱。所以，珍惜生命却反而可能无法生存，而贱对生命却不一定会死亡；爱护身体也许并不能变得强壮，轻视身体却也不一定会变得虚弱。这前因后果看似彼此相悖，但其实并非如此；因为生命自然而然地生，自然而然地死，自然而然地强壮，也自然而然地虚弱。生命或许因为受到珍惜而变得长久，或许也会因为受到轻待而变得容易早夭；身体或许因为得到爱护而变得强壮，或许因为被轻视而变得虚弱。这些前因后果看上去好像互相顺应，却并没有互相顺应；它也只是自然地生长、自然地死亡，自然地强壮、自然地虚弱。

鬻熊对文王说："自然而然长的并不是外力带来的增长，自然而然短的也并非外力所造成的减损。人的智谋对此又有什么作用呢？"老聃告诉关尹："天所厌恶的，谁又能知道这其中的缘故呢？"意思就是说与其推测天意，揣摩利害，不如顺其自然，不要干预。

　　杨布问曰①："有人于此，年兄弟也②，言兄弟也③，才兄弟也，貌兄弟也；而寿夭父子也④，贵贱父子也，名誉父子也，爱憎父子也。吾惑之。"

　　杨子曰："古之人有言，吾尝识之，将以告若。不知所以然而然，命也。今昏昏昧昧，纷纷若若⑤，随所为，随所不为。日去日来，孰能知其故？皆命也夫。信命者，亡寿夭；信理者，亡是非；信心者，亡逆顺；信性者，亡安危。则谓之都亡所信，都亡所不信。真矣悫矣⑥，奚去奚就？奚哀奚乐？奚为奚不为？黄帝之书云：'至人居若死⑦，动若械⑧。'亦不知所以居，亦不知所以不居；亦不知所以动，亦不知所以不动。亦不以众人之观易其情貌，亦不谓众人之不观不易其情貌⑨。独往独来，独出独入，孰能碍之？"

　　【注释】①杨布：战国时期杨朱的弟弟。②兄弟：此处比喻两者差别不大。③言：俞樾《诸子平议》释"言"为"訾程"，即资历。④寿夭父子也：父子，比喻差别悬殊。意思是长寿或短命相差悬殊。⑤纷纷若若：纷纷，紊乱烦忙的样子。若若，盛多貌。指自然或人世间变化的纷纭面貌。⑥悫〔què〕：诚实，忠厚。⑦居若死：得道之人心如死灰。⑧动若械：得道之人形同槁木。⑨"亦不谓"句："不谓"当作"不以"。

　　【译文】杨布问哥哥杨朱："有两个人，年龄差不多，资历差不多，才能差不多，形貌也差不多；但他们的寿命长短却相差很大，地位高低相差很大，名誉好坏也相差很大，受人爱憎的程度也相差很大。我感到很是疑惑。"

杨朱说："古人有一句话，我曾经记了下来，现在告诉你。不知道为什么这样而这样，这就是天命。现在世间各种昏昧纷扰，随便你做什么事，或者随便你什么事都不做。时光流逝，旧的去了新的又来，谁又能明白这其中的原因？这都是命啊。相信天命的人，无所谓寿命长短；相信天理的人，无所谓是非道理；相信本心的人，无所谓逆境顺境；相信天性的人，无所谓安危祸福。这就是什么都相信又什么都不信。真的领悟了这个真正的道理，哪里还用得着考虑为什么取舍？为什么哀乐？为什么该做不该做？《黄帝书》中讲：'得道的人静坐着就如死灰，动起来也好比木偶。'不知道为什么坐，也不知道为什么不坐；不知道为什么行动，也不知道为什么不动。也不因为众人的看法而改变他的情貌，也不因为众人的看法而不改变情貌。独往独来，独出独入，谁能够阻碍他呢？"

墨尿、单至、啴咺、憋懯四人相与游于世①，胥如志也②；穷年不相知情，自以智之深也。

巧佞、愚直、婞斫、便辟四人相与游于世③，胥如志也；穷年而不相语术，自以巧之微也。

㛋忯、情露、謰极、凌谇四人相与游于世④，胥如志也；穷年不相晓悟，自以为才之得也。

眠娗、諈诿、勇敢、怯疑四人相与游于世⑤，胥如志也；穷年不相谪发⑥，自以行无戾也⑦。

多偶、自专、乘权、只立四人相与游于世⑧，胥如志也；穷年不相顾眄，自以时之适也。

此众态也。其貌不一，而咸之于道，命所归也。

【注释】①墨尿〔méi chì〕：表面愚蠢而内心狡诈。这里以人的性情形貌作为假托的人名，以下皆是如此。单至〔zhàn dié〕：轻举妄动的样子。啴咺〔chǎn xuān〕：迂阔缓慢的样子。憋憋〔fū〕：急性子。②胥：全，都。③巧佞：机巧奸诈，阿谀奉承的样子。愚直：质朴憨厚的样子。婍斫〔àn zhuó〕：懵懂不悟的样子。便〔pián〕辟：逢迎周旋的样子。④㤭㤭〔qiāo qiā〕：哀怒郁结于心哀怒郁结于心而不肯吐露的样子。情露：内情暴露，无所隐瞒的样子。謰〔jiǎn〕极：口吃而性急的样子。凌谇〔suì〕：喜好凌辱责骂他人的样子。⑤眠娗〔tiǎn〕：害羞不开通的样子。諈诿〔zhuì wěi〕：繁重不堪的样子，即以重任推诿他人。⑥谪发：指摘揭发。⑦戾〔lì〕：违反。⑧多偶：随和多友的样子。自专：独断专行的样子。乘权：乘用权势的样子。只立：孤独自立的样子。

【译文】虚伪狡诈的墨尿、轻举妄动的单至、迂阔迟缓的啴咺、急躁冲动的憋憋，四人同时在世间游荡，各自称心如意；多少年来互相并不了解情况，自以为智慧是最高深的。

巧言佞色的巧佞、质朴憨厚的愚直、懵懂不悟的婍斫、逢迎周旋的便辟，四人同时在世间游荡，各自称心如意；多少年来都不互相探讨道术，自以为机巧是最微妙的。

哀怨郁结的㤭㤭、藏不住心事的情露、口吃性急的謰极、动辄就谩骂的凌谇，四人同时在世间游荡，各自称心如意；多少年来不相互启发点拨，自以为才华是最卓越的。

羞涩腼腆的眠娗、不堪重任的諈诿、果敢英勇的勇敢、胆怯犹豫的怯疑，四人同时在世间游荡，各自称心如意；多少年来没有互相指摘揭发，自以为行为毫无乖张的地方。

随和谦逊的多偶、刚愎自用的自专、趋炎附势的乘权、孤芳自赏的只立，四人同时在世间游荡，各自称心如意；多少年来都彼此不相顾视，自以为是适时走运。

这就是大千世界的众生相。他们的面貌各不相同，却都符合于天道，这就是天命的安排啊！

俒俒成者①，俏成也②，初非成也。俒俒败者，俏败者也，初非败也。故迷生于俏，俏之际昧然③。于俏而不昧然，则不骇外祸，不喜内福；随时动，随时止，智不能知也。信命者于彼我无二心。于彼我而有二心者，不若掩目塞耳，背坂面隍亦不坠仆也④。故曰：死生自命也，贫穷自时也⑤。怨夭折者，不知命者也；怨贫穷者，不知时者也。当死不惧，在穷不戚，知命安时也。其使多智之人量利害⑥，料虚实，度人情，得亦中，亡亦中。其少智之人不量利害，不料虚实，不度人情，得亦中，亡亦中。量与不量，料与不料，度与不度，奚以异？唯亡所量，亡所不量，则全而亡丧。亦非知全⑦，亦非知丧，自全也，自亡也，自丧也。

【注释】①俒俒〔guī〕：几乎，将近，偶然，将要。②俏：通"肖"，相似。③昧然：昏暗难辨的样子。④背坂：背对城墙。隍：没有水的护城壕。

⑤贫穷：根据陶鸿庆所说，"贫穷"应作"贫富"，与上一句"死生自命也"语义一律。⑥其：犹"若"，作连词表假设。⑦知全：知，同"智"。靠智力来保全。下文"知丧"的"知"亦同。

【译文】几乎就要成功了，看似成功，但实际上并非成功。将近要失败了，看似失败，但实际并非失败。所以相似会带来迷惑，因为相似，在其边界上的事物就变得蒙昧不清，难以分辨。如果可以不被相似性所迷惑，就不会惊骇于外来的灾祸，也不会欣喜于自身的福泽；顺应时势而动，顺应时势而止，这并不是单靠智力就能明了的。相信天命的人对于外物和自身是没有喜悦或恐惧的心理的。那些对于外物和自身存在喜欢或恐惧心理的人，不如闭目塞听，如此一来即便背对城墙、面朝护城壕，也不会坠落下去。所以说：天命定生死，时机造贫富。抱怨短命夭折的人，对天命不理解；抱怨贫穷困苦的人，对时机不明白。面对死亡而不恐惧，身处穷困而不悲切，才是洞察天命随遇而安的表现。如果让足智多谋的人去衡量利害，预料虚实，揣度人情，那么可能会形势正确，也可能会行事错误，几率各为一半。如果让愚笨无计的人不衡量利害，不预料虚实，不揣度人情，那么也会形势正确，也可能会行事错误，几率也是各位一半。衡量与不衡量，预料与不预料，猜度与不猜度，又有什么差别呢？只有什么都不去估量，但又什么都估量，才能保全本质而无所丧失。并不是凭借智识而得以保全，也不是由于智识而导致丧失，它们都是自然而然地得到保全，自然而然地消亡，自然而然地丧失的。

齐景公游于牛山①，北临其国城而流涕曰："美哉国乎！郁郁芊芊^②，若何滴滴去此国而死乎^③? 使古无死者，寡人将去斯而之何?"

史孔、梁丘据皆从而泣曰^④："臣赖君之赐，疏食恶肉可得而食^⑤，驽马棱车可得而乘也^⑥，且犹不欲死，而况吾君乎!"

晏子独笑于旁^⑦。

公雪涕而顾晏子曰^⑧："寡人今日之游悲，孔与据皆从寡人而泣，子之独笑，何也?"

【注释】①齐景公 (约前550—前490)：春秋时期齐国国君，名杵臼，公元前547—前490年在位。牛山：山名，位于今山东省淄博市东北旧临淄。②郁郁芊芊：草木繁盛的样子。③滴滴：或作"滂滂"，大水流荡的样子。这里指时光飞逝，生命如江河流水，一去不复返。④史孔、梁丘据：人名，同为齐景公大臣。⑤疏食：粗糙的粮食。一说为素食。⑥驽马：劣马。棱车：应为"栈车"之误。栈车，古代用竹木编成的简陋的车子。⑦晏子：姓晏，名婴，字平仲，春秋时期齐国大夫。⑧雪涕：雪，擦拭。意思是擦去眼泪。

【译文】齐景公在牛山游览，向北眺望国都，他感慨落泪："这是多么美好的国家啊! 草木丰盛，郁郁葱葱。但可惜生命如流水，一去不复返，我为什么一定会离开这个国家而孤独死去呢? 如果自古以来就没有死亡这一回事，我又怎么会离开这个国家呢?"

一旁的史孔、梁丘据两位大臣也跟着齐景公流泪说："臣等因为有君主的恩赐，才得以吃到粗陋饭食，乘坐劣马栈车，尽管如此尚且不愿死去，更何况是国君您呢!"

但晏子却在一旁独自笑了起来。

齐景公擦干眼泪，回头对晏子说："我今天登山游览，因景而伤情，史孔、梁丘据都跟着我哭，你怎么一个人笑呢？这是为什么？"

晏子对曰："使贤者常守之，则太公、桓公将常守之矣①；使有勇者而常守之②，则庄公、灵公将常守之矣③。数君者将守之，吾君方将被蓑笠而立乎畎亩之中④，唯事之恤⑤，行假念死乎⑥？则吾君又安得此位而立焉？以其迭处之迭去之，至于君也，而独为之流涕，是不仁也。见不仁之君，见谄谀之臣。臣见此二者，臣之所为独窃笑也。"

景公惭焉，举觞自罚⑦。罚二臣者各二觞焉。

【注释】①太公：即姜太公，姓姜，吕氏，名望，字尚父，一说，字子牙。周代齐国的始祖。桓公：即齐桓公。②而：通"能"，能够。③庄公：即齐庄公（？—前731），名光，齐灵公之子，春秋时齐国国君，公元前553—前548年在位。灵公：即齐灵公（？—前554），名环，春秋时齐国国君，公元前581—前554年在位，曾攻灭莱国，扩展疆土。④畎〔quǎn〕亩：大地。畎，田间小沟。⑤事：从事。指耕耘等农事。恤：担忧。⑥行假：应作"何暇"。⑦觞〔shāng〕：古代喝酒的酒器。

【译文】晏子说："如果能让贤明的君主长久地统治齐国，那么太公、桓公就将持久地统治国家；如果让英勇的君主长久地统治齐国，那么庄公、灵公就将长久地统治国家。如果这几位国君永远都统治着齐国，那么国君您就只能披着蓑衣、戴着斗笠，站在田亩之间，只顾着为了农事而操劳担忧，哪里还能像现在这样有空闲来担忧死亡的问题呢？而且您又将从哪里继承王位成为今天的国君呢？正是因为历代王君相继登基又相继逝世，这才轮得到您上位啊！现在您却只为自己的生死而落泪，这便是没有仁德的表现。看见没有仁德的君王，又看见阿谀奉承的大臣，面对这两种人，所以我才独自暗暗发笑。"

齐景公听了非常惭愧，举起酒杯自己罚酒。同时，也让史孔、梁丘据连各位大臣各饮两杯以算惩罚。

魏人有东门吴者①，其子死而不忧。

其相室曰②："公之爱子，天下无有。今子死不忧，何也？"

东门吴曰："吾常无子③，无子之时不忧。今子死，乃与向无子同，臣奚忧焉？"

【注释】①东门吴：复姓东门。一说，姓吴，因居住在东门而得名。②相室：管家。一说为妻子。③常：通"尝"，曾经。

【译文】魏国有一个名叫东门吴的人，儿子死去了，但他却并不悲伤。

管家问他："您那么喜欢儿子，天下都少见。可是现在您的儿子死了，您怎么不悲伤呢？"

东门吴说："我曾经没有儿子，没有儿子的时候都不忧伤。现在儿子死了，就和我当初没有儿子时的情况一样，我又有什么可忧伤的呢？"

农赴时，商趣利①，工追术，仕逐势，势使然也②。然农有水旱，商有得失，工有成败，仕有遇否^③，命使然也。

【注释】①趣〔qū〕：趋向，追逐。②势：时势，指人力所不能为的事情。③遇：契合，顺畅，这里指顺境。否〔pǐ〕：阻滞，不通，这里指逆境。

【译文】农民追随时令，商人追逐利益，工匠追求技艺，官吏追逐权势，这是情势让他们这样做的。但是，务农会遇到旱涝之灾，经商也会有盈利亏损，做工会有成功失败，仕途也会有顺境逆境，这都是命运的安排。

杨 朱

【题解】本篇讲述的是战国时代曾独树一帜的杨朱学说的内容,以杨朱游鲁时,与人关于真实与虚伪的讨论开篇,以十五个寓言内容,论名实,论生死,论贵己乐生,论全性保真。

在杨朱看来,名实关系是两两分离的,通过管仲等人的不同际遇,证明社会上存在"实名贫,伪名富"的现象,而只有死亡才能消除尘世间的这些等差。杨朱提出,自己最宝贵的东西莫过于生命,因此"且趣当生,奚遑死后",在他看来短促的一生应该得到万分珍重,要乐生逸身,要任性纵情,才能成为悟道真人。不仅如此,杨朱还指出,要顺应自然之性,只要满足生命的享乐便足矣,不能贪得无厌且为了外物而伤生。同时,也要保持自然所赋予每一个人的真性情,不贪图,不畏惧,保持并顺应自然之性,自己便能主宰自己的命运。

杨朱学说虽然自成一家,但因其思想与道家相近,所以也为后世道教所吸收容纳。实际上,杨朱学说原本是批驳俗世虚荣,为了解脱纲常教化,这一篇通篇都畅谈为人应当享生之乐,将生死之道讲述明白。除了要乐在当下勿论死后的观点,其中的"损一毫利天下不与也, 悉天下奉一身不取也"的主张, 着实令人闻所未闻, 也是千古罕有的学说。

杨朱游于鲁, 舍于孟氏①。

孟氏问曰: "人而已矣, 奚以名为?"

曰: "以名者为富。"

"既富矣, 奚不已焉?"

曰: "为贵。"

"既贵矣, 奚不已焉?"

曰: "为死。"

"既死矣, 奚为焉?"

曰: "为子孙。"

"名奚益于子孙?"

曰: "名乃苦其身, 燋其心②。乘其名者, 泽及宗族, 利兼乡党③; 况子孙乎?"

"凡为名者必廉, 廉斯贫④; 为名者必让, 让斯贱。"

曰: "管仲之相齐也, 君淫亦淫, 君奢亦奢。志合言从, 道行国霸。死之后, 管氏而已。田氏之相齐也, 君盈则己降, 君敛则己施。民皆归之, 因有齐国; 子孙享之, 至今不绝。"

"若实名贫⑤, 伪名富。"

曰: "实无名, 名无实。名者, 伪而已矣。昔者尧舜伪以天下让许由、善卷⑥, 而不失天下, 享祚百年⑦。伯夷、叔齐实以孤竹君让而终亡其国⑧，饿死于首阳之山。实伪之辩，如此其省也。"

【注释】①舍：住宿。②燋：焦灼，烦躁。③乡党：周朝以五百家为"党"，一万二千五百家为"乡"。后泛指乡里。④斯：则。⑤若：因为若然，如果这样。实名：指为善而不求名利，有其实而无其名。⑥许由：古代隐者，相传尧拟让位，他逃到箕山下，农耕而食。尧又请其为九州长官，他到颍水边洗耳，表示不愿意听闻。善卷：古代隐者，相传舜曾经将天下让于善卷，但他以"日出而作，日入而息，逍遥于天地之间，而心意自得"为由，拒不接受。⑦祚〔zuò〕：国运，王位，国统。⑧孤竹：古国名，以今河北省唐山市滦南县为中心，存在于商周之时。

【译文】杨朱在鲁国游历时，借住在孟氏家中。

孟氏问他："人不过如此，又何必要什么名声呢？"

杨朱回答："借助名声可以发财致富。"

孟氏又问："已经富足了，为什么还不罢休呢？"

杨朱回答："为了获得尊贵的地位。"

孟氏继续问："已经获得了尊贵的地位，为什么还不罢休？"

杨朱回答："为了自己的身后事。"

孟氏再问："人已经死了，还为什么呢？"

杨朱回答："为了子孙后代。"

孟氏又问："对于子孙来说，名声又有什么好处呢？"

杨朱回答："名声让人身体劳苦、心情焦躁。凭借着名声，宗族都可以尽享福泽，就连乡党也可以享受利益，更何况是自己的子孙后代呢？"

孟氏说："但凡追求名声的人，都必定追求廉洁，廉洁又会导致贫困；追求名声的人必定要谦让，而谦让则又会导致地位卑贱。"

杨朱说："管仲辅佐齐桓公的时候，国君淫逸，他便也淫逸，国君奢侈，他也同样奢侈。他顺从了君王的意愿，也听从君王的言语，这使得他的治国之道得以推行下去，齐国得以称霸诸侯。但是他死之后，管氏家族也就不过如此。田成子做了齐国宰相之后，国君骄傲，他便谦逊；国君敛财聚货，他则施舍救济。民心归顺于他，所以才有齐国延续的发展；子孙后代也享用他的福泽，甚至至今都不曾中断。"

孟氏说："如此看来，真实的名声让人贫困，虚假的名声反倒使人富贵了。"

杨朱说："真实的人没有名声，有名声的人则不真实。名声不过是虚假作伪而已，从前尧舜虚伪地想要将天下让给隐士许由、善卷，但却没有真正失去天下，反倒安享天下上百年之久。伯夷、叔齐倒是真心实意地想要将孤竹国的王位让出去，结果反倒是亡了国，还双双饿死在了首阳山上。真实与虚伪的区别，就是如此明了啊！"

杨朱曰："百年，寿之大齐①。得百年者千无一焉。设有一者，孩抱以逮昏老，几居其半矣。夜眠之所弭②，昼觉之所遗，又几居其半矣。痛疾哀苦，亡失忧惧，又几居其半矣。量十数年之中，逌然而自得亡介焉之虑者③，亦亡一时之中尔。则人之生也奚为哉？奚乐哉？为美厚尔，为声色尔。而美厚复不可常厌足④，声色不可常翫闻⑤。乃复为刑赏之所禁劝，名法之所进退；遑遑尔竞一时之虚誉，规死后之馀荣；偊偊尔顺耳目之观听⑥，惜身意之是非；徒失当年之至乐，不能自肆于一时。重囚累梏,何以异哉? 太古之人知生之暂来,知死之暂往; 故从心而动,不违自然所好; 当身之娱非所去也,故不为名所劝。从性而游,不逆万物所好,死后之名非所取也,故不为刑所及。名誉先后,年命多少,非所量也。"

【注释】①大齐〔jì〕:大限。②弭〔mǐ〕:息止,消磨。③迪〔yóu〕然:舒适自得的样子。介:通"芥",小草。引申为细微。④厌:饱,足。⑤翫〔wán〕:"玩"的异体字。⑥偊偊〔yǔ〕:独行的样子。

【译文】杨朱说:"一百岁,是寿命的大限。可以活到一百岁的人,一千个里面也很难挑出一个来。即便有这么一个人活到了一百岁,那么从孩提到衰老的阶段,几乎就占据了他人生的一半时间。晚上睡觉时的消耗,白天觉醒时的浪费,这些都几乎占据了剩余时间的一半。疼痛、疾病、哀伤、痛苦,错过、失意、忧伤、恐惧,这又几乎占据了剩余时间的一半。算起来在这剩下的十几年里,可以做到怡然自得,心中没有丝毫挂虑的也不过是短暂的一刹那罢了。人生一世,到底是为了什么呢? 究竟有什么值得欢乐的呢? 不过是为了锦衣玉食、歌舞声色罢了。然而,锦衣玉食又不可能总是能得到满足,歌舞美色也不可能经常被玩赏。而且每个人生来都是要受到刑罚的阻禁、赏赐的诱劝,也要受到名教的督促,以及礼法的束缚;惶惶不安地去竞争一时的虚名,还得谋算着死后所留下的荣耀;人生路上的孤独前行,还要审慎地观察聆听,思考照顾自身的是非对错;就这样白白丧失了有生之年的最大快乐,让自己得不到片刻的肆意放纵。这与被关进深牢、戴上沉重手铐脚镣又有什么区别呢? 远古时期的人们，懂得生命都不过是迅疾而来，懂得死亡也就是迅即离开；所以他们都能顺从自己心愿而行动，从来都不会违背自己天性中的喜好；他们绝对不会放弃现世中的欢愉，所以可以不受名誉的诱惑。他们可以放纵天性，可以在世间悠哉畅游，不会违逆自然规律，不去追求死后的虚名，所以也就不会触及到刑罚。不管是名誉的先来后到，还是寿命的长短多少，他们都不会去考虑思量。"

杨朱曰："万物所异者生也，所同者死也。生则有贤惠、贵贱，是所异也；死则有臭腐、消灭，是所同也。虽然，贤愚、贵贱非所能也；臭腐、消灭亦非所能也。故生非所生①，死非所死；贤非所贤，愚非所愚，贵非所贵，贱非所贱。然而万物齐生齐死②，齐贤齐愚，齐贵齐贱。十年亦死，百年亦死。仁圣亦死，凶愚亦死。生则尧舜，死则腐骨；生则桀纣，死则腐骨。腐骨一矣，孰知其异？且趣当生，奚遑死后③？"

【注释】①非所生：疑此句脱一"能"字，应作"非所能生"，意思为生存并不是自己所能做主的。下文的"非所死"、"非所贤"、"非所愚"等都应该有"能"字。②齐：相等，等同。③遑：闲暇，空闲。

【译文】杨朱说："万物彼此之间的差异就在其生命的过程，而彼此之间的共同点则在于其死亡的终点。活着的时候，万物会有贤明与愚昧、尊贵与卑贱这样的区别；死了的时候，万物则都要经历腐臭、消亡，这便是相同的地方。即便如此，贤明与愚昧、尊贵与卑贱，也不是自己可以做主的，腐臭、消亡，同样也不是自己能做主的。因此，生存并不是自己可以做主的生存，死亡也不是自己可以决定的死亡；贤明并不是自己可操控的贤明，愚昧也不是自己愿意愚昧就能愚昧；尊贵并不是自己想要就可以尊贵的，卑贱也不是自己能左右的卑贱。事实上，万物的生死都是平等的，贤明与愚昧也是平等的，尊贵与贵贱也是平等的。活十年是一死，活一百年也是一死。圣贤仁人会死，凶顽愚人也会死。生为尧舜这样的贤人，死了也不过是一堆腐骨；生为桀纣这样的恶人，死了同样也是一堆腐骨。腐朽的尸骨都是一样的，谁又能知道其生前的差异呢？姑且享受今生的乐趣吧，哪里有空闲去考虑太多死后的事呢？"

杨朱曰："伯夷非亡欲，矜清之邮①，以放饿死②。展季非亡情，矜贞之邮，以放寡宗③。清贞之误善之若此！"

【注释】①邮：通"尤"，尤其，过分。②放：至，到。③寡宗：宗族不繁盛，意思是子孙稀少。

【译文】杨朱说："伯夷并不是没有欲望，只不过是太过于矜持清高，以至于被饿死在了首阳山上。柳下惠也不是没有感情，只不过是太过于矜持和看重贞洁，以至于他日后寡子少孙。可见这清高贞洁竟将善良的人们耽误到了这种地步。"

杨朱曰："原宪窭于鲁①，子贡殖于卫②。原宪之窭损生，子贡之殖累身。"

"然则窭亦不可，殖亦不可，其可焉在？"

曰:"可在乐生,可在逸身。故善乐生者不窭,善逸身者不殖。"

【注释】①原宪:字子思,春秋末期鲁国人,一说为宋国人,孔子弟子。窭〔jù〕:贫寒。②殖:货殖,经商,这里有发财、富有的意思。

【译文】杨朱说:"原宪在鲁国挨饿受穷,日子过得很贫寒,子贡在卫国经商发财,过得很富有。原宪的贫穷让他自己的生命受到了损害,而子贡的经商之业也让他的身体劳累不堪。"

有人问:"既然受穷贫寒也不合适,经商劳累也不合适,那还有什么合适的事情呢?"

杨朱说:"让自己的生命体验到快乐,让自己的身心感受到安逸。所以说,善于让自己的生命变得快乐的人就不会变得贫寒,让自己的身体感到安逸的人就不会为了发财而将自己的身体累垮。"

杨朱曰:"古语有之:'生相怜,死相捐①。'此语至矣。相怜之道,非唯情也;勤能使逸,饥能使饱,寒能使温,穷能使达也。相捐之道,非不相哀也;不含珠玉②,不服文锦,不陈牺牲,不设明器也③。晏平仲问养生于管夷吾④。管夷吾曰:'肆之而已,勿壅勿阏⑤。'晏平仲曰:'其目奈何⑥?'夷吾曰:'恣耳之所欲听,恣目之所欲视,恣鼻之所欲向,恣口之所欲言,恣体之所欲安,恣意之所欲行。夫耳之所欲闻者音声,而不得听,谓之阏聪;目之所欲见者美色,而不得视,谓之阏明;鼻之所欲向者椒兰,而不得嗅,谓之阏颤⑦;口之所欲道者是非，而不得言，谓之阏智；体之所欲安者美厚，而不得从，谓之阏适；意之所欲为者放逸，而不得行，谓之阏性。凡此诸阏，废虐之主⑧。去废虐之主，熙熙然以俟死，一日、一月、一年、十年，吾所谓养。拘此废虐之主，录而不舍⑨，戚戚然以至久生，百年、千年、万年，非吾所谓养。'"

【注释】①捐：捐弃，舍弃。②不含珠玉：古代入殓时，因死者身份不同，会在死者口中放入珠、玉、贝、米等东西。这里因为"死相捐"，所以不给死者口中含上珠玉。③明器：即"冥器"，殉葬的器物。一般用陶或木、石制成。④晏平仲问养生于管夷吾：晏平仲就是晏婴，但是他与管夷吾二者相隔百余年，并非同一时期的人也不可能一块儿对话。所以这番对话就是作者的假托，以寓言形式出现。⑤壅〔yōng〕：堵塞。阏〔è〕：遏止。⑥目：细目，具体情况。⑦颤〔shān〕：鼻通可以辨别气味。⑧废虐：废，大。废虐就是残毁的意思。主：主导，主因。⑨录：检束，约束。

【译文】杨朱说："古人有一句话：'活着互相怜惜，死了彼此捐弃。'这话真是至理名言。所谓互相怜惜，不仅仅只是对其动之以情，更要让劳苦的人得到安逸，饥饿的人可以吃饱，寒冷的人能得到温暖，穷困的人可以变得显达。所谓彼此捐弃，并不是说不因死亡而悲伤，而是不让死者口中衔含美玉，不为死者穿锦衣华服，不在灵堂前供设祭祀贡品，不在坟墓之中埋葬殉葬明器。晏平仲向管夷吾讨教养生之道。管夷吾说：'养生之道的关键，就是随心所欲而已，对于身心的欲望，不堵塞也不遏制。'晏平仲问：'具体都应该怎么做呢？'管夷吾说：'放任耳朵，听自己想听的；放任眼睛，看自己想看的；放任鼻子，闻自己想闻的；放任嘴巴，说自己想说的；放任身体，怎么舒服怎么来；放任意念，想做什么就做什么。耳朵想要听美妙的声音，若是不让听，就会遏制听觉的灵敏；眼睛想要看美好的姿色，若是不让看，就遏制了视觉的明锐；鼻子想要闻香料香花的味道，若是不让闻，就遏制了嗅觉的判断；嘴巴想要说人间的是非，若是不让说，就遏制了头脑的智慧；身体想要锦衣玉食的享受，若是不让得到，就遏制了人身的安乐；意念想要做的是尽情享乐，若是不让做，那就是遏制天性的本真。凡是类似于这样的遏制，都是残害身心的主要因素。若是能摒除这些残害身心的根本原因，能够欢喜到死，哪怕只活上一天、一月、一年、十年，也是我所说的养生了。若是拘泥在这些残害身心的事情里，甘愿受到束缚也舍弃这样的生活，即便悲悲戚戚地活上许久，哪怕是一百年、一千年、一万年，也不算是我所谓的养生。'"

　　"管夷吾曰：'吾既告子养生矣，送死奈何？'晏平仲曰：'送死略矣，将何以告焉？'管夷吾曰：'吾固欲闻之。'平仲曰：'既死，岂在我哉？焚之亦可，沉之亦可，瘗之亦可①，露之亦可，衣薪而弃诸沟壑亦可②，衮衣绣裳而纳诸石椁亦可③，唯所遇焉。'管夷吾顾谓鲍叔、黄子曰④：'生死之道，吾二人进之矣⑤。'"

【注释】①瘗〔yì〕：埋葬。②衣〔yì〕薪：用柴草遮盖。衣，遮盖。③衮〔gǔn〕衣：古代帝王及上公的礼服。石椁〔guǒ〕：石头做的套棺。④黄子：齐国大臣，与管仲同时。⑤进：通"尽"，通透，透彻。

【译文】"说完,管夷吾反问道:'我既然告诉了你养生之道,那么你说说给死人送葬又应该如何呢?'晏平仲说:'送葬就很简单了,有什么可说的呢?'管夷吾说:'说来听一听。'晏平仲说:'人都死了,还能由得了他自己吗?把尸体焚化了也可以,沉到水里也可以,埋到地里也可以,露天丢弃也可以,裹上柴草丢进沟里也可以,锦衣绣服安置在石棺里也可以,遇上什么就是什么了。'管夷吾听完之后,回头对鲍叔牙和黄子说:'生死的道理,我与他已经算是彻底领悟了。'"

子产相郑,专国之政;三年,善者服其化,恶者畏其禁,郑国以治。诸侯惮之。

而有兄曰公孙朝,有弟曰公孙穆。朝好酒,穆好色。朝之室也聚酒千钟^①,积麴成封^②,望门百步,糟浆之气逆于人鼻。方其荒于酒也^③,不知世道之安危,人理之悔吝,室内之有亡,九族之亲疏^④,存亡之哀乐也。虽水火兵刃交于前,弗知也。穆之后庭比房数十,皆择稚齿婑媠者以盈之^⑤。方其耽于色也,屏亲昵,绝交游,逃于后庭,以昼足夜^⑥;三月一出,意犹未惬。乡有处子之娥姣者^⑦,必贿而招之,媒而挑之,弗获而后已。

子产日夜以为戚,密造邓析而谋之,曰:"侨闻治身以及家,治家以及国,此言自于近至于远也。侨为国则治矣,而家则乱矣。其道逆邪?将奚方以救二子?子其诏之^⑧!"

邓析曰："吾怪之久矣，未敢先言。子奚不时其治也，喻以性命之重，诱以礼义之尊乎？"

子产用邓析之言，因间以谒其兄弟，而告之曰："人之所以贵于禽兽者，智虑。智虑之所将者⑨，礼义。礼义成，则名位至矣。若触情而动，耽于嗜欲，则性命危矣。子纳侨之言，则朝自悔而夕食禄矣。"

【注释】①钟：古代量器。四升为豆，四豆为区，四区为釜，十釜为钟。②麹〔qū〕：酒曲。封：土堆。③荒：沉迷。④九族：指本身，再加上本身以上的父、祖、曾祖、高祖和以下的子、孙、曾孙、玄孙等九族。⑤稚齿：年少。婑媠〔wǒ tuó〕：柔弱美好的样子。⑥足：补足。⑦娥妓：指女子容貌美丽。⑧诏：本用作上对下的告语，这里泛指"告诉"。⑨将：凭借，依据。

【译文】子产担任郑国国相之后，独揽国家政权；历经三年，好人服从他的教化，坏人畏惧他的禁令，郑国因此得到长治久安，各个诸侯国都惧怕日渐强大的郑国。

但是，子产有一个名叫公孙朝的哥哥，又有一个名为公孙穆的弟弟。公孙朝偏爱喝酒，公孙穆喜好女色。公孙朝的家里藏着数量庞大的美酒，酒曲都堆放得像小土坡，离他家门口百步远就能闻到酒浆的香气。当公孙朝沉迷于酒中时，对世间的安危、人情的厚薄、家业的有无、亲族的远近、存亡的哀乐全都不理会，就算是他面前有水火之灾，有兵刃相架，他也毫无知觉。而公孙穆家的后庭，有几十间房屋，住满了四处挑来的年轻貌美的女子。每当他沉溺于女色之时，不与亲属来往，不与朋友交游，一心扎进后庭之中，日以继夜地纵情享乐，三个月才从中走出来一次，就这样他还觉得意犹未尽，觉得不够惬意。只要乡间有面容姣好的未嫁姑娘，公孙穆都一定会用钱物来招引，请媒人从中说和，一定要将其弄到手。

子产整日都为这两兄弟的行为所担忧，便私底下拜访了邓析，和他商量说："我听说只有治理好自身，才能治理好一个家庭，只有治理好一个家庭，才可能治理好一个国家，这是说做事要按照由近及远的次序。我治理国家方面可算十分像样了，但自己的家里却一团糟。这不就相当于把修身、齐家、治国的道理颠倒过来了吗？有什么方法可以挽救我的这两位兄弟呢？请您替我出出主意吧。"

邓析说："我早就对您家这种情况感到奇怪了，只是没敢先对您讲而已。您为什么不找一个恰当的机会管教他们一下呢，劝说他们明白生命的重要性，启发他们明了礼义的尊贵。"

子产采纳了邓析的意见，便找机会去见了兄弟俩，劝告道："人之所以比飞禽走兽高贵，就是因为人有理智与思虑，而礼义则是理智与思虑的依托。只有具备了礼义，才能获得名誉和地位。如果只是感情用事，沉溺于个人嗜好之中，那就连性命都危险了。你们要是听我的劝，若能晨起改过自新，傍晚甚至都可以居官吃俸禄了。"

朝、穆曰："吾知之久矣，择之亦久矣，岂待若言而后识之哉？凡生之难遇而死之易及。以难遇之生，俟易及之死，可孰念哉？而欲尊礼义以夸人，矫情性以招名①，吾以此为弗若死矣。为欲尽一生之欢，穷当年之乐。唯患腹溢而不得恣口之饮，力惫而不得肆情于色；不遑忧名声之丑，性命之危也。且若以治国之能夸物，欲以说辞乱我之心，荣禄喜我之意，不亦鄙而可怜哉？我又欲与若别之。夫善治外者，物未必治，而身交苦；善治内者，物未必乱，而性交逸。以若之治外，其法可暂行于一国，未合于人心；以我之治内，可推之于天下，君臣之道息矣。吾常欲以此术而喻之，若反以彼术而教我哉？"

子产忙然无以应之^②，他日以告邓析。

邓析曰："子与真人居而不知也^③，孰谓子智者乎？郑国之治偶耳，非子之功也。"

【注释】①矫：勉强克制。②忙然：即"茫然"，若有所失的样子。③真人：道家指所谓修真得道的人。

【译文】公孙朝和公孙穆回答道："这道理我们很久之前就知道了，也经历过长时间的抉择，难道还要等你来说才明白吗？凡是生命，都是很难得到的，但是死亡却要容易得多。以这么难得的生命，夫等待那样容易而来的死亡，还有什么可值得牵挂顾忌的呢？你想要通过尊重礼义来向人夸耀，以掩饰性情来获取美名，我们觉得这还不如死了好呢。既然生而为人，就要尽享一生的欢愉，要享受有生之年的快乐。只怕是肚子太饱而不能恣意吃喝美味，只怕是精力疲惫而不能尽情享受声色，根本就顾及不到对名声的担忧，也顾及不到性命的危险。而你凭借着自己的治国才干向社会夸耀不已也就算了，这会儿还想要用这样的说辞来扰乱我们的心思，用功名利禄来诱惑我们的意志，这岂不是可怜而又卑鄙吗？我们还想要替你把道理分辨清楚呢。善于治理外物的人，但不一定能治理得好外物，自己有时候也会累得心力交瘁；而善于治理内心的人，外物未必就会发生混乱，而其本性也能自然得到安逸。用你治理外物的方法，或许短时间能在治理国家方面奏效，但却不一定让人心顺服；而以我们调治内心的方法，却可以将其推广到整个天下，就连君臣之间的一切纲常教律都可以废除了。我们还想要用这样的治理内心的方法来开导你的，你怎么反倒用治理外物的方法来教训起我们来了呢？”

子产茫然无言以对，改天便将事情转述给了邓析。

邓析听了之后说：“你一直和得道的真人同住同行却还不自知，谁说你是一个聪明人的？我看你把郑国治理得好也只是个偶然吧，并不是你的功劳。”

卫端木叔者①，子贡之世也。藉其先赀②，家累万金。不治世故③，放意所好。其生民之所欲为④，人意之所欲玩者，无不为也，无不玩也。墙屋台榭，园囿池沼，饮食车服，声乐嫔御，拟齐楚之君焉。至其情所欲好，耳所欲听，目所欲视，口所欲尝，虽殊方偏国，非齐土之所产育者，无不必致之；犹藩墙之物也。及其游也，虽山川阻险，涂径修远，无不必之，犹人之行咫步也。宾客在庭者日百住⑤，庖厨之下不绝烟火，堂庑之上不绝声乐⑥。奉养之馀，先散之宗族；宗族之馀，次散之邑里；邑里之馀，乃散之一国。行年六十，气干将衰，弃其家事，都散其库藏、珍宝、车服、妾媵⑦。一年之中尽焉，不为子孙留财。及其病也，无药石之储；及其死也，无瘞埋之资。一国之人受其施者，相与赋而藏之⑧，反其子孙之财焉。

禽骨釐闻之，曰："端木叔，狂人也，辱其祖矣。"

段干生闻之⑨，曰："端木叔，达人也，德过其祖矣。其所行也，其所为也，众意所惊，而诚理所取。卫之君子多以礼教支持，固未足以得此人之心也。"

【注释】 ①端木叔：复姓端木，名叔。战国时期孔子弟子端木赐（即子贡）的后代。②赀〔zī〕：财产。③世故：社会上的事务。④生民：一般人，众人。⑤百住：住，应为"数"。指数以百计。⑥庑〔wǔ〕：堂下周围的廊屋。⑦妾媵〔yìng〕：古代诸侯之女出嫁，从嫁之妹与女侄，称为"妾媵"。⑧赋：按人口出钱。藏：埋葬。⑨段干生：应为"段干木"，姓李，名克，封于段，为干木大夫，故称段干木。战国初年魏国学者。

【译文】 卫国有一个叫端木叔的人，是子贡的后代。凭借着祖宗的遗产，端木叔积累了万贯家财。他并不经营社会事务，还恣意放纵自己的各种嗜好。凡是一般人想要做的，想要玩的，他没有不做的，没有不玩的。他家里拥有的高墙深院、楼阁台榭，花园兽苑、池塘水沼，以及美酒美食、华车锦服，还有歌舞声乐、嫔御侍妾，与齐楚两国的国君相比都丝毫不输。至于他出自自身意愿所喜好的，耳朵想听到的，眼睛想看到的，嘴巴想尝到的，即便远在异国他乡，找遍全国都找不到本土出产，那他也一定要把那样东西弄来，那架势就好像是对待自家围墙以内的东西一般。如果他要外出游玩，即便是山川险阻，即便路途遥远，他也一定会去，那惬意的样子就好像普通人只走几步路一样。每天聚集在他家里的宾客数以百计，厨房里的烟火就没有熄灭过，厅堂廊庑上总是回荡着乐声。除了奉养宾客，端木叔若是有多余的财物，就会散发给宗族本家的人；若是还有剩余，就再散发给乡里乡亲；若是依然有剩余，就散发到全国民众。到了六十岁上下的时候，端木叔因为气血体力的衰竭，干脆就放弃了家业，将府库中储藏的物资、珍宝、车服都散了出去，妾婢们也都遣散出门。一年之内，家中所有财产尽数散尽，没有给子孙后代留下任何财产。甚至端木叔生病的时候，都拿不出治病买药的钱；等到他去世时，也没有能够置地安葬的钱财。但是，国内那些接受过他的施舍的人，却不约而同地按照人口凑钱将他安葬了，还将当初他散出去的财产又返还给了他的子孙。

禽骨釐听说了这件事，说："端木叔真是一个狂妄的人，他的行为辱没了祖宗。"

段干木也听说了这件事，却说："端木叔真是个通达的人，他的德行超过了他的祖先。他的所作所为，虽然令大家感到惊讶，但实际却是符合情理的。卫国的君子大多都用礼教来约束自己，所以并不能理解他的内心。"

孟孙阳问杨子曰①："有人于此，贵生爱身，以蕲不死②，可乎？"

曰："理无不死。"

"以蕲久生，可乎？"

曰："理无久生。生非贵之所能存，身非爱之所能厚。且久生奚为？五情好恶，古犹今也；四体安危，古犹今也；世事苦乐，古犹今也；变易治乱，古犹今也。既闻之矣，既见之矣，既更之矣③，百年犹厌其多，况久生之苦也乎？"

孟孙阳曰："若然，速亡愈于久生；则践锋刃，入汤火，得所志矣。"

杨子曰："不然。既生，则废而任之^④，究其所欲，以俟于死。将死，则废而任之，究其所之，以放于尽。无不废，无不任，何遽迟速于其间乎^⑤？"

【注释】①孟孙阳：杨朱的学生。②蕲〔qí〕：通"祈"，祈求。③更：经历。④废：废弃，弃之不顾，放任的意思。⑤遽〔jù〕：惶恐，窘急。

【译文】孟孙阳问杨朱："如果有这样一个人，他珍惜生命、爱护身体，并以此来祈求自己的永生，这可能吗？"

杨朱说："按道理来说，没有人是不死的。"

孟孙阳依旧问："那以此来祈求不死，可能吗？"

杨朱回答："按道理来说，人是不可能长生不老的。生命并不是因为得到了珍惜就能永存的，身体也不是因为得到了爱护就能变得强壮的。而且，长生了要做什么用呢？人们的喜怒哀乐怨，从古到今都是一样的；身体的安康疾病，从古到今也是一样的；世事的苦痛欢乐，从古到今还是一样的；社会的变更动荡，从古到今依然是一样的。既然已经听过了、见过了、经历过了，哪怕是如此过上一百年都还嫌时间太长，更何况是要长久地活下去呢？那得多痛苦啊！"

孟孙阳说："如果真是这样，那快些死去反倒比长寿要好得多了；只要碰触锋利的刀刃，进入沸水烈火之中，这快死的心愿也就得到满足了。"

杨朱却说："也并不是这样的。既然活着，就不如听从自然的发展，尽量满足其所有欲望，等候死亡的到来。即将要死去，那也同样听之任之，至于说什么时候死，也就由他去，直到命终就好。没有什么舍弃不下的，没有什么不可放弃的，那又何必为生命的长短而担心呢？"

杨朱曰："伯成子高不以一毫利物^①，舍国而隐耕。大禹不以一身自利，一体偏枯^②。古之人损一毫利天下不与也，系天下奉一身不取也。人人不损一毫，人人不利天下，天下治矣。"

禽子问杨朱曰："去子体之一毛以济一世，汝为之乎？"

杨子曰："世固非一毛之所济。"

禽子曰："假济，为之乎？"

杨子弗应。

禽子出语孟孙阳。孟孙阳曰："子不达夫子之心，吾请言之。有侵若肌肤获万金者，若为之乎？"

曰："为之。"

孟孙阳曰："有断若一节得一国，子为之乎？"

禽子默然有间。

孟孙阳曰："一毛微于肌肤，肌肤微于一节，省矣。然则积一毛以成肌肤，积肌肤以成一节。一毛固一体万分中之一物，奈何轻之乎？"

禽子曰："吾不能所以答子。然则以子之言问老聃、关尹，则子言当矣；以吾言问大禹、墨翟，则吾言当矣。"

孟孙阳因顾与其徒说他事。

【注释】①伯成子高：即伯益，亦称"大费"。古代嬴姓各族的祖先，善于畜牧与狩猎，被舜任命为虞，掌管草木野兽，供应鲜食。禹时代受到重用，帮助大禹治水有功，被选为继承人。传说中由于他的谦让，大禹的儿子启才被选中继位。②偏枯：也称"偏瘫"，中医指半身不遂的病。

【译文】杨朱说："伯成子高一毛不拔，不肯施惠于外物，所以才舍弃了王位，在山野隐居，以耕田度日。大禹不愿意为自身谋利益，以至于劳累过度，导致半身不遂。古代的人，并不愿意拔一毛以施惠于天下，不愿意付出；而用全天下来奉养自身这样的事，他也是不愿意的。假如人人都不拔一毛，人人都不有利于天下，那么天下也就获得大治了。"

禽骨釐问杨朱："拔你身上一根毫毛来救济全社会，你干不干？"

杨朱说："全社会可不是靠这一根毫毛就能救济得了的。"

禽骨釐又问："如果能够救济，你愿意做吗？"

杨朱并没有理会他的问题。

禽骨釐出门就把这件事告诉了孟孙阳，孟孙阳说："你并没有领会先生的心意，还是让我来给你说一说吧。假如有人侵害你的肌肤，同时却让你能获取万金，你愿不愿意？"

禽骨釐说："我愿意。"

孟孙阳接着问："那如果有人砍断了你的一节肢体，但同时让你获得一个国家作为补偿，你愿意吗？"

禽骨釐沉默了一会儿，却没有回答。

于是孟孙阳继续说道："与肌肤相比，一根毫毛要显得轻微得多，而肌肤又比一段肢体更轻微，这是明摆着的事实。但是，正是一根根毫毛的累积，才形成了肌肤；正是一寸寸肌肤的累积，才形成了肢体。一根毫毛虽然之占据了身体的万分之一，但又怎么能轻视它呢？"

禽骨釐说："我没什么道理来回答你，但是用你的话去询问老聃、关尹，这就是恰当的；可若是用我的话去询问大禹、墨翟，那么我的话也是恰当的。"

孟孙阳听罢，就转回头与学生讨论其他事情去了。

杨朱曰："天下之美归之舜、禹、周、孔①，天下之恶归之桀、纣。然而舜耕于河阳②，陶于雷泽③，四体不得暂安，口腹不得美厚；父母之所不爱，弟妹之所不亲。行年三十，不告而娶。及受尧之禅，年已长，智以衰。商钧不才④，禅位于禹，戚戚然以至于死：此天人之穷毒者也⑤。鲧治水土⑥，绩用不就，殛诸羽山⑦。

【注释】①周：周公，姓姬，名旦，周文王之子，武王之弟，曾帮助武王灭商。武王去世时，成王尚且年幼，周公摄政。②河阳：古地名，位于今河南省孟县西。但根据《史记·五帝本纪》记"舜耕历山"，则舜在历山耕田。③陶：制作陶器。雷泽：古泽名，又称"雷夏"，故址位于今山东省菏泽市境内。④商钧：舜的长子。因为商钧缺乏才能，所以舜将天下让给了禹。⑤天人：犹言天下之人。穷毒：穷，极。毒，苦害。犹言受苦难最多。⑥鲧：同"鲧"，禹的父亲，传说中国原始时代的部落酋长。他曾经奉尧的命令治理洪水，使用筑堤堵塞的方法，却九年而未成功。后来被舜杀死在羽山。⑦殛〔jí〕：诛杀。羽山：位于今山东省临沂市郯城县东北。

【译文】杨朱说："天下的美誉都被虞舜、夏禹、周公、孔子取得了，天下的恶名都被夏桀、商纣拿走了。可是舜在河阳耕种，在雷泽制陶，手脚一刻不得安闲，嘴巴肚子也吃不到丰盛的美食；父母并不喜欢他，弟弟妹妹也不亲近他。舜到了三十岁，都没有与父母商量便自作主张娶了妻室。等到接受了尧的禅让登上了帝位，年纪已经大了，智力也有所减退。他的儿子商钧没有治国的才能，他只得禅位于大禹，忧心忡忡地直到死去：这真是天底下受苦受难最多的人。鲧治理洪水，因为方法不当而失败，被舜杀死在羽山。"

"禹纂业事雠①，惟荒土功②，子产不字③，过门不入；身体偏枯，手足胼胝④。及受舜禅，卑宫室，美绂冕⑤，戚戚然以至于死：此天人之忧苦者也。武王既终，成王幼弱⑥，周公摄天子之政。邵公不悦⑦，四国流言。居东三年，诛兄放弟⑧，仅免其身，戚戚然以至于死：此天人之危惧者也。"

【注释】①纂〔zuǎn〕业：纂，继承。继承事业。雠〔chóu〕："仇"的异体字。②荒：沉溺，专心。③不字：不加抚养。大禹的妻子涂山氏生下儿子启，但大禹忙于治水而无心照管孩子。④胼胝〔pián zhī〕：手脚因为劳作而形成老茧。⑤绂〔fú〕冕：绂，蔽膝。古代祭服。⑥成王：周成王（？—前1021），姓姬，名诵，公元前1042—前1021年在位。其父武王去世时，他尚且年幼，由叔父周公旦摄政。⑦邵公：亦作"召公"，姓姬，名奭。周代燕国始祖。曾经辅佐武王灭商，被封于燕。成王时期担任太保，与周公旦分陕而治。⑧诛兄放弟：周公旦摄政之后，他的兄长管叔鲜与兄弟蔡叔度联合殷纣王之子武庚作乱，后来为周公所平定，管叔鲜被杀，蔡叔度被放逐。

【译文】"大禹继承了父亲的事业,为杀父仇人做事,一心治理洪水,儿子出生了都不去关爱,甚至三过家门而不入。以至于弄得自己半身瘫痪,手脚都长满了老茧。等到接受舜的禅让而登上帝位的时候,他为了俭省而住在简陋低矮的宫殿之中,为了祭祀鬼神却制作华美的官服。他一直心事重重地活着,直到老死:这真是天底下忧愁痛苦最多的人。周武王死后,成王年纪尚小,周公旦便代替他行使天子政令。邵公却对此感觉很不满,便四处传播对周公不利的流言蜚语。周公因此东征三年,诛杀了哥哥管叔鲜,放逐了弟弟蔡叔度,才得以保全自身免受伤害,一直忧愁惶恐地活着直到死去:这真是天底下担忧恐惧最多的人。"

"孔子明帝王之道,应时君之聘,伐树于宋①,削迹于卫②,穷于商周③,围于陈、蔡④,受屈于季氏⑤,见辱于阳虎⑥,戚戚然以至于死:此天民之遑遽者也。凡彼四圣者,生无一日之欢,死有万世之名。名者,固非实之所取也。虽称之弗知,虽赏之不知,与株块无以异矣⑦。桀藉累世之资,居南面之尊,智足以距群下⑧,威足以震海内;恣耳目之所娱,穷意虑之所为,熙熙然以至于死:此天民之逸荡者也。纣亦藉累世之资,居南面之尊;威无不行,志无不从;肆情于倾宫,纵欲于长夜;不已礼义自苦,熙熙然以至于诛:此天民之放纵者也。彼二凶也,生有从欲之欢,死被愚暴之名。实者,固非名之所与也。虽毁之不知,虽称之弗知,此与株块奚以异矣? 彼四圣虽美之所归,苦以至终,同归于死矣。彼二凶虽恶之所归,乐以至终,亦同归于死矣。"

【注释】①伐树于宋：《史记·孔子世家》记载，"孔子去曹，适宋，与弟子习礼大树下。宋司马桓魋欲杀孔子，拔其树。"②削迹于卫：卫灵公原来想要聘用孔子，后来听信了谗言，改变了态度。孔子生怕会遭到迫害，便躲藏起来，并偷偷离开了卫国。③穷于商周：穷，困厄。商周，古地名，即今河南省商丘市一带的商朝旧地，这里专指"匡"。孔子去往陈国的路上，经过匡。匡人曾经受到鲁国阳虎的暴凌，孔子因为长得像阳虎而被误捉，囚禁了五天。④围于陈、蔡：孔子应聘游楚。陈、蔡两国大夫一道出兵将孔子围困在陈、蔡之间的野地里。⑤受屈于季氏：孔子曾经在季氏手下担任管理牲畜的小官，也算是"委屈"。⑥见辱于阳虎：阳虎，一作"阳货"，春秋后期季孙氏的家臣，要挟季氏，掌握国政，拥有极大的权势。季氏曾经设宴招待鲁国士人，前去赴宴的孔子被阳虎拦下，说："季氏飨士，非敢飨子也。"意思就是，季氏招待名士，可并没有请你啊。所以说"孔子见辱于阳虎"。⑦株块：泛指土木。⑧距：通"拒"，抗拒。

【译文】"孔子精通治国之道，当时很多国家的君主都聘请他为自己的国家效力，但是他在宋国时却遭到了大司马桓魋砍断大树的威胁，被驱逐出国；在卫国遭到别人造谣中伤，只能销声匿迹；在商周被囚禁，在陈、蔡之间受到围困，在季孙氏手下委屈地做小官，还受到季孙氏家臣阳虎的羞辱，悲戚地活着直到老死：这真是天底下最为凄惶窘迫的人。所有这四位圣贤，生前没享受过一天欢乐，可是死后却都获得了万世的荣耀。所谓名声，原本就不是实际所需要的。死了之后获得的赞誉，本人已经察觉不到了；纵然获得奖赏，也无法知晓，这和树桩土块又有什么两样呢？夏桀凭借着祖宗的基业，坐在高高的帝王之位上，他有足以与群臣抗衡的才智，也有足以震撼四海的声威；他恣意地享受感官娱乐，随心所欲地为所欲为，欢欢喜喜地直到死去：这真是天底下最为放荡享受的人。商纣同样也是因为祖宗的基业，而登上高高的帝位；他设定的威严法令没有得不到实施的，他的君王意志总能得到服从；他在深宫后庭尽情地寻欢作乐，以无休止的纵情声色来度过漫漫长夜；他从不拿礼义来为难自己，一直舒适安乐地活到死去：这真是天下最放纵任性的人。这两个凶徒，生前纵情享乐，死后才背负起愚蠢残暴的恶名。所谓实际，从来都不是名声所能赋予的。死了之后，即便遭受诋毁，本人也不会察觉；即便受到称赞，本人也不会知晓，这真的与草木土块有什么两样？那四位圣人虽然被天下众人称颂，但却都艰难苦恨一辈子，最后都归于死亡。那两个凶徒虽然恶名满天下，可却快活地过了一辈子，最后也不过都走向死亡的结局。"

杨朱见梁王^①，言治天下如运诸掌。

梁王曰："先生有一妻一妾而不能治，三亩之园而不能芸^②；而言治天下如运诸掌，何也？"

对曰："君见其牧羊者乎？百羊而群，使五尺童子荷箠而随之^③，欲东而东，欲西而西。使尧牵一羊，舜荷箠而随之，则不能前矣。且臣闻之：吞舟之鱼，不游枝流^④；鸿鹄高飞，不集洿池^⑤。何则？其极远也。黄钟大吕不可从烦奏之舞^⑥，何则？其音疏也。将治大者不治细，成大功者不成小，此之谓矣。"

【注释】①梁王：梁惠王，即魏惠王（前400—前319），战国时魏国国君，公元前369—前319年在位。②芸：通"耘"，除草。③箠〔chuí〕：鞭子。④枝流：即支流。指小河。⑤洿〔wū〕池：水流停积不流的小水坑。⑥黄钟大吕：中国古代十二乐律中的第一、第二律。这里指庄严肃穆的庙堂音乐。烦奏之舞：以复杂的音乐伴奏的舞蹈，就是节奏很快的舞蹈。

【译文】杨朱觐见梁惠王，说自己对天下的治理，就犹如运用自己的手掌玩弄各种物体一样轻松自如。

梁惠王说："先生您家中的一妻一妾都尚且管教不好，三亩大的园子还不能好好耕耘，却来说治理天下就像在手上玩弄东西一样容易，这是为什么呢？"

杨朱说："大王您见过牧羊的情况吗？上百只羊汇成一个羊群，就让一个五尺高的孩子提着鞭子跟在羊群后面，要它们向东就向东，要它们往西就往西。但若是让尧牵着一头羊，再让舜提着鞭子跟随在羊的后面，可就没法顺利向前了。而且我听说：可以吞下舟船的大鱼，不会在小河支流中游动；高飞的鸿鹄，并不会在污浊的浅水池塘边栖息。为什么呢？这是因为它们拥有高远的志向。黄钟大吕不会为节奏繁杂快速的舞蹈做伴奏，这是什么缘故？是因为它们拥有低沉舒缓的音调。将要治理大事的人不会去做小事情，说的就是这个道理啊！"

杨朱曰："太古之事灭矣，孰志之哉？三皇之事若存若亡，五帝之事若觉若梦，三王之事或隐或显，亿不识一。当身之事或闻或见，万不识一。目前之事或存或废，千不识一。太古至于今日，年数固不可胜纪。但伏羲已来三十馀万岁^①，贤愚、好丑，成败、是非，无不消灭；但迟速之间耳。矜一时之毁誉^②，以焦苦其神形，要死后数百年中馀名^③，岂足润枯骨？何生之乐哉？"

【注释】①但：仅，只。②矜：顾惜，慎重。③要：追求。

【译文】杨朱说："远古的事情早就已经湮灭了，还有谁能记得呢？三皇时代的事情，似乎存在似乎又消亡了；五帝时代的事情，好像是清醒地知晓又好像如在梦中；三王时代的事情，有的隐没了，有的还能被明显记得，但那数以亿计的事情，未必能记得其中的一件。当代的事情有的听说过有的也见过，但也是一万桩事情中可能也认不出一件。眼前的事情，有的还记得有的已经遗忘，恐怕是一千件事情也想不起一件来。从远古到现今，过了多少年已经无法计算清楚了。仅从伏羲氏到现在，就已经经历了三十多万年，贤明的事情、愚蠢的事情，好的事情、不好的事情，成功的事情、失败的事情，对的事情、错的事情，都已经烟消云散了，只不过就是时间早晚的问题。若是只顾着怜惜一时的荣誉或者毁谤，就会让身心陷入焦虑痛苦之中，追求死后数百年留下好名声，可是这名声又怎么能滋润那已经枯朽的尸骨呢？这样活着还有什么乐趣呢？"

杨朱曰："人肖天地之类，怀五常之性^①，有生之最灵者也。人者，爪牙不足以供守卫，肌肤不足以自捍御，趋走不足以从利逃害，无毛羽以御寒暑，必将资物以为养，任智而不恃力。故智之所贵，存我为贵；力之所贱，侵物为贱。然身非我有也，既生，不得不全之；物非我有也，既有，不得而去之。身固生之主，物亦养之主。虽全生，不可有其身；虽不去物，不可有其物。有其物，有其身，是横私天下之身^②，横私天下之物。不横私天下之身，不横私天下物者，其唯圣人乎！公天下之身，公天下之物，其唯至人矣！此之谓至至者也^③。"

【注释】①五常：这里指与自然界的金、木、水、火、土这五行相对应的人的五种德性，即仁、义、礼、智、信。②横〔hèng〕：粗暴，不循正理。③至至：道德的最高境界。

【译文】杨朱说："人类就好像天地一样具有阴阳之分，也有五行之性，是所有生命中最有灵性的种类。对于人来说，虽然指甲与牙齿不足以用来保护自身，肌肉和皮肤不足以抵抗外来侵害，奔跑快走不足以趋利避害，也没有皮毛羽翼来抵御严寒酷暑，必须要凭借钱财物品来供养自身，凭借智慧而不是蛮力生存。所以智慧之所以高贵，就在于它可以让我们保全自身；力气之所以卑贱，就因为它可以侵害外物。虽然身体并不是为我们所有的，可一旦出生了，我们就不得不保全它；而外物也并不是归我们所有的，可既然拥有了，就不能随便抛弃它。身体的确是生命的主体，外物也应该算作养护生命的主体。虽然要保全主体，可是却不能因此就占有身体；虽然说不能舍弃外物，但也不能因此就占有外物。占有外物，占有身体，就是强行独占属于天下的身体，也是强行独占本属于天下的外物。不强行独占本属于天下的身体，不强行独占本属于天下的外物，大概只有圣人才能做到吧！而将本属于天下的身体还归公有,将本属于天下的外物不再私藏,大概只有圣人才能做到吧!这就叫达到道德的最高境界了。"

杨朱曰:"生民之不得休息,为四事故:一为寿,二为名,三为位,四为货。有此四者,畏鬼,畏人,畏威,畏刑:此谓之遁民也①。可杀可活,制命在外。不逆命,何羡寿?不矜贵,何羡名?不要势,何羡位?不贪富,何羡货?此之谓顺民也②。天下无对,制命在内。故语有之曰:'人不婚宦,情欲失半;人不衣食,君臣道息。'周谚曰:'田父可坐杀③。'晨出夜入,自以性之恒;啜菽茹藿④,自以味之极;肌肉粗厚,筋节膇急⑤,一朝处以柔毛绨幕⑥,荐以粱肉兰橘,心疧体烦⑦,内热生病矣。商鲁之君与田父侔地⑧,则亦不盈一时而惫矣。故野人之所安⑨,野人之所美,谓天下无过者。"

【注释】①遁民:违背自然本性的人。②顺民:遵从自然本性的人。③坐杀:如果让他总是闲坐,反而会使他生病而死。④啜〔chuò〕:吃,饮。菽〔shū〕:本指大豆,这里引申为豆类的总称。茹:吃。藿:豆叶。⑤膇〔quān〕急:蜷曲紧张。⑥绨〔tí〕:古代丝织物名称,质地较厚。⑦疧〔yuān〕:忧郁。⑧侔〔móu〕:齐等,同样。⑨野人:古代对在外从事农耕者的称呼。

【译文】杨朱说:"人们之所以得不到休息,就是因为四件事的缘故:一是为了长寿,二是为了名誉,三是为了地位,四是为了财货。有了这四件事,人们就会怕鬼、怕人、怕权势、怕刑罚;这样的人就是违背自然本性的人。或者死亡或者继续生存，他们的命运为外界所支配。而不违逆天命，又何必羡慕长寿？不看重显贵，又何必羡慕名声？不追求权势，又何必羡慕地位？不贪图富贵，又何必羡慕资财？这就叫顺从自然本性的人。这样的人天下无敌，命运则完全由自己来掌控。所以才有这样的话说：'人若是不结婚也不做官，那么七情六欲就会减半；人若是不穿衣服也不吃饭，那么君臣之道也就从此断掉了。'周地有谚语说：'乍处安闲，闷煞老农。'农夫们早出晚归地农作，对这样的生活已经习以为常；即便喝的是豆粥，嚼的是豆叶，也自认为吃的是美味至极的食物；他们皮肤粗糙，肌肉厚实，青筋暴露，骨节突出，可一旦让他们盖上柔软的毛皮，睡在绸缎的帐子里，并让他们吃上精美的饭食、香甜的水果，他们反而会觉得心烦意乱，导致身体疾病。而若是让宋国、鲁国的君王去与农夫一样耕地，恐怕用不了一时三刻，这些君王们也会疲惫不堪。所以，山野农夫所安身的住所，他们所喜好的事物，都自以为是天下最好的。"

"昔者宋国有田夫，常衣缊黂①，仅以过冬。暨春东作②，自曝于日，不知天下之有广厦隩室③，绵纩狐貉④。顾谓其妻曰：'负日之暄⑤，人莫知者；以献吾君，将有重赏。'里之富室告之曰：'昔人有美戎菽，甘枲茎芹萍子者⑥，对乡豪称之。乡豪取而尝之，蛰于口⑦，惨于腹⑧，众哂而怨之⑨，其人大惭。子，此类也。'"

【注释】①缊黂〔yùn fén〕：用乱麻做絮的冬衣。②东作：春耕。

③陕〔yù〕：通"燠"，暖和，热。④纩〔kuàng〕：丝绵。⑤暄〔xuān〕：暖和。⑥枲〔xǐ〕：麻。芹萍子：即"苹"，又名"藾蒿"，嫩苗可食用。⑦蜇：刺。⑧惨：剧痛。⑨哂〔shěn〕：讥笑。

【译文】"从前宋国有一个农夫，经常穿着破麻做絮的棉衣勉强过冬。开春之后，他再下地耕作，自己在太阳底下暴晒，并不知道天下还有高楼大厦，有暖和的屋室，也不知道有丝绸棉衣，不知道有狐皮貉裘。他扭头对自己的妻子说：'晒太阳取暖的方法，没有别人知道；我若是将它敬献给国君，一定能得到重赏。'乡里有一个富裕的人告诉他说：'过去有一个人，自以为大豆、麻茎、蒿苗是天地下最好吃的东西，就对乡里的富豪赞不绝口。乡里的富豪拿来一吃，嘴巴被刺破了，肚子也感觉很疼，大家都讥笑并埋怨那个敬献的人，那个人也感到非常羞愧。你呀，就是这种人。'"

杨朱曰："丰屋美服，厚味姣色，有此四者，何求于外？有此而求外者，无厌之性。无厌之性，阴阳之蠹也①。忠不足以安君，适足以危身；义不足以利物，适足以害生。安上不由于忠，而忠名灭焉；利物不由于义，而义名绝焉。君臣皆安，物我兼利，古之道也。鬻子曰：'去名者无忧。'老子曰：'名者实之宾②。'而悠悠者趋名不已。名固不可去？名固不可宾邪？今有名则尊荣，亡名则卑辱。尊荣则逸乐，卑辱则忧苦。忧苦，犯性者也；逸乐，顺性者也。斯实之所系矣。名胡可去？名胡可宾？但恶夫守名而累实。守名而累实，将恤危亡之不救，岂徒逸乐忧苦之间哉？"

【注释】①阴阳之蠹〔dù〕：蠹，蛀虫。自然界的害物，引申为比喻世间祸害。②名者实之宾：见于《庄子·逍遥游》，意思是，实是主，名是客，名是实的附从。

【译文】杨朱说："高大的房屋，美丽的服装，丰盛的美食，姣好的女色，有了这四样东西，又何必向外寻求？有这些却还要去向外追求的人，其本性都是贪得无厌的。拥有贪得无厌的本性，那就是世间的祸害。忠诚不足以保护君王，却恰恰能够危害自身；仁义不足以让外物得利，却恰恰能够伤害生命。保卫君王不依靠忠诚，那么忠诚的名声也就消亡了；施惠外物不依靠仁义，那么仁义的名声也就灭绝了。君主与臣下都得以安处，外物和自身能同时得利，这是古代的做法。鬻熊说：'摒弃名声的人没有忧虑。'老子说：'名声就是实体的附庸。'但仍然有很多的人始终不懈地在追求名声。名声本来就不能抛弃吗？名声本来就不能当做附庸吗？现在是有名声的就显得高贵荣耀，没有名声的就显得低贱屈辱。尊贵显赫，就能实现安逸享乐；低贱备下，就要整日忧愁困苦。忧愁困苦，是违背人的本性的；安享逸乐，是符合人的本性的。如此看来，名声倒是实在是负数了。名声怎么可以抛弃呢？名声怎么又能做附庸呢？只不过是厌弃那些死守名声而导致实体损害的做法罢了。死守着名声甚至危害到了实体，未来就要担忧世事的危险败亡且不可拯救，这样的痛苦难道仅仅只是在安逸享乐和忧愁困苦之间的事情吗？"

说 符

【题解】古代人以天降"符瑞"，附会与人事相应，称为"符应"。"符"有符信的含义，"说符"就是指"道"与人事的相互应验。本篇由列子向壶丘子林学道开篇，以三十多篇寓言与说理，讲述"心合于道"的中心思想，同时这也是《列子》全书的指导思想。

人生在世，世事无常，福祸相倚，所以列子提出，要在纷纭的万事万象中做到见微知著，才能实现"心合于道"，做到遇事应对自如。同时，列子提出了"心合于道"与"智巧"的关系，提出用智要避免骄盛，要以退让求平安。而心术不正的智巧，则是列子极力排斥的。不过，列子主张的是用智必须符合规律、把握机会，否则违法客观规律必会招来灾难。

《天瑞》讲的是天道，《说符》讲的便是人道，天道约束人道，而天道又无处不在。人心必须要合于天道，符合自然界的各种规律，才能保证其发展。

子列子学于壶丘子林。壶丘子林曰："子知持后，则可言持身矣。"

列子曰:"愿闻持后。"

曰:"顾若影,则知之。"

列子顾而观影:形枉则影曲^①,形直则影正。然则枉直随形而不在影,屈申任物而不在我,此之谓持后而处先。

关尹谓子列子曰:"言美则响美,言恶则响恶;身长则影长,身短则影短。名也者,响也;身也者,影也。故曰:慎尔言,将有和之;慎尔行,将有随之。是故圣人见出以知入,观往以知来,此其所以先知之理也。度在身^②,稽在人^③。人爱我,我必爱之;人恶我,我必恶之。汤武爱天下,故王;桀、纣恶天下,故亡,此所稽也。稽度皆明而不道也,譬之出不由门,行不从径也。以是求利,不亦难乎?尝观之神农、有炎之德,稽之虞、夏、商、周之书,度诸法士贤人之言^④,所以存亡废兴而非由此道者,未之有也。"

严恢曰^⑤:"所为问道者为富。今得珠亦富矣,安用道?"

子列子曰:"桀、纣唯重利而轻道,是以亡。幸哉余未汝语也。人而无义,唯食而已,是鸡狗也。强食靡角^⑥,胜者为制,是禽兽也。为鸡狗禽兽矣,而欲人之尊己,不可得也。人不尊己,则危辱及之矣。"

【注释】①枉:弯曲,不正。②度:法度、礼度或度量标准。③稽:考核。④度〔duó〕:测量。⑤严恢:可能为作者假托之人。⑥强食靡角:强,使用强力。靡,摩擦。为争食而互相角斗。

【译文】列子向壶丘子林学道。壶丘子林说:"你只有懂得保持谦让,才能来谈修身的道理。"

列子说:"愿意听听您说的保持谦让的道理。"

壶丘子林说:"回头看看你的影子,你就明白了。"

列子回头观察自己的影子:身体弯曲,影子也弯曲;身体端正直立,影子也端正直立。但是影子的端正曲直并不取决于其本身,而是取决于躯体的动作,人们处世境遇的是窘迫还是顺利也同样不取决于自我,而是取决于外物,这就叫做保持谦逊退让,才能获得领先。

关尹对列子说:"美妙的言辞说出来,回声也会动人,粗鄙的言辞讲出来,回音也会变得难听;若是身体本身就修长,那影子自然也是修长的,若是身体本来就短小,影子当然也短小。名声就和回音一样;而举止则相当于是影子。所以说:你的言论一定要谨慎小心,这样就会有人应和;你的举止一定要谨慎小心,这样也会有人跟从。所以圣人听见言论就可以知道回声,观察历史就能够预知未来,这就是圣人先知先觉的道理。对法度的掌握在于自身,对效果的验证则在于他人。如果别人喜爱我,那么我也一定会喜爱他;如果别人厌恶我,我也一定会厌恶他。成汤、周武对天下有着热爱之心,所以他们成为有声望的王;夏桀、商纣嫌恶天下,所以他们最终的下场是亡国,这就是历史的验证。当明确了外在的验证与自身的法度之后,行事却并不遵守,那就好比外出不经过大门,走路不沿着道路一样。如此去追求利益,难道不会显得很困难吗?我曾经考察神农氏与炎帝的德行,对虞、夏、商、周的典籍进行验证,思考那些崇法人士与贤明之人的言论，发现从来没有不遵循这条规律而生存、灭亡、废弃、兴盛的言论。"

严恢说："学道是为了富有，可是现在获得珠宝也能变得富有，那学道还有什么意义呢？"

列子说："夏桀、商纣之看重了利益而轻视了道，所以他们不仅自己死去了，国家也跟着灭亡了。幸好我还没有对你说什么。若是为人却没有情义，只知道要吃饱，那就不过是鸡狗。为了争抢食物而互相争斗，胜利的一方就控制一切，这行为也不过是和禽兽一样了。做的是鸡狗禽兽的勾当，却还要别人来尊重自己，这是根本不可能的事情。人们都不尊重自己了，那么危难与耻辱也就难以避免了。"

列子学射中矣^①，请于关尹子^②。

尹子曰："子知子之所以中者乎？"

对曰："弗知也。"

关尹子曰："未可。"

退而习之。三年，又以报关尹子。

尹子曰："子知子之所以中乎？"

列子曰："知之矣。"

关尹子曰："可矣，守而勿失也。非独射也，为国与身亦皆如之。故圣人不察存亡而察其所以然。"

【注释】①中：指射箭命中靶心。②请：告诉。

【译文】列子学射箭，射中了靶心，他将这件事告诉了关尹子。

关尹子问："你知道为什么能射中吗？"

列子说："不知道。"

关尹子说："那你的箭术还是不行啊。"

于是列子又回家继续苦练。三年之后，列子又去向关尹子汇报。

关尹子问："你知道自己为什么能射中靶心了吗？"

列子说："我知道了。"

关尹子说："这就可以了，牢记住其中的道理不要违背它。不仅仅是射箭，治国与修身也是同样的道理。所以圣人并不考究存亡兴废的表面现象，而是着重研究造成这些现象的根本原因。"

列子曰："色盛者骄，力盛者奋^①，未可以语道也。故不班白语道^②，失，而况行之乎？故自奋则人莫之告。人莫之告，则孤而无辅矣。贤者任人，故年老而不衰，智尽而不乱。故治国之难在于知贤而不在自贤。"

【注释】①奋：这里指仗着自己的力量强干。②班白：同"斑白"，头发花白，指年老。

【译文】列子说："血气方刚的人很容易骄傲，体力充沛的人又容易蛮干，没法与这样的人谈论大道。所以头发还没有斑白的人若是来论道，往往会丧失道的本意，更何况让他们去实行道呢？因此若是有人逞强，就不会有人来劝告他。没有人来劝告他，他就会变得孤立无援。贤明的人善于任用他人，即便自己年岁大了，能力却没有衰退，尽管智力大不如前却也不会变得思想混乱。所以，治理国家难就难在能够知贤善任，而并不是自以为自己很贤明。"

宋人有为其君以玉为楮叶者^①，三年而成。锋杀茎柯^②，毫芒繁泽^③，乱之楮叶中而不可别也。此人遂以巧食宋国。

子列子闻之，曰："使天地之生物，三年而成一叶，则物之有叶者寡矣。故圣人恃道化而不恃智巧。"

【注释】①楮〔chǔ〕：即构树。②锋杀：也作"丰杀"，指树叶的肥大瘦小。柯：树木的枝茎。③毫芒：细毛。

【译文】宋国有一个人，用玉石为国君雕刻了一枚树叶，耗时三年才完成。这枚玉石树叶，叶片、茎脉肥瘦大小相当，叶片上细毛密布，繁密而有光泽，即便混入真的树叶之中也难以辨别。于是，这个人就凭借这样的雕刻技术而获得了宋国的俸禄。

列子听说了这件事，说："如果天地生养万物，用三年时间才长出一片叶子，那么万物之中有叶子的树木可就少得多了。所以圣人凭借大道来推行教化，而不是凭借个人的才智与技巧。"

子列子穷，容貌有饥色。客有言之郑子阳者曰^①："列御寇盖有道之士也，居君之国而穷，君无乃为不好士乎^②？"郑子阳即令官遗之粟。子列子出见使者，再拜而辞。使者去。

子列子入，其妻望之而拊心曰^③："妾闻为有道者之妻子皆得佚乐^④，今有饥色，君过而遗先生食^⑤。先生不受，岂不命也哉？"

子列子笑谓之曰："君非自知我也。以人之言而遗我粟，至其罪我也，又且以人之言，此吾所以不受也。"

其卒⑥，民果作难而杀子阳⑦。

【注释】①子阳：驷子阳，姬姓，驷氏，字子阳，春秋战国时期郑国国相。②无乃：岂非。③望：怨恨，责怪。④佚乐：即逸乐，安逸快乐。⑤过：探望。遗〔wèi〕：赠予。⑥其卒：后来，终于。⑦民果作难而杀子阳：《史记·郑世家》："郑繻公二十五年，郑君杀其相子阳。"

【译文】列子过着穷困的日子，面黄肌瘦。有门客对郑国国相子阳说："列御寇可是有道德的人，在您的国家里过得如此贫穷，您莫非是不爱惜人才的人吗？"子阳听了，立刻派遣官员给列子送去了粮食。列子出门迎接使者，再三拜谢，却并不接受赠予的粮食。使者随即离开。

列子回到屋子里，妻子怨恨不已，捶着胸口说："我听说成为有道之士的妻子，就会过得安逸快乐，现在我却面黄肌瘦，国相探望你还给你送粮食，你却不接受，难不成是我命里注定要受苦吗？"

列子笑着说："国相并不是因为自己了解我才来送粮食的，他是听信了他人的话才这么做的，等到日后，他也可能听信他人的话而加罪于我。这就是我不接受这粮食的原因。"

后来，郑国百姓果然发动叛乱，杀掉了子阳。

鲁施氏有二子，其一好学，其一好兵。好学者以术干齐侯^①，齐侯纳之，以为诸公子之傅^②。好兵者之楚，以法干楚王；王悦之，以为军正^③。禄富其家，爵荣其亲。

施氏之邻人孟氏同有二子，所业亦同，而窘于贫。羡施氏之有，因从请进趋之方。二子以实告孟氏。

孟氏之一子之秦，以术干秦王。秦王曰："当今诸侯力争，所务兵食而已。若用仁义治吾国，是灭亡之道。"遂宫而放之^④。

其一子之卫，以法干卫侯。卫侯曰："吾弱国也，而摄乎大国之间^⑤。大国吾事之，小国吾抚之，是求安之道。若赖兵权，灭亡可待矣。若全而归之，适于他国，为吾之患不轻矣。"遂刖之^⑥，而还诸鲁。

既反，孟氏之父子叩胸而让施氏^⑦。施氏曰："凡得时者昌，失时者亡。子道与吾同，而功与吾异，失时者也，非行之谬也。且天下理无常是，事无常非。先日所用，今或弃之；今之所弃，后或用之。此用与不用，无定是非也。投隙抵时^⑧，应事无方，属乎智。智苟不足，使若博如孔丘，术如吕尚，焉往而不穷哉？"

孟氏父子舍然无愠容，曰："吾知之矣。子勿重言！"

【注释】①干：谋取，求取。②傅：老师。③军正：主管军务的官员。④宫：宫刑，又称为"腐刑"，即阉割生殖器，为古代的酷刑之一。⑤摄：收敛，迫近。⑥刖〔yuè〕：断足，古代酷刑之一。⑦让：责怪。⑧投隙：钻空子。抵时：行动及时。

【译文】鲁国的施家有两个儿子，一个喜欢儒学，一个爱好兵法。喜欢儒学的儿子到齐国齐侯那里以儒术来谋求任用，齐侯录用了他，并让他做公子们的老师。爱好兵法的儿子则到了楚国，以兵法来向楚王求取职位，楚王很赏识他，让他做了主管军务的官员。两人的俸禄足以让全家人过上富足的生活，而两人的爵位也让家族亲戚倍感荣耀。

施家的邻居孟家也有两个儿子，所学与施家儿子所学相同，但是他们的生活却很窘困。孟家羡慕施家的富有，就去施家请教如何获得功名利禄。施家的两个儿子便将实际情况告诉给了孟家父子。

孟家的一个儿子便去了秦国，对秦王用儒学来求取任用，哪知道秦王说："现如今各国诸侯都在用武力来争夺天下，所以当务之急就是要预备粮草兵马。此时若是用仁义道理来治理我国，那一定会走上自取灭亡的道路。"于是便将孟家这个儿子处以宫刑，并驱逐出境。

孟家的另一个儿子则去了卫国，以兵法游说卫侯。卫侯说："我国就是一个弱小国家，在周围大国的夹缝中勉强生存。我们侍奉大国，安抚小国，这才能谋求安定。若是依赖军事战略，只怕亡国之路不远了。但若是让你全身而退，离开我国又去了他国，那你的策略一定又会对我国造成伤害。"于是，卫侯将孟家的这一个儿子处以刖刑，并放回了鲁国。

两个儿子都回到家后，孟家父子痛苦地捶胸顿足，跑去指责施家。施家父子则说："凡是顺应时机的都能得昌盛，凡是违逆时势的都将灭亡。你们虽然所学与我们一样，但结果却与我们不同，这并不是你们的做法有错，而是你们与时势不相符的缘故。况且，这天底下没有永远正确的道理，也没有永远错误的事情。之前用过的，现在可能就放弃了；现在废弃的，以后可能又会有用。这里的用或不用，并没有一定的是非对错。迎合时机，抓住机遇，积极应对，随机应变，这才是有智慧的表现。假如没有智慧，哪怕你像孔子那么博学多才，像姜太公那么熟谙兵法，不管去了哪里也会受穷。"

听了这一番话，孟家父子满脸的怒色消失了，并说道："我们懂了，您不用再说了。"

晋文公出会①，欲伐卫，公子锄仰天而笑。公问何笑。曰："臣笑邻之人有送其妻适私家者②，道见桑妇，悦而与言。然顾视其妻，亦有招之者矣。臣窃笑此也。"公寤其言③，乃止。引师而还，未至，而有伐其北鄙者矣。

【注释】①晋文公（前697或前671—前628）：春秋时期晋国国君，名重耳，公元前636—前628年在位。曾在践土大会诸侯，成为霸主。出会：与诸侯会师打仗。②私家：已婚妇女的父母或兄弟之家。③寤：领悟。

【译文】晋文公出兵与诸侯会合，想要讨伐卫国。公子锄在一旁却仰天大笑起来。晋文公问他为什么笑，公子锄说："我笑我的邻居，他送妻子回娘家，半路上遇见一个采桑的妇人，他因为心生好感就上前与她攀谈。但是等他回头看自己的妻子时，发现也有男子在招引她了。我就是在暗自笑这件事呢。"晋文公听了之后立刻醒悟过来，当下停止出兵讨伐，率领部队回国。还没有回到晋国，就已经有他国来侵犯晋国北部边境了。

晋国苦盗。有郄雍者①，能视盗之貌，察其眉睫之间，而得其情。晋侯使视盗，千百无遗一焉。

晋侯大喜，告赵文子曰②："吾得一人，而一国盗为尽矣，奚用多为？"

文子曰："吾君恃伺察而得盗，盗不尽矣，且郄雍必不得其死焉。"

俄而群盗谋曰："吾所穷者，郄雍也。"遂共盗而残之③。

晋侯闻而大骇，立召文子而告之曰："果如子言，郄雍死矣！然取盗何方？"

文子曰："周谚有言：察见渊鱼者不祥，智料隐匿者有殃。且君欲无盗，莫若举贤而任之；使教明于上，化行于下，民有耻心，则何盗之为？"

于是用随会知政④，而群盗奔秦焉。

【注释】①郄〔xì〕雍：人名。②文子：人名，姓辛，名研，号计然，道家始祖老子的弟子，道家学派主要代表人物，与孔子同时。③残：杀害。④随会：人名。知政：主持政务。

【译文】晋国为强盗为患感到苦恼，有一个叫郄雍的人，可以审视盗贼的相貌，通过观察他们的眉目神情，来判别其实情。晋侯派他去辨别盗贼，千百个盗贼里都没有一个遗漏的。

晋侯非常高兴，就对赵国的文子说："我得到了一个能人，全国的盗贼都被抓光了，哪里用得着那么多抓盗贼的人呢？"

文子说:"您依靠这种观察来抓盗贼,看来是抓不完了,而且郄雍也一定不得好死啊。"

过了不久,盗贼们聚集在一起商量说:"将我们逼得走投无路的,就是郄雍。"于是盗贼们合伙将郄雍杀死了。

晋侯听说这件事之后大吃一惊,立刻召见了文子并将这件事告诉了他,说道:"果然像您所说的,郄雍死了!那应该怎么来治理盗贼呢?"

文子说:"周代有谚语说:能够清晰看见深渊游鱼的人不吉祥,可以以智慧预料藏匿之事的人会有灾祸。如果您想要消灭盗贼,就不如举贤用能,使位于上位的人政教昌明,让居于下面的人可以形成良好的教化风气,人民有了羞耻之心,怎么还会去做强盗呢?"

于是,晋侯便任用了随会来主持政务,强盗们便纷纷逃到秦国去了。

孔子自卫反鲁,息驾乎河梁而观焉①。有悬水三十仞,圜流九十里②,鱼鳖弗能游,鼋鼍弗能居,有一丈夫方将厉之③。孔子使人并涯止之④,曰:"此悬水三十仞,圜流九十里,鱼鳖弗能游,鼋鼍弗能居也。意者难可以济乎?"丈夫不以错意⑤,遂度而出。

孔子问之曰:"巧乎?有道术乎?所以能入而出者,何也?"

丈夫对曰:"始吾之入也,先以忠信;及吾之出也,又从以忠信。忠信错吾躯于波流⑥,而吾不敢用私,所以能入而复出者，以此也。"

孔子谓弟子曰："二三子识之⑦！水且犹可以忠信诚身亲之，而况人乎？"

【注释】①河梁：与《黄帝》中的"吕梁"为同一处。②圜[huán]流：有漩涡的水流。③厉：涉水。④并涯：顺着河岸。⑤错意：留意，注意。⑥错：通"措"，安置。⑦二三子：你们，长者对小辈或上对下的称呼。

【译文】孔子从卫国回鲁国，在河梁上歇息车马，下车眺望景色。就见眼前的瀑布从三十仞的高处飞泻而下，激起的漩涡环绕九十里，鱼鳖在其中都不能游动，鼋鼍在其中也不能停留，但他却看到一名男子，正想要涉水泅渡。孔子连忙派人沿着河岸过去阻止他，说："这瀑布有三十仞高，漩涡也有九十里，鱼鳖不能游，鼋鼍都无法停留，只怕你很难渡过吧。"哪知道那名男子并不在意，渡过湍急的河水并很快上了岸。

孔子问他："你是靠技巧吗？你有什么道术吗？你在水中出入自如，这是什么道理呢？"

男子回答："我刚潜入水中时，就抱着忠诚的信念；等到我从水里浮起的时候，依然抱着忠诚的信念。忠诚的信念将我安置在在汹涌的波涛中，而我也不敢怀有任何私心杂念，之所以入水而又能出水，就是这个道理。"

孔子对弟子们说："你们记住！连水都可以凭借忠信来接近，更何况是人呢？"

白公问孔子曰^①："人可与微言乎^②？"

孔子不应。

白公问曰："若以石投水，何如？"

孔子曰："吴之善没者能取之^③。"

曰："若以水投水，何如？"

孔子曰："淄、渑之合^④，易牙尝而知之^⑤。"

白公曰："人固不可与微言乎？"

孔子曰："何为不可？唯知言之谓者乎^⑥！夫知言之谓者，不以言言也。争鱼者濡^⑦，逐兽者趋，非乐之也。故至言去言，至为无为。夫浅知之所争者末矣。"

白公不得已，遂死于浴室。

【注释】①白公：即白公胜，春秋时期楚国大夫，芈姓，熊氏，名胜，号白公，楚平王之孙，太子建之子。楚惠王十年（前479），白公胜发动政变，杀令尹子西、司马子期，控制楚都。后被叶公子高击败，自缢而死。②微言：秘密之言，即密谋。③没者：会潜水的人。④淄〔zī〕、渑〔shéng〕：古水名，在今山东省境内。⑤易牙：春秋时齐桓公宠幸的近臣，是专管料理齐桓公饮食的厨师。⑥谓：发言的内在涵义。⑦濡〔rú〕：沾湿。

【译文】白公问孔子："可以与别人密谋事情吗？"

孔子没有回应他。

他继续问："若是将石头投进水里会怎么样？"

孔子回答："吴国善于潜水的人会将它捞上来。"

白公又问："若是将水倒进水里，又会怎么样？"

孔子回答："淄水和渑水混合在一起，易牙只要尝一尝就分辨出来了。"

白公再问："难道一定不能与别人密谋吗？"

孔子说："有什么不可以呢？只要能领会到语言中的深意就可以了！所谓领会言谈深意，就是不用言辞来表达。捕鱼的人会被水沾湿衣服，追逐野兽的人就要奔跑，这都是必然如此的事情，并不是他们乐意这么做。因此最高明的言论就是不用言辞来表达，最崇高的行为就是无所动作。那些知识浅薄的人所争执的，只不过是事物的细枝末节罢了。"

但是白公终究没有领会到孔子话中的含义，他依旧密谋造反，最终因失败，被迫在浴室里自缢而死。

赵襄子使新稺穆子攻翟①，胜之，取左人、中人②；使遽人来谒之③。襄子方食而有忧色。左右曰："一朝而两城下，此人之所喜也；今君有忧色。何也？"

襄子曰："夫江河之大也，不过三日；飘风暴雨不终朝，日中不须臾。今赵氏之德行无所施于积④，一朝而两城下，亡其及我哉！"

孔子闻之曰："赵氏其昌乎！夫忧者所以为昌也，喜者所以为亡也。胜非其难者也，持之，其难者也。贤主以此持胜，故其福及后世。齐、楚、吴、越皆尝胜矣，然卒取亡焉，不达乎持胜也。唯有道之主为能持胜。"

孔子之劲能拓国门之关⑤，而不肯以力闻。墨子为守攻，公输般服⑥，而不肯以兵知。故善持胜者以强为弱。

【注释】①赵襄子：即赵无恤，春秋末期晋国大夫，嬴姓，赵氏，赵鞅之子，赵氏家族首领，战国时期赵国实际创始人。新穉〔zhì〕穆子：人名，又称"新穉狗"，赵襄子家臣。翟〔dí〕：通"狄"，古族名。②左人、中人：古城名，在今河北省唐县西北。③遽人：传递公文的人。④施：当为衍文。⑤拓：举起。关：门闩。⑥公输般：即鲁班，春秋时期鲁国人。鲁班曾为楚国制造登城云梯以攻宋，墨子亲自前往劝阻。

【译文】赵襄子派遣新穉穆子攻打翟人部落，取得胜利而拿下了左人、中人两座城池，新穉穆子派人向赵襄子送去了捷报。赵襄子当时正在吃午餐，听见捷报后却露出了忧虑的神色。左右近臣问道："一天之内就攻下了两座城池，这是让人高兴的事情，可您为什么却面带忧愁呢？"

赵襄子说："江河涨潮再猛，也不过三天，狂风暴雨即便再烈，也不可能持续一整天，正午的太阳不会永远停留在天空正中，总会向西偏斜。现如今赵家没有积累什么德行，却一天之内就顺利攻克两座城池，我恐怕这灭亡的命运会降临到自己头上！"

孔子听说了这件事，说道："赵氏恐怕是要昌盛起来啦！如今的忧虑会带来日后的昌盛，如今的喜悦才会导致日后的灭亡。能够取得胜利并不难，将胜利保持下去才是最困难的。贤明的君主用这样的道理来保持胜利的果实，所以他们的福泽可以延续至后世。齐国、楚国、吴国、越国都曾经获得过胜利，但也最终都走向了灭亡，这就是因为他们不懂得保持胜利果实的道理。只有明白道理的君主，才能维护住这份胜利。"

孔子的力气可以举起国都城门上的门闩，但是他不愿意以力气来向世人夸耀。墨子为宋国制订的攻防策略，连公输般都为之心悦诚服，但是墨子却不愿凭借这样的用兵之术来扬名。所以善于保持胜利的人，总是将自己的强大看成是弱小。

宋人有好行仁义者，三世不懈。家无故黑牛生白犊，以问孔子。

孔子曰："此吉祥也，以荐上帝①。"

居一年，其父无故而盲。

其牛又复生白犊，其父又复令其子问孔子。

其子曰："前问之而失明，又何问乎？"

父曰："圣人之言先迕后合②。其事未究③，姑复问之。"其子又复问孔子。

孔子曰："吉祥也。"复教以祭。

其子归致命④。其父曰："行孔子之言也。"

居一年，其子又无故而盲。

其后楚攻宋，围其城；民易子而食之，析骸而炊之；丁壮者皆乘城而战⑤，死者太半。此人以父子有疾皆免。及围解而疾俱复。

【注释】①荐：进献祭品。②迕〔wǔ〕：违背，即不相符。③究：结果，究竟。④致命：这里指将孔子的意见转达。⑤乘：升，登。

【译文】宋国有一个喜欢施行仁义的人，连续三代都在这方面毫不懈怠。有一天，他家的黑牛无缘无故生出来一头白色的小牛犊，他便去向孔子请教。

孔子说："这是吉祥的好事，你可以将其当成牺牲敬献给天帝。"

过了一年，这家父亲无缘无故眼睛便看不见了。

后来那头牛又生了一头白色的小牛犊，父亲让儿子再去问问孔子。

儿子说："上一次问了他，结果您的眼睛就瞎了，还去问他干什么？"

父亲说："圣人说的话往往都是先与现实相反，然后才与事实相符合。这件事还没有完结，你还是再去请教一下吧。"于是儿子便又去向孔子请教。

孔子说："这是吉祥的好事。"接着又教他们用小牛做牺牲来祭献天帝。

儿子回家向父亲转达孔子的意见，父亲说："那就按照孔子说的话去做吧。"

过了一年，儿子的眼睛也无缘无故看不见了。

后来，楚国攻打宋国，宋国都城都被包围了。人们只能通过互相交换孩子来充饥，将尸骨拆分拿来做柴烧；成年男子都要登上城墙去战斗，死者超过一半。而只有这一家人，因为父子都眼盲而得以免除参战，保住了性命。等到楚国围城的危机一解除，父子两人的眼睛又都痊愈复明了。

宋有兰子者①，以技干宋元②。宋元召而使见。其技以双枝，长倍其身，属其踵③，并趋并驰，弄七剑迭而跃之，五剑常在空中。元君大惊，立赐金帛。

又有兰子又能燕戏者④，闻之，复以干元君。元君大怒曰："昔有异技干寡人者，技无庸⑤，适值寡人有欢心，故赐金帛。彼必闻此而进，复望吾赏。"拘而拟戮之，经月乃放。

【注释】①兰子：以杂耍技艺行走江湖的人。②宋元：即宋元君。③属〔zhǔ〕：联接。踵：通"胫"，小腿。④燕戏：类似于轻功的杂戏。⑤庸：用。

【译文】宋国有一个以杂耍技艺走江湖的人，凭着自己的技艺求见宋元君。宋元君召见了他并观看他的表演。只见这个人将两根比身体还长一倍的木棍绑在小腿上，疾走快跑，在手上轮流抛接七把剑，并能让其中的五把始终在空中上下翻腾。宋元君大为惊奇，当即赏赐了他金银丝帛。

另一个以轻功杂戏行走江湖的人听说了这件事，也去求见宋元君。宋元君却勃然大怒，说道："上次有一个人凭着奇异的杂技来求见我，他的技巧其实并没有什么实际用处，只是赶上我高兴，所以给了他赏赐。这个人一定是听说了那件事才来的，是期望得到我的赏赐吧。"于是，宋元君命人将这个人关押了起来，并打算处死他，过了一个月才将他释放。

秦穆公谓伯乐曰①："子之年长矣，子姓有可使求马者乎②?"

伯乐对曰:"良马可形容筋骨相也。天下之马者,若灭若没,若亡若失,若此者绝尘弭辙③。臣之子皆下才也,可告以良马,不可告以天下之马也。臣有所与共担纆薪菜者④,有九方皋⑤,此其于马非臣之下也。请见之。"

穆公见之,使行求马。

三月而反报曰:"已得之矣,在沙丘⑥。"

穆公曰:"何马也?"

对曰:"牝而黄⑦。"

使人往取之,牡而骊⑧。

穆公不说,召伯乐而谓之曰:"败矣,子所使求马者!色物、牝牡尚弗能知,又何马之能知也?"

伯乐喟然太息曰:"一至于此乎!是乃其所以千万臣而无数者也。若皋之所观天机也⑨,得其精而忘其粗,在其内而忘其外;见其所见,不见其所不见;视其所视,而遗其所不视。若皋之相者,乃有贵乎马者也。"

马至,果天下之马也。

【注释】①秦穆公(前682—前621):春秋时秦国国君,姓嬴,名任好。公元前659—前621年在位。伯乐:相传春秋时人,以善于相马而著称。②子姓:子孙。③弭:消除。辙:通"辙",马蹄印。④担纆〔mò〕:挑担子。纆,同"繯",绳索。薪菜:菜,通"采",拾取。薪菜即拾柴。⑤九方皋:春秋时善于相马的人。⑥沙丘:古地名,位于今河北省境内。⑦牝:雌性。

⑧牡：雄性。骊：黑色。⑨天机：天赋的灵性。

【译文】秦穆公对伯乐说："您的年纪大了，子孙中有没有可以派去访求良马的人呢？"

伯乐说："要识别良马，可以从它的形体、外貌、筋节、骨骼来进行判断。而天下无双的宝马，它们的内在神气很难透过外表来把握，而是要洞察其本质，这样的马一旦飞奔起来，四蹄几乎离开地面而不沾尘土，车马过处也不会留下痕迹。我的子孙都是下等人才，只能教他们如何识别良马，却教不会他们识别天下无与伦比的骏马。不过有一个人，是和我一起挑担劈柴的朋友，名叫九方皋，他相马的本事不在我之下，请让我为您引见吧。"

秦穆公于是召见了九方皋，并命令他去寻求天下无双的宝马。

三个月之后，九方皋回来报告说："已经找到了，就在沙丘那个地方。"

秦穆公问："是一匹什么样的马？"

九方皋说："是一匹黄色的母马。"

于是秦穆公便派人去取马，哪知道牵回来的却是一匹黑色的公马。

秦穆公很不高兴，召见伯乐说："真糟糕啊！你推荐的那个相马的人，连马的毛色、公母都分不清，又怎么能鉴别马的优劣呢？"

伯乐长叹一声："他竟然已经达到这种境界了啊！这正是他比我高明不止千万倍的地方啊！九方皋所观察的，是马的内在天赋，观察它内在的精髓，也就忽略了它的表象；注重它内在的品性，而忘记了其外在的皮毛；只看应该看的东西，不看不必要看的东西；观察应该要观察的内容，忽略不应该观察的内容。像九方皋这样相马，就有着比鉴别马更要宝贵得多的意义啊！"

后来，马送到了，果然是一匹天下绝伦的宝马。

楚庄王问詹何曰^①："治国奈何？"

詹何对曰："臣明于治身而不明于治国也。"

楚庄王曰："寡人得奉宗庙社稷，愿学所以守之。"

詹何对曰："臣未尝闻身治而国乱者也，又未尝闻身乱而国治者也。故本在身，不敢对以末^②。"

楚王曰："善。"

【注释】①楚庄王（？—前591）：春秋时期楚国国君，姓芈，名旅。公元前613—前591年在位。②末：末节，次要的事情。

【译文】楚庄王问詹何："治理国家应该怎么办呢？"

詹何说："我只懂得修养自身，并不懂得如何治理国家。"

楚庄王说："我得以供奉宗庙，掌管王权，希望可以学到能将其保持下去的方法。"

詹何说："我不曾听说，有人管理自身可以做到修养完善，而国家却治理不好的；也不曾听说，自身都管理混乱，却能治理好国家的。所以，治国的根本在于修整自身，其他次要的事情我就不敢对您讲说了。"

楚庄王说："说得好！"

狐丘丈人谓孙叔敖曰①："人有三怨，子知之乎？"

孙叔敖曰："何谓也？"

对曰："爵高者，人妒之；官大者，主恶之；禄厚者，怨逮之②。"

孙叔敖曰："吾爵益高，吾志益下③；吾官益大，吾心益小④；吾禄益厚，吾施益博。以是免于三怨，可乎？"

【注释】①狐丘：古邑名。丈人：长老。孙叔敖：春秋时期楚国人，楚庄王时任令尹，辅佐楚庄王成就霸业。②逮：及，到。③下：谦恭，卑下。④小：小心，谨慎。

【译文】狐丘地方的长老对孙叔敖说："有三件事常会招人怨恨，您知道吗？"

孙叔敖问："是什么呢？"

狐丘长老回答说："爵位高的，人们会嫉妒他；官职大的，君王会猜忌他；俸禄多的，招致的怨恨就会越来越多。"

孙叔敖说："我的爵位越高，我的为人越谦逊卑下；我的官职越大，我的内心也就越谨慎；我的俸禄越丰厚，我的施舍也就越频繁广泛。以此来免除三怨，可以吗？"

孙叔敖疾，将死。戒其子曰："王亟封我矣①，吾不受也。为我死，王则封汝。汝必无受利地！楚越之间有寝丘者②，此地不利而名甚恶。楚人鬼而越人禨③，可长有者唯此也。"

孙叔敖死，王果以美地封其子。子辞而不受，请寝丘，与之，至今不失。

【注释】①亟〔qì〕：屡次。②寝丘：古地名，位于今河南省境内。③禨〔jī〕：吉祥，祈福禳灾。

【译文】孙叔敖病重，即将死去。他告诫儿子说："君主几次想要给我封地，我都不接受。如果我死了，楚王就会将封地给你。你一定不要接受那些丰沃肥美的土地！在楚国与越国之间有一个名叫寝丘的地方，这个地方无利可图而且名声也不好。楚国人信奉鬼神，越国人则希望吉祥，因此都不会要它，如此就可以长久地拥有这片土地。"

孙叔敖死后，楚王果然要将好地方给孙叔敖的儿子做封地，他坚决不肯接受，而是请求将寝丘这个地方封给自己，楚王便赐给了他，一直到今天这块封地也没有丧失。

牛缺者，上地之大儒也①，下之邯郸②，遇盗于耦沙之中③，尽取其衣装车，牛步而去。视之欢然无忧吝之色④。盗追问其故。曰："君子不以所养害其所养。"盗曰："嘻！贤矣夫！"既而相谓曰："以彼之贤，往见赵君，使以我为，必困我。不如杀之。"乃相与追而杀之。

燕人闻之，聚族相戒，曰："遇盗，莫如上地之牛缺也！"皆受教。

俄而其弟适秦。至关下⑤，果遇盗；忆其兄之戒，因与盗力争。既而不知，又追而以卑辞请物。盗怒曰："吾活汝弘矣⑥，而追吾不已，迹将箸焉⑦。既为盗矣，仁将焉在？"遂杀之，又傍害其党四五人焉。

【注释】①上地：应为秦国的地名。②邯郸：古都邑名，战国时期赵国都城。故址位于今河北省邯郸市西南。③耦〔ǒu〕沙：水名，位于今河北省邢台市沙河市境内。④忧吝〔lìn〕：忧伤吝惜之色。吝，同"吝"，吝惜。⑤关：这里指秦关函谷关，位于今河南省灵宝市东北。⑥弘：宽宏大量。⑦箸：同"著"，显露。指踪迹败露。

【译文】牛缺是秦国上地的大儒，有一次他往东去赵国的都城邯郸，在耦沙遇上了强盗，他的车马衣物被尽数抢光，而他只得步行离开。但是，被抢了的牛缺，看上去却没有一点忧伤吝惜的神色。强盗追上去问原因，牛缺说："君子不能因为身外之物，就损害自身的身心道德。"强盗听了说："真是贤良的人啊！"接着他们就互相议论道："以这人的贤良，若是他拜见了赵王，一定会被重用，假如用来对付我们，那我们必定是要遭殃的，不如把他杀了。"于是强盗们追上去，将牛缺杀死了。

燕国有人听说了这件事，便聚集全族的人告诫说："如果遇见强盗，千万别像上地的牛缺一样。"大家都记住了这个教训。

不久，燕人的兄弟去往秦国。走到函谷关下，果然遇到了强盗；想到哥哥的告诫，他就和强盗奋力争夺起来。但是他又争夺不过，还是被强盗抢走了财物，可他却又追上强盗低声下气地乞求他们把财物还回来。强盗大怒说："我们饶你不死已经足够宽宏大量了，你还这么不停地追着我们，眼看踪迹都要被你暴露了。既然做了强盗，还讲什么仁义？"说完就把燕人的兄弟杀死了，又连带着将他的四五个同伴也杀死了。

虞氏者，梁之富人也，家充殷盛，钱帛无量，财货无訾①。

登高楼，临大路，设乐陈酒，击博楼上②。侠客相随而行。楼上博者射③，明琼张中④，反两檎鱼而笑⑤。飞鸢适坠其腐鼠而中之⑥。侠客相与言曰："虞氏富乐之日久矣，而常有轻易人之志。吾不侵犯之，而乃辱我以腐鼠。此而不报，无以立懂于天下⑦。请与若等勠力一志⑧，率徒属必灭其家为等伦⑨。"皆许诺。

至期日之夜，聚众积兵以攻虞氏，大灭其家。

【注释】①訾〔zī〕：度量，估算。②击博：古代的博戏，用十二棋，六白六黑，又用鱼两枚，两人互掷采行棋相搏。③射：这里指投琼，也就是掷骰子。④明琼张中：掷骰子中了彩。明琼，骰子上有五白齿的一面。⑤檎〔tà〕鱼：比目鱼，这里指博局中的博具。⑥鸢〔yuān〕：鹰。⑦懂〔qín〕：勇气。⑧勠力：尽力，协力。⑨等伦：原指同列的人，同辈，这里指等价。

【译文】虞氏是梁国的富人，家业殷实，家资丰厚，家中的钱财布帛不计其数，财货银钱无法计量。

有一天，虞家人登上高楼，在面临大路的位置奏乐摆酒，并玩博戏取乐。有一群侠客从高楼下的大路经过。而楼上的宾客投掷骰子中了彩，连胜两着而开心大笑。这时，恰巧空中飞过的老鹰爪子下抓着的一只腐败的老鼠掉落了下来，刚好砸中楼下经过的一位侠客。侠客们议论道："这个姓虞的，这富贵淫乐的日子过得太久了，经常有轻视他人的意思。我们没有侵犯他，他却用腐烂的死老鼠来侮辱我们。这样的仇都不报，就没法在天下树立自己的勇武之名。希望大家齐心协力，率领手下人，一定要将姓虞的一家灭绝才算报仇雪恨。"侠客们都表示同意。

到了约定的那天晚上，侠客们召集同伙，纷纷拿着兵器攻进虞家，彻底毁灭了虞氏家族。

东方有人焉曰爰旌目①，将有适也，而饿于道。狐父之盗曰丘②，见而下壶餐以铺之③。爰旌目三铺而后能视，曰："子何为者也？"曰："我狐父之人丘也。"爰旌目曰："嘻！汝非盗耶？胡为而食我？吾义不食子之食也。"两手据地而欧之④，不出，喀喀然⑤，遂伏而死。

狐父之人则盗矣，而食非盗也。以人之盗因谓食为盗而不敢食，是失名实者也。

【注释】①爰〔yuán〕旌目：人名。②狐父：古地名，位于今安徽省境内。③壶餐〔sūn〕：《列子释文》："'餐'作'飧'，音孙，水浇饭也。"一壶水泡饭。铺〔bǔ〕：通"哺"，给人喂食。④欧：通"呕"，呕吐。⑤喀喀：呕吐的声音。

【译文】东方有一个人名叫爰旌目，将要去往他方，走到半路饿倒在了路旁。狐父地方有一个盗贼名叫丘，看见了爰旌目的样子，就解下随身携带的一壶水泡饭来给他吃。爰旌目吃了几口后可以张开眼睛看人了，就问："你是什么人？"丘回答："我是狐父地方的人，名叫丘。"爰旌目说："啊！那你不是强盗吗？为什么要给我吃东西？我是坚决不吃你们强盗的东西的。"说完，他两只手撑着地呕吐起来，但又呕不出什么东西，喉咙喀喀有响声，接着就趴地上死去了。

狐父的这个人虽然是强盗，但食物并不是强盗。因为人是强盗就连带将食物也当成是强盗而不敢吃，这就是将名称与实际的关系弄错了啊。

柱厉叔事莒敖公①，自为不知己，去，居海上。夏日则食菱芰②，冬日则食橡栗。莒敖公有难，柱厉叔辞其友而往死之。

其友曰："子自以为不知己，故去。今往死之，是知与不知无辨也。"

柱厉叔曰："不然。自以为不知，故去。今死，是果不知我也。吾将死之，以丑后世之人主不知其臣者也③。"

凡知则死之，不知则弗死，此直道而行者也④。柱厉叔可谓怼以忘其身者也⑤。

【注释】①柱厉叔：人名。莒〔jǔ〕敖公：春秋时莒国国君。②菱芰〔jì〕：即菱角。③丑：羞辱。④直道：这里指以德报德、以怨报怨的人之常情。⑤怼〔duì〕：怨恨。

【译文】柱厉叔侍奉莒敖公，自认为不被其理解，便离开了莒敖公而隐居在海边，夏天吃吃菱角，冬天嚼嚼橡栗。莒敖公遭遇了危难，柱厉叔便决定辞别朋友，回到莒敖公身边为他拼死效劳。

朋友说："你自认为不被理解，因此才离开莒敖公。现在又跑去为他献身，这样就没法分辨理解和不理解了。"

柱厉叔说："不是的。我自认为不被理解，因此离开莒敖公。现在为他拼死效劳，可见他果然是不理解我的。我即将为他而死，以此来羞辱后世那些不理解自己臣子的国君。"

凡是理解自己的人甘愿为他而死，凡是不理解自己的人便不为他付出，这是遵循正道之人的人之常情。柱厉叔可以说是一个为了怨恨而不顾自己生命的人了。

杨朱曰："利出者实及^①，怨往者害来。发于此而应于外者唯请^②：是故贤者慎所出。"

【注释】 ①及：得到。②请：应作"情"，情感。
【译文】 杨朱说："给他人利益，自己就会收到实惠；若是怨恨他人，则会给自己招来祸害。只有内心的情感是能从自身出发而在外界得到回应的，所以贤明的人对于自己的言行举动都很小心谨慎。"

杨子之邻人亡羊，既率其党^①，又请杨子之竖追之^②。
杨子曰："嘻！亡一羊何追者之众？"
邻人曰："多歧路。"
既反，问："获羊乎？"
曰："亡之矣。"
曰："奚亡之？"
曰："歧路之中又有歧焉，吾不知所之，所以反也。"

杨子戚然变容，不言者移时③，不笑者竟日④。

门人怪之，请曰："羊，贱畜；又非夫子之有，而损言笑者，何哉？"

杨子不答。门人不获所命。弟子孟孙阳出以告心都子⑤。

心都子他日与孟孙阳偕入，而问曰："昔有昆弟三人，游齐、鲁之间，同师而学，进仁义之道而归。其父曰：'仁义之道若何？'伯曰⑥：'仁义使我爱身而后名。'仲曰：'仁义使我杀身以成名。'叔曰：'仁义使我身名并全。'彼三术相反，而同出于儒。孰是孰非邪？"

杨子曰："人有滨河而居者，习于水，勇于泅，操舟鬻渡⑦，利供百口。裹粮就学者成徒⑧，而溺死者几半。本学泅，不学溺，而利害如此。若以为孰是孰非？"

心都子嘿然而出⑨。

孟孙阳让之曰："何吾子问之迂，夫子答之僻？吾惑愈甚。"

心都子曰："大道以多歧亡羊，学者以多方丧生。学非本不同，非本不一，而末异若是。唯归同反一，为亡得丧。子长先生之门，习先生之道，而不达先生之况也，哀哉！"

【注释】①党：亲族。②竖：童仆。③移时：过了一段时间。④竟日：整天，整日。⑤心都子：春秋战国时人，杨朱的弟子。⑥伯：指老大，伯仲叔季，为兄弟行辈中长幼排行的次序，因此后文的"仲"、"叔"分别为老二、老三。⑦鬻〔yù〕渡：鬻，卖。摆渡营生，靠着摆渡谋生。⑧裹粮：携带粮食。

⑨嘿〔mò〕然：嘿，同"默"。沉默的样子。

【译文】杨朱的邻居丢了一头羊，邻居领着一家人出去寻找，还请了杨朱的童仆来帮忙。

杨朱问："啊！丢了一只羊，为什么要这么多人去找呢？"

邻居说："因为有好多岔路。"

等他们回来之后，杨朱问："羊找到了吗？"

邻居说："跑掉啦！"

杨朱问："怎么会找不到呢？"

邻居说："岔路里还有岔路，我们不知道它到底跑去了哪里，所以只好回来了。"

听了这一席话，杨朱变得忧愁起来，过了好久都没有说话，一整天也不曾露出笑脸。

弟子们觉得很奇怪，问他："羊是低贱的牲畜，而且也不是先生您丢的，可您却因此不说不笑，这是为什么呢？"

杨朱没有回答，弟子们没有得到他的指教。弟子孟孙阳出门之后便将这件事告诉了心都子。

心都子过了几天与孟孙阳一起进入杨朱的屋子，问道："从前有兄弟三人，在齐、鲁两国游学，拜了同一位先生做老师，三人将仁义之道修习完毕后才回家。父亲问：'仁义之道是什么样的呢？'老大说：'仁义让我先要爱惜生命，而将荣誉放在次要的位置。'老二说：'仁义让我不惜以生命为代价，来成就荣誉。'老三说：'仁义教会我生命与荣誉都要保全。'他们三人的观点虽然完全相反，但却都出于儒家。到底谁对谁错呢？"

杨朱说："有靠着河岸居住的人，熟悉水性，擅长泅渡，以摆渡为生，可以养活一百口人。人们成群结队地背着粮食来向他学习，但这些学习的人之中有将近一半的人都溺死了。本是来学习泅渡的，而并非来学习溺水而亡的，但有人得利、有人受害，反差如此之大，你认为怎样算对怎样算错呢？"

心都子默不作声地走了出来。

孟孙阳责备他说："你怎么问得那么拐弯抹角？先生回答得怎么也那么稀奇古怪？我越发迷惑了。"

心都子说："大道因为有太多岔路，而导致羊找不回来，学道的人也因为治学的途径方法太多而迷失了方向。各类学说并不是根源不同，也不是根本观点不一致，但是结论却都相差悬殊。只有回归到相同的本原上去，回归到统一的观点上去，学习才不会迷失方向。作为先生的大弟子，你既然学习先生的思想，却不懂先生的比喻，真是可悲啊！"

杨朱之弟曰布，衣素衣而出。天雨，解素衣，衣缁衣而反①。其狗不知，迎而吠之。杨布怒，将扑之②。杨朱曰："子无扑矣！子亦犹是也。向者使汝狗白而往，黑而来，岂能无怪哉？"

【注释】①缁〔zī〕衣：黑衣服。②扑：打。

【译文】杨朱的弟弟杨布，有一天穿着白衣服出门。天降大雨，他就脱下了白衣服，穿着黑衣服回来了。家里的狗认不出来，对着他一阵狂叫。杨布很生气，便要追打它。杨朱说："你不要追打它了！你也是这样的。如果你的狗一身白出去，一身黑回来，难道你就不感到奇怪吗？"

杨朱曰："行善不以为名，而名从之；名不与利期^①，而利归之；利不与争期，而争及之：故君子必慎为善。"

【注释】①期：相约。

【译文】杨朱说："做善事不是为了求名誉，但名誉却随之而来；有了名誉并不期望得到利益，但是利益也会跟着归附；有了利益并不想要与他人相争，但是争斗却是难以避免：所以，君子做善事也一定要小心谨慎。"

昔人言有知不死之道者，燕君使人受之^①，不捷^②，而言者死。燕君甚怒，其使者将加诛焉。幸臣谏曰^③："人所忧者莫急乎死，己所重者莫过乎生。彼自丧其生，安能令君不死也？"乃不诛。

有齐子亦欲学其道，闻言者之死，乃抚膺而恨。富子闻而笑之曰："夫所欲学不死，其人已死而犹恨之，是不知所以为学。"

胡子曰："富子之言非也。凡人有术不能行者有矣，能行而无其术者亦有矣。卫人有善数者，临死，以决喻其子^④。其子志其言而不能行也。他人问之，以其父所言告之。问者用其言而行其术,与其父无差焉。若然,死者奚为不能言生术哉⑤?"

【注释】①受:受业,从师学习。②捷:成功。③幸臣:宠臣,君王身边最受宠信的臣子。④决:通"诀",诀窍。⑤生术:长生不死的道术。

【译文】从前有一个人,自称知道长生不老的道术,燕王便派人向他求学,但还没有学成功,那人便死了。燕王非常生气,眼看着被派去学习的人就要被处死了,燕王的宠臣劝谏说:"不会有比死亡更令人担忧的事情了,没有比生命更值得看重的东西了,那个人自己都丢了性命,又怎么可能令君王您长生不死呢?"被派去学习的人这才免于一死。

有一个叫齐子的人,也想要去学习那个人的不死之术,听说他已经死了,齐子后悔得直拍胸脯。一个叫富子的人听说后就嘲笑齐子说:"你想要学的是长生不死,可那个人已经死了,你还因此感到遗憾,简直是不知道自己要学的是什么。"

又有一个叫胡子的人则说:"富子的话错了。掌握道术而不能实行的人是有的,可以施行却不懂道术的人也是有的。卫国有一个擅长术数的人,临死前将术数诀窍教给了儿子。可是他的儿子懂得诀窍却不知道应该怎么用。有人来向他请教,他就把父亲告诉他的话告诉给来请教的人,结果来请教的人按照他所说的去进行术数,表现就与他的父亲相差无几了。如果是这样的话,那个死去的人为什么就不能说他懂长生不死的道术呢?"

邯郸之民以正月之旦献鸠于简子^①，简子大悦，厚赏之。

客问其故。简子曰："正旦放生，示有恩也。"

客曰："民知君之欲放之，故竞而捕之，死者众矣。君如欲生之，不若禁民勿捕。捕而放之，恩过不相补矣。"

简子曰："然。"

【注释】①正月之旦：正旦，即正月初一。鸠：斑鸠。简子：赵简子，即赵鞅，春秋末期晋国正卿。

【译文】邯郸地方的百姓在正月初一的时候向简子献上了斑鸠，简子很是高兴，重赏了这些百姓。

有个门客问简子为什么这样做，简子说："正月初一放生，代表对生命有恩德。"

门客说："百姓们知道你想要放生，所以都争抢去抓斑鸠，如此一来弄死的反而很多了。你既然想要让斑鸠活命，就不如制止百姓，让他们不要再捕捉。像这样的捉来再放走，放生的恩德也补偿不了伤生的罪过。"

简子说："说得对！"

齐田氏祖于庭^①，食客千人。中坐有献鱼雁者^②，田氏视之，乃叹曰："天之于民厚矣！殖五谷，生鱼鸟，以为之用。"众客和之如响。

鲍氏之子年十二，预于次^③，进曰："不如君言。天地万物与我并生，类也^④。类无贵贱，徒以小大智力而相制，迭相食^⑤；

非相为而生之。人取可食者而食之，岂天本为人生之？且蚊蚋嗜肤⑥，虎狼食肉，非天本为蚊蚋生人、虎狼生肉者哉？"

【注释】①祖：古代出行时祭祀路神称为"祖"，引申为设宴送行。②雁：这里指鹅。③预于次：次，位次。指参与宴会。④类：种类，这里有各成其类的意思。⑤迭相食：一个吃一个，也就是生物学上所说的生物链。⑥嗜〔zǎn〕：同"嘬"，叮咬。

【译文】齐国田氏在厅堂上设宴祭祖，赴宴的宾客多达千人。坐席中有人进献了鱼和鹅，田氏看了，感慨地说："上天对待下民真是恩德深厚啊！它繁殖五谷，繁育鱼鸟，来供我们吃喝享用。"在座的众宾客纷纷如回声一般附和响应。

然而在座的有一个鲍家的孩子，只有十二岁，也参加了这次宴会，他站起来说道："我并不同意您所说的。天地万物与我们共同生存，各成其类。彼此之间并没有什么贵贱之分，只不过是根据体力大小、智慧的高低而相互制约，如此弱肉强食，形成食物链，并没有谁为谁而存在的道理。人不过是将可吃的东西拿来吃罢了，又怎么能是上天为了人类而特意创造这些生命呢？况且，蚊虫叮咬人的皮肤，虎狼吞噬人的血肉，难道说上天也是为了蚊虫而生出人来、为了虎狼来提供人肉吗？"

齐有贫者，常乞于城市。城市患其亟也①，众莫之与。遂适田氏之厩，从马医作役而假食②。郭中人戏之曰："从马医而食，不以辱乎？"乞儿曰："天下之辱莫过于乞。乞犹不辱，岂辱马医哉？"

【注释】①亟〔qì〕：屡次。②假食：寄食，意思是混饭吃。

【译文】齐国有一个穷人，经常在城里的集市上乞讨。集市上的人厌恶他屡次的打扰，便不再愿意施舍给他了。他只得去田氏的马厩里，跟着马医做点杂活，以此来混口饭吃。城里人嘲笑他说："跟着马医混饭吃，你不觉得羞耻吗？"乞丐说："天底下没有什么羞耻比得过乞讨的羞耻。我做乞丐的时候都不觉得羞耻，难道替马医打杂还觉得耻辱吗？"

宋人有游于道、得人遗契者①，归而藏之，密数其齿②。告邻人曰："吾富可待矣。"

【注释】①遗：这里指作废。契：契据。②密：精细，周到。齿：古人刻木为契，木上刻出齿痕，符左契右，契需与符相合，才能证明契约是真的。

【译文】宋国有一个人在大路上闲逛，捡到了一个别人废弃不要的契据，他拿回家藏了起来，还暗暗数着契据上的齿印。他告诉邻居说："我发财的日子指日可待啦！"

人有枯梧树者，其邻父言枯梧之树不祥①，其邻人遽而伐之②。邻人父因请以为薪。其人乃不悦，曰："邻人之父徒欲为薪而教吾伐之也。与我邻，若此其险，岂可哉？"

【注释】①邻父：邻居家的老头。②遽：骤然，急切，惶恐。

【译文】有个一人家里的梧桐树枯萎了, 邻居家的老头说, 枯萎的梧桐树是不祥的东西, 吓得他连忙将这棵枯树砍掉了。后来, 邻居的父亲就来请求把枯树送给他做柴火。这个人听了就很不高兴, 说:"邻家老头只不过是想要柴火才让我把树砍了吧, 和我做邻居, 为人却这样阴险, 做人怎么能这样呢?"

人有亡鈇者①, 意其邻之子②, 视其行步, 窃鈇也; 颜色, 窃鈇也; 言语, 窃鈇也; 动作态度无为而不窃鈇也。俄而抇其谷而得其鈇③, 他日复见其邻人之子, 动作态度无似窃鈇者。

【注释】①鈇〔fǔ〕: 通"斧", 斧子。②意: 怀疑。③抇〔hú〕: 通"搰", 挖掘。
【译文】有一个人丢了一把斧头, 他怀疑是邻居的孩子偷的, 看那孩子走路, 像是偷斧子的; 脸上的神色, 像是偷斧子的; 说出来的话, 像是偷斧子的; 他所有的动作态度, 没有不像是偷了斧子的样子的。过了不久, 这个人在山谷中挖土时找到了自己遗落的斧头, 转过天来再看邻居的孩子, 不管是动作态度都不像是偷斧子的人了。

白公胜虑乱①, 罢朝而立, 倒杖策②, 錣上贯颐③, 血流至地而弗知也。
郑人闻之曰:"颐之忘, 将何不忘哉?"
意之所属箸④, 其行足踬株坎⑤, 头抵植木⑥, 而不自知也。

【注释】①虑乱：谋划叛乱。②杖策：驱马棍。③錣〔zhuì〕：驱马棍上端的针刺。颐：面颊。④属箸：箸，同"著"，固定。就是专注的意思。⑤踬〔zhì〕：被绊倒。株：露出地面的树根、树干、树桩。坎：坑，地洞。⑥植木：树干。

【译文】白公胜谋划叛乱，散朝后依然站在原地，手里倒拿着驱马棍，棍子尖端的针刺刺破了他的脸，脸上的血一直流到地上他都毫无知觉。

郑国人听说了，说："自己的脸面都忘记了，还有什么忘不掉的呢？"

只要意念专注集中，即便走路时脚被露出地面的树根或者地上的坑洞绊倒，头撞到树干，自己都不知道。

昔齐人有欲金者，清旦衣冠而之市^①，适鬻金者之所，因攫其金而去^②。吏捕得之，问曰："人皆在焉，子攫人之金何？"对曰："取金之时，不见人，徒见金。"

【注释】①衣冠：穿好衣服，戴好帽子。意思就是穿戴整齐。②攫〔jué〕：夺取。

【译文】从前齐国有一个人想要得到金子，清早起来穿戴整齐之后，他就去了市集，走进卖金子的店里，拿了金子就跑。官吏抓住了他，问他："那么多人都在那里，你怎么还抢人家的金子？"那人回答："拿金子的时候，没有看见人，只看见金子了。"

谦德国学文库丛书

（已出书目）

颜氏家训	酉阳杂俎
列子	商君书
心经·金刚经	读书录
六祖坛经	战国策
茶经·续茶经	吕氏春秋
唐诗三百首	淮南子
宋词三百首	营造法式
元曲三百首	韩诗外传
小窗幽记	长短经
菜根谭	虞初新志
围炉夜话	迪吉录
呻吟语	浮生六记
人间词话	文心雕龙
古文观止	幽梦影
黄帝内经	东京梦华录
五种遗规	阅微草堂笔记
一梦漫言	说苑
楚辞	竹窗随笔
说文解字	国语
资治通鉴	日知录
智囊全集	帝京景物略